Arbeit in globaler Perspektive

Hans-Jürgen Burchardt ist Professor für Internationale und Intergesellschaftliche Beziehungen an der Universität Kassel. *Stefan Peters*, Dr. rer. pol., und *Nico Weinmann* sind dort wissenschaftliche Mitarbeiter.

Hans-Jürgen Burchardt, Stefan Peters,
Nico Weinmann (Hg.)

Arbeit in globaler Perspektive

Facetten informeller Beschäftigung

Campus Verlag
Frankfurt/New York

Mit freundlicher Unterstützung von:

Hans Böckler Stiftung

PROMOTIONSKOLLEG GLOBAL SOCIAL POLICIES AND GOVERNANCE

Bibliografische Information der Deutschen Nationalbibliothek:
Die Deutsche Nationalbibliothek verzeichnet diese Publikation in der Deutschen Nationalbibliografie.
Detaillierte bibliografische Daten sind im Internet unter http://dnb.d-nb.de abrufbar.
ISBN 978-3-593-39964-5

Umschlaggestaltung: Campus Verlag GmbH, Frankfurt am Main
Druck und Bindung: CPI buchbücher.de, Birkach
Gedruckt auf Papier aus zertifizierten Rohstoffen (FSC/PEFC).
Printed in Germany

Dieses Buch ist auch als E-Book erschienen.
www.campus.de

Inhalt

Vorwort

Mit der Eröffnung des Promotionskollegs *Global Social Policies and Governance* im Jahr 2007 wurde an der Universität Kassel ein Forschungsschwerpunkt zu Arbeits- und Sozialpolitiken außerhalb der OECD eingerichtet, in dem fünf Professorinnen und Professoren, mehrere Postdocs und rund fünfzehn Promovierende aus verschiedenen Teilen der Welt zu unterschiedlichen Themen der Nord-Süd Beziehungen und sozial-ökologischen Ungleichheiten forschen. In den Promotionsvorhaben werden verschiedene Aspekte (inter-)nationaler Sozialpolitik, Wohlfahrtsregime im globalen Süden, neue Arbeitsmarkt-, Wirtschafts- und Umweltreformen sowie Möglichkeiten und Blockaden gesellschaftlicher und politischer Teilhabe in einzelnen Gesellschaften und auf globaler Ebene betrachtet und analysiert.

Begleitet wird der Schwerpunkt durch ein breites Programm an Veranstaltungen mit Expertinnen und Experten aus dem In- und Ausland sowie durch die enge Zusammenarbeit mit verschiedenen wissenschaftlichen Exzellenzeinrichtungen in Kassel, Deutschland und mehreren internationalen Standorten wie Argentinien, Brasilien, China, Indien oder Südafrika.

Zu dem Rahmenprogramm des Forschungsschwerpunktes gehören auch kontinuierliche Analysen und Debatten über die Veränderungen, denen die Arbeits- und Lebenswelten sowie zentrale Politikfelder wie die Arbeits- oder Sozialpolitik im 21. Jahrhundert unterliegen.

In diesem Kontext veranstaltet das Fachgebiet »Internationale und intergesellschaftliche Beziehungen« der Universität Kassel seit 2011 jährliche Tagungen. Als Ergebnis der Debatten unserer ersten Tagung ist bereits im Jahr 2012 im Campus Verlag das Buch *Sozialpolitik in globaler Perspektive. Asien, Afrika und Lateinamerika* erschienen. Dabei wurde versucht, sich den verschiedenen Kategorien der Sozialpolitik in länder- und regionenübergreifender Perspektive systematisch anzunähern und gleichzeitig aus den so gesammelten Erfahrungen und Kenntnissen neue Impulse für die Forschung zu schaffen. Mit dieser grundsätzlichen Zielsetzung haben wir uns auch dem vorliegenden Themenkomplex der »Arbeit in globaler Perspektive« angenähert. Auch diesem Sammelband ging eine Fachtagung mit regen Debatten voraus, die sich mit verschiedenen Fragen globaler Arbeitspolitik beschäftigten, sodass hiermit erneut Ergebnisse unserer bisherigen Diskussionen in Buchform festgehalten werden.

Besonderer Dank gebührt hierbei der Hans-Böckler-Stiftung, ohne die die Veröffentlichung dieses Buches nicht möglich gewesen wäre. Sehr unterstützt haben uns zusätzlich die Autorinnen und Autoren, die unsere Anregungen und Hinweise zu ihren Texten ebenso geduldig wie sorgfältig aufgenommen und kreativ umgesetzt haben. Weiterer Dank kommt außerdem Wilma Meier für Satz und Lektorat zu.

Die spannenden Debatten auf unseren Tagungen sowie die positiven Reaktionen und zahlreichen Anregungen, die wir bei der Herausgabe der bisherigen Bände erhielten, haben uns darin bestärkt, die Tagungs- und Veröffentlichungsreihe zu den hier angegebenen Fragestellungen fortzusetzen. Aktuelle Hinweise dazu finden sich auf der Webseite des Promotionskollegs *Global Social Policies and Governance*: *www.social-globalization.uni-kassel.de*. So werden Sie auch in den folgenden Jahren die Gelegenheit haben, verschiedene Facetten der politischer Problemfelder in den Ländern und Regionen jenseits der OECD auf Tagungen in Kassel und im Anschluss in Publikationsform kennenzulernen und sich dabei von aktuellen empirischen Analysen und innovativen konzeptionellen Beiträgen inspirieren, irritieren oder überraschen zu lassen.

Hans-Jürgen Burchardt, Stefan Peters und Nico Weinmann

Prekarität und Informalität – eine Annäherung in globaler Perspektive

Hans-Jürgen Burchardt/Stefan Peters/Nico Weinmann

Die aktuelle Wirtschaftskrise schlägt sich auf dramatische Weise in der europäischen Arbeitswelt nieder. Vor allem in Südeuropa stieg die Erwerbslosigkeit in den letzten Jahren deutlich an; die Jugendarbeitslosigkeit bewegt sich dort um 50 Prozent und macht soziale Unsicherheit zur prägenden Erfahrung einer ganzen Generation. Die auf ökonomische Austerität angelegten Strukturanpassungen der Europäischen Union stehen nicht nur im Widerspruch zu ILO-Kernarbeitsnormen, sie setzten auch die sozialen Sicherungssysteme unter Druck, die besonders vulnerable Bevölkerungsgruppen vor krisenbedingten Problemlagen schützen sollen. Existenzabsicherung findet vor diesem Hintergrund zunehmend jenseits formalisierter Arbeitsmärkte und wohlfahrtsstaatlicher Politiken statt. Allgemein büßen in Europa – einer Weltregion, der oftmals eine Vorbildfunktion bei der politischen Institutionalisierung und Wohlstandsverteilung attestiert wird (Acemoglu/Robinson 2012: 11ff.) – betrieblich organisierte, abhängige, kontinuierliche und unbefristete Vollzeitbeschäftigungsverhältnisse als Normgröße für Sozial-, Arbeits- und Tarifpolitik signifikant an Bedeutung ein. An ihre Stelle treten oft niedrig entlohnte, zeitlich befristete, ungeschützte Beschäftigungsverhältnisse, immer öfter ohne Absicherung über die Sozialversicherung. Seit ihrem Beginn wird die Krise zusätzlich von Massendemonstrationen und Generalstreiks in Südeuropa, Protesten der spanischen *Indignados,* der *Occupy*-Bewegung oder städtischen Unruhen wie in Großbritannien 2011 und Stockholm 2013 begleitet, die auf wachsende gesellschaftliche Verwerfungen hindeuten (Gallas/Nowak 2012; Schmalz/Weinmann 2013). Angesichts dessen gewinnen Zeitdiagnosen an Einfluss, die nicht nur eine Beschleunigung der Prekarisierung der Arbeit konstatieren, sondern in ihr zugleich eine besondere soziale und politische Sprengkraft sehen (Standing 2011).

Mit dieser zunehmenden Prekarisierung werden nicht nur Analogien zu dem Pauperismus der Frühphase des Kapitalismus oder zu vorangegangenen Wirtschaftskrisen gezogen (Castel 2008). Angesichts der zugespitzten sozialen Lage insbesondere an den geografischen Rändern Europas werden gleichzeitig Assoziationen zu den traditionellen Entwicklungsregionen laut. Lange Zeit galten strukturell heterogene Arbeitsmärkte mit einem hohen Anteil marginalisierter, prekärer oder informeller Beschäftigung sowie das »arm trotz Arbeit«-Phänomen als besondere Merkmale der strukturellen Unterentwicklung von Ländern der so genannten »Dritten Welt«. Diese konnten nach Ansicht der gängigen Expertenmeinung am ehesten überwunden werden, wenn man europäischen und US-amerikanischen Entwicklungsmustern folgte (z.B.: Parsons 1951; Lerner 1968; Bendix 1969). Vor dem Hintergrund der aktuellen Krise scheint es hingegen so, als würden die Vorzeichen einer solchen modernisierungstheoretischen Lesart umgekehrt: Angesichts der sozialen Verwerfungen in Südeuropa oder den USA wird gar eine »Verdrittweltlichung« (Conte 2009; 2013), ein »Dritte-Welt-Amerika« (Huffington 2011), oder ein »Dritte-Welt-Kapitalismus« (Caballero 2011) ausgemacht. Der globale Norden – so der Tenor dieser These – befinde sich in einem Prozess der Anpassung nach unten, einem krisenbedingten *race to the bottom* im Sinn einer globalen Ausbreitung von Strukturmerkmalen des globalen Südens.

Die Frage nach einer expandierenden Schnittmenge der Arbeits- und Lebenswelten im globalen Norden und Süden ist selbstverständlich nicht neu. Pierre Bourdieu fühlte sich bereits zur Schwelle des neuen Jahrtausends an seine Studien über die Kabylen in der algerischen Arbeitsgesellschaft aus den 1960er Jahren erinnert, als er im Zuge einer Debatte um den Wandel der hiesigen Arbeitsbedingungen für Zentraleuropa »überall« Prekarität diagnostizierte (Bordieu 1998). Ähnlich sprach Ulrich Beck seinerzeit von einer »Brasilianisierung« der Arbeitsgesellschaft und verstand darunter »den Einbruch des Prekären, Diskontinuierlichen, Flockigen, Informellen in die westlichen Bastionen der Vollbeschäftigungsgesellschaft. Damit breitet[e] sich im Zentrum des Westens der sozialstrukturelle Flickenteppich aus, will sagen: die Vielfalt, Unübersichtlichkeit und Unsicherheit von Arbeits-, Biographie- und Lebensformen des Südens« (Beck 1999: 8).

Allerdings haben Diagnosen dieser Art eine stark assoziative – unter den Eindrücken der Krise eine polemische, bisweilen katastrophistische – Schlagseite. Meistens ist hierbei ein Mangel an systematischer Betrachtung und Fundierung festzustellen. Weitgehend wird darauf verzichtet, die Befunde und Erfahrungen zwischen dem Süden und dem Norden analytisch, methodisch und empirisch abzugleichen und konzeptionell neu aufzubereiten. Mit dem vorliegenden Band wollen wir vor dem Hintergrund dieses beschleunigten »Einbruchs des Informellen« in die Arbeitswelt des »Nordens« die hiesige, vornehmlich auf Aspekte der Prekarität fokussierte Debatte mit Konzepten und Ergebnissen der Informalitätsforschung aus dem »Süden« verknüpfen. Dabei wird eine globale Perspektive auf Arbeit eingenommen, die unterschiedliche Facetten informeller Beschäftigung beleuchtet und theoretische Aspekte sowie neue empirische Befunde der Informalität in verschiedenen Weltregionen diskutiert. In diesem einführenden Text werden vor dem Hintergrund der krisenbedingten Umbrüche in der Arbeitswelt in Europa systematisierende Schlaglichter auf die längere Konjunktur der Informalitätsforschung geworfen, bevor die zentralen Inhalte und Beiträge des Sammelbandes dargestellt werden.

Europa in der Krise und die ›soziale Frage am Beginn des 21. Jahrhunderts‹

Die gegenwärtige globale Krise präsentierte sich bislang in vielfältigem Gewand: Zunächst als Banken-, Spekulations- und Finanzkrise, dann als klassische Überakkumulationskrise einiger Wirtschaftssektoren wie der Automobilindustrie, schließlich als Weltwirtschaftskrise aufgrund internationaler Handels- und Investitionsverflechtungen, und zuletzt als Krise der Staatsfinanzen beziehungsweise als Währungskrise des Euros. In Europa geht sie nach einer anfänglichen Phase antizyklischer Konjunkturprogramme mittlerweile vielerorts mit Austeritätspolitiken sowie einem Abbau von öffentlichen Dienstleistungen und Systemen sozialer Sicherung einher. Starke Einbrüche im Wirtschaftswachstum in den Jahren 2009 und 2012 beförderten hierbei einen drastischen Anstieg der Arbeitslosenzahlen (ILO 2013; Torres 2013: 167). Die Erwerbslosigkeit befindet sich zu Beginn dieses Jahrzehnts in den 17 Euro-Ländern auf dem höchsten Stand seit dem Anfang der Währungsunion. Jeder zehnte EU-Bürger und jeder Achte in den Staaten der Eurozone ist arbeitslos. Vor allem Länder Süd- und Teile Osteuropas sind hiervon überproportional betroffen.[1] Der Anstieg der Ar-

1 Griechenland und Spanien haben zu Beginn des Jahres 2013 eine Arbeitslosenquote von mehr als 26 Prozent, gefolgt von Portugal mit 17,5 Prozent. Mehr als die Hälfte der Menschen unter 25 Jahren in Spanien und Griechenland ist ohne Arbeit. In Portugal

beitslosenzahlen wird flankiert von einer Zunahme befristeter Beschäftigung sowie Teilzeitarbeit gegenüber unbefristeter Vollzeitarbeit (ESDE 2013: 31ff.). Diese Trends gehen einher mit einem Anstieg von Armut, denn atypisch Beschäftigte sind mehr als einem doppelt so hohen Armutsrisiko ausgesetzt wie unbefristet Vollzeitberufstätige (ebd.: 43).

Im Jahr 2011 lebten 8,7 Prozent der Beschäftigten innerhalb der EU unterhalb der Armutsgrenze. Dieses »arm trotz Arbeit«-Phänomen stieg in einem Drittel der EU-Länder während der Krise deutlich an. Zu dieser Gruppe zählen unter anderem die scheinbaren *best performer* wie Deutschland, Dänemark oder die Niederlande, deren Arbeitsmärkten gewöhnlich eine besondere Robustheit attestiert wird, und die mit Mitteln wie Kurzarbeit, moderater Lohnentwicklung oder einem Anstieg von Teilzeitarbeit Krisenfolgen zu kompensieren versuchen (ebd.: 41ff.; Garz 2013; Brenke u.a. 2013). Neben Einbußen des Erwerbseinkommens kann in zwei Dritteln der EU Länder ein allgemeiner Einbruch des durchschnittlichen Haushaltseinkommens ausgemacht werden. Besonders stark betroffen sind auch hier die südeuropäischen Länder wie Spanien mit acht Prozent und Griechenland mit fast 17 Prozent. An dieser Stelle schlagen – neben den Folgen der Arbeitslosigkeit und Einbußen im Erwerbseinkommen – Kürzungen staatlicher Transferleistungen im Zuge politischer Austeritätsmaßnahmen besonders durch. So stieg während der Krise die Anzahl derer, die arbeitslos sind und dennoch keine sozialstaatliche Fürsorge erhalten. Gleichzeitig wurden in verschiedenen europäischen Ländern die Steuern auf alltägliche Konsumgüter erhöht oder Kürzungen von Rentenbezügen, Wohnungszulagen oder Mindestlöhnen vorgenommen (ESDE 2013: 41ff.).

Die Krise beschleunigt damit einen Trend, der hierzulande als die »Erosion des Normarbeitsverhältnisses« bereits länger einen zentralen Bezugspunkt der Debatte um die Zukunft der Erwerbsarbeit ausmacht (Offe 1984; Mückenberger 1985). Wurde die Frage der Entwicklung der Arbeitsverhältnisse lange Zeit kontrovers geführt, scheint die Krise nun einen sukzessiven Formwandel mit Nachdruck zu bestätigen: Das Normalarbeitsverhältnis wird zunehmend durch Beschäftigungsformen ersetzt, die seit einiger Zeit unter dem Namen »atypisch« firmieren oder mit dem Attribut der »prekären« Beschäftigung versehen werden. Hierzulande rückte Prekarität spätestens dann in das Zentrum der öffentlichen Wahrnehmung,

und Italien ist jeder dritte Jugendliche arbeitslos; Quelle: Eurostat, April 2013, http://epp.eurostat.ec.europa.eu.

als Demoskopen feststellten, dass eine Mehrheit der Bundesbürger zunehmend eine Spaltung der Gesellschaft in »oben und unten« ausmacht, an deren unterem Ende eine »neue Unterschicht« bzw. ein »abgehängtes Prekariat« identifiziert wurde (Neugebauer 2007). In diesem Fahrwasser erfuhr Prekarität als Kampfbegriff in gewerkschaftsnahen Kreisen, in (einigen) Parteiprogrammen und bei sozialen Bewegungen eine gewisse Konjunktur. Vor allem Soziologinnen und Soziologen sorgten schließlich dafür, dass die Kategorie zu einer Analyseeinheit entwickelt wurde, unter deren Dach heute eine Vielzahl von systematisierenden und empirisch fundierten Arbeiten entstand (Mayer-Ahuja 2003; Brinkmann u.a. 2006; Castel/Dörre 2009; Dörre in diesem Band).

Einen wesentlichen Anstoß hierzu gaben die Arbeiten von Robert Castel, der am Ende seiner historischen Darstellung der »Metamorphose der sozialen Frage« Prekarität als die »neue soziale Frage« zu Beginn des 21. Jahrhunderts ausmachte (2008: 336ff.). Sein Bild der »postfordistischen Arbeitsgesellschaft« ist gekennzeichnet von verschiedenen Zonen sozialer Kohäsion, die sich durch divergierende Sicherheitsniveaus auszeichnen: Normarbeitsverhältnisse, eingebettet in relativ intakte soziale Netze, bilden eine Zone der Integration, die übergeht in expandierende Zonen der Verwundbarkeit und Prekarität, die durch unsichere Beschäftigung und fragile, erodierende soziale Netze gekennzeichnet sind, bis hin zu den ›Überzähligen‹ in der Zone der Entkopplung, die sozial isoliert und von regulärer Erwerbsarbeit abgekoppelt sind (ebd. 13: 360ff.). Castels Zonenmodell bietet ein dynamisches Koordinatensystem zur Gesellschaftsanalyse, das als explizite Kritik an dichotomen Exklusionsbegriffen verstanden werden kann (Castel/Dörre 2009: 15). Prekarität ist demnach nicht gleichbedeutend mit totaler Ausgrenzung. Vielmehr wird ein Kontinuum sozialer Unsicherheit aufgespannt, das analytisch Raum bietet, um den Ambivalenzen und dem Spannungsreichtum prekärer sozialer Lagen nachzuspüren. Als prekär gelten demnach Erwerbsverhältnisse, die »deutlich unter ein Einkommens-, Schutz- und soziales Integrationsniveau sinken, das in der Gegenwartsgesellschaft als Standard definiert und mehrheitlich anerkannt wird. Und prekär ist Erwerbsarbeit auch, sofern sie subjektiv mit Sinnverlusten, Anerkennungsdefiziten und Planungsunsicherheit in einem Ausmaß verbunden ist, das gesellschaftliche Standards deutlich zuungunsten der Beschäftigten korrigiert werden« (Brinkmann u.a. 2006: 17).

Die Prekaritätsthese widmet sich damit zweierlei: zum einen strukturellen Ausprägungen prekärer Erwerbsarbeit und zum anderen den Formen ihrer subjektiven Verarbeitung. Über die Typologisierung verschiedener »(Des-)Integrationspotentiale« (Dörre 2009: 47ff.) in den Zonen der Arbeitswelt, über die Frage nach einer »doppelten« (Paugam 2009: 176ff.) oder aber einer »gefühlten Prekarisierung« (Kraemer 2008: 111ff.) wird verschiedentlich auf Konvergenzen und Divergenzen zwischen Arbeitsmarktstruktur und der subjektiven Verarbeitung eingegangen. Als Konsequenz muss atypische Beschäftigung nicht zwangsläufig subjektiv prekär wahrgenommen werden, gleichzeitig weist die Forschung darauf hin, dass Prekarisierung(sdruck) – zum Beispiel im Sinn von drohendem oder subjektiv wahrgenommenem Statusverlust – auch auf die gesellschaftlichen Zonen der Integration ausstrahlt. Die Rückkehr der sozialen Unsicherheit in noch relativ »sichere« Gesellschaften des globalen Nordens beschreibt auf diese Weise nicht nur eine soziale Problemlage gesellschaftlich Marginalisierter, sondern ein gesamtgesellschaftliches Phänomen oder mit anderen Worten: den Kern der sozialen Frage am Beginn des 21. Jahrhunderts.

Formen sozialer Unsicherheit (wesentlich vermittelt über Zonen schwach oder nicht-normierter Arbeit) sind seit Jahrzehnten Gegenstand von Studien des globalen Südens zum informellen Sektor oder der informellen Beschäftigung (zum Forschungsstand vgl. nächster Abschnitt). Die Diskussionen um die Erosion des Normarbeitsverhältnisses und auch die jüngere Prekaritätsforschung verlaufen jedoch weitgehend parallel und meist ohne Austausch zu Konzepten der Informalität. In der Vergangenheit übertrugen zwar vereinzelt Studien Informalitätskonzepte auch auf Länderfälle des globalen Nordens (Portes u.a. 1989) und diskutierten Informalität als zentralen Wesenszug der kapitalistischen Globalisierung (Komlosy u.a. 1997; Altvater/Mahnkopf 2002). Auch sind jüngere Beiträge der Informalitätsforschung an einem Punkt angelangt, an dem sie immer einhelliger zu dem Ergebnis kommen, dass informelle Arbeit kein Alleinstellungsmerkmal des globalen Südens ist (Chen 2005). Sie nehmen dabei zunehmend die Prekaritätsdebatte zur Kenntnis und integrieren sie in Konzepte der Informalität (Arnold/Bongiovi 2012; Kalleberg/Hewison 2012).

Mit diesem Band sollten solche bislang vereinzelten Bemühungen weitere Unterstützung finden: Wir sind überzeugt, dass es sich lohnt, den eigenen Forschungsstand zu Prekarität und atypischer Beschäftigung mit den Forschungsergebnissen zur Informalität im globalen Süden abzugleichen und nach Berührungspunkten und Inspirationspotentialen für die Auseinandersetzung um den Formwandel der Arbeitswelt in Europa zu fragen.

Mehr noch sehen wir einen *konzeptionellen Nord-Süd-Dialog* als Grundbedingung an, um der Frage nachzugehen, inwiefern sich die Arbeits- und Lebenswelten unterschiedlicher Weltregionen durch neue Gemeinsamkeiten auszeichnen.

Konjunkturen der Informalitätsforschung

Die Bedingungen für einen solchen Austausch sind angesichts der langen Debattenkonjunktur und der Vielfalt von Informalitätskonzepten und -studien nicht einfach. Allgemein liegt Informalitätsstudien weder eine einheitliche Definition noch ein gemeinsames Konzept zu Grunde. Routinemäßig weisen Publikationen zu dem Thema deshalb auf die begriffliche Unschärfe hin, die die Kategorie in sich birgt, was wiederum eine exakte empirische Erhebung und eine schlüssige analytische Ergründung erschwert. Der gemeinsame Nenner der Informalitätsforschung besteht vor allem in dem Verständnis dessen, was Informalität *nicht* ist: ein Normalarbeitsverhältnis im Sinn eines dauerhaften Arbeitsverhältnisses zwischen Arbeitgeber und Arbeitnehmer, mit standardisierter Arbeitszeit, fixiert durch einen Arbeitsvertrag, eingebettet in das Arbeits- und Sozialrecht. Einer positiven Begriffsbestimmung folgend kann informelle Arbeit umgekehrt als »spezifische Konstellation rechtlicher Regulierung« angesehen werden, die sich durch ein Übergewicht extra-legaler Regulierung (wie personelle Bindungen und Abhängigkeiten) gegenüber legaler Regulierung (Arbeitsvertrag, Arbeitsrecht, Sozialversicherung) auszeichnet (Mayer-Ahuja 2012: 292).

Über mehrere Jahrzehnte hinweg wurden mit variierendem Erkenntnisinteresse und von Studien verschiedener Fachdisziplinen angereichert unterschiedliche Varianten von Informalitätskonzepten vorgelegt. Es kann nunmehr auf einige Konjunkturen der Auseinandersetzung zurückgeblickt werden. Der Anthropologe Keith Hart gilt dabei als Begründer des Terminus. Während seiner Studien über das städtische »Sub-Proletariat« im Süden Ghanas machte er erstmals einen »informellen Sektor« aus, der die Möglichkeit vielfältiger Einkommensgenerierung jenseits abhängiger Lohnarbeit bietet (Hart 1973). Seine Pionierstudie mündet in die Formulierung offener Forschungsperspektiven. Vor allem seine Frage nach dem Verhältnis zwischen Formalität und Informalität (ebd.: 84) bestimmte fortan die

Debatte und erlaubt zugleich ihre heute gängige chronologische Systematisierung in dualistische, strukturalistische und legalistische Sichtweisen auf Informalität (Chen 2005: 2 ff.; Bachetta u.a. 2009: 40 ff.; Hawkins 2011: 145ff.):

Das *ILO World Employment Programme (WEP)* bildete zu Beginn der 1970er Jahre einen ersten Fixpunkt regelmäßiger und lebendiger Diskussionen um Fragen der Informalität. Wissenschaftler aus dem globalen Norden und Süden evaluierten gemeinsam Pilotprojekte zur arbeitspolitischen Intervention im informellen Sektor und zogen hieraus konzeptionelle Rückschlüsse (ILO 1972; Hart 1973; Thorbecke 1973; Sethuraman 1976). Inspiriert von Ansätzen dualer Arbeitsmarkttheorien (Harris/Todaro 1970; kritisch: Breman 1976) und aufgrund eines ausgeprägten empirischen Fokus auf Formen der Selbstständigkeit ›auf eigene Rechnung‹ gingen viele Informalitätsforscher seinerzeit von einer dichotomen Trennung zwischen informeller und formeller Sphäre aus. Informalität wurde vorwiegend als eigenständiger Sektor verstanden, der verschiedene Überlebensstrategien und Einkommensquellen für Arme bereithält, ohne sonderlich produktiv zu sein.

Gegenüber dieser dualistischen Lesart betonte ab den späten 1970er und 1980er Jahren eine strukturalistische Sicht auf verschiedene Weise die (subordinierte) Inkorporation informeller Wirtschaftseinheiten in kapitalistische Wertschöpfung und globale Produktionszusammenhänge, zum Beispiel im Sinn von einfacher Warenproduktion kleiner Unternehmen oder unregistrierter Lohnarbeit (Moser 1978; Portes u.a. 1989). Im Zuge der globalisierungskritischen Debatte wurden Informalisierungsprozesse als zentraler Wesenszug einer neuen Regulationsweise des globalen Kapitalismus als »Globalisierung der Unsicherheit« (Altvater/Mahnkopf 2002) oder in Folge zugespitzter globaler Konkurrenz als expandierende Bereiche der Arbeitswelt mit einem besonders hohem Ausbeutungsniveau gedeutet (Komlosy u.a. 1997). Schließlich interpretierten Legalisten vor allem die freiwillige Tätigkeit informeller Kleinunternehmer im Sinn eines Kosten-Nutzen Kalküls als innovatives Mittel zur Überwindung kostenintensiver staatlicher Überregulierung (de Soto 1989; Maloney 2004). Quer zu diesen Analysen stehen seit jeher induktiv, oftmals anthropologisch ausgerichtete ethnographische Studien, die sich mit den Organisationsweisen und der sozialen Einbettung informeller Arbeit beschäftigen und auf diese Weise immer wieder die tonangebenden Lesarten der Informalitätsforschung kritisch kontrastieren konnten (Palacios 2011).

Über das letzte Jahrzehnt hat sich im Rahmen von Debatten der Internationalen Arbeitsorganisation (ILO) eine breite Definition etabliert, die sowohl Bezugspunkt für theoretische Auseinandersetzungen verschiedener Fachdisziplinen, empirischer Studien als auch für die Politikgestaltung ist. Das ILO-Konzept entspricht dem Bemühen um eine Integration und theoretische Bündelung der verschiedenen Deutungen zu einem Gesamtbild der informellen Ökonomie. Das Modell vereint im Wesentlichen zwei Grundverständnisse von Informalität: das der ›Arbeit im informellen Sektor‹ und das der ›informellen Beschäftigung‹. Ersteres basiert auf einem breiten Verständnis informeller Unternehmen. Gemeint sind selbstständige Wirtschaftseinheiten, die in der Regel lediglich die Größe eines Haushalts oder auch nur die einer Einzelperson haben, die sowohl für den Verkauf, als auch für den Tausch Güter produzieren oder Dienstleistungen zur Verfügung stellen. Sie gelten als nicht-registriert und agieren jenseits der Sozial-, Steuer- und Arbeitsrechtsprechung. Bei dem Konzept informeller Beschäftigung wird, statt definitorisch den Charakter der Wirtschaftseinheit zum Ausgangspunkt der Analyse zu machen, auf die *Form* der Arbeit geblickt. Als informell gelten demnach all jene Tätigkeiten, die jenseits arbeits- und sozialrechtlicher Regulierung stattfinden oder bei denen *de facto* das Arbeitsrecht nicht greift. Darunter fallen nicht registrierte Arbeiten auf eigene Rechnung, informelle Beschäftigung – in verschiedenen Wirtschaftseinheiten des formellen wie informellen Sektors oder des Haushalts – sowie nicht registrierte Kooperativen und Subsistenzarbeiten. Innerhalb dieser Koordinaten lässt sich eine breite Matrix aufspannen, die die Vielfalt dessen umreißt, was als informelle Beschäftigung gelten kann und (bedingt) die Möglichkeit der statistischen Erfassung eröffnet (Hussmanns 2004).

Die ILO-Definition bildet den Ausgangspunkt für verschiedene Ansätze, die davon ausgehen, dass jede der benannten klassischen Informalitätsschulen spezifische Teilaspekte informeller Arbeit erfasst. So wird bei Arbeitsmärkten mit einem hohen Anteil informeller Beschäftigung von Teilen der Forschung eine vertikale Mehrfachsegmentierung konstatiert (Bachetta u.a. 2009: 45ff.; Jütting/de Laiglesia 2009), während andere Studien verschiedene Typen informeller Beschäftigung ausmachen (Chang 2009; Arnold/Bongiovi 2012: 295f.). Die einzelnen Segmente bzw. Typen zeichnen sich einerseits durch eigene Spezifika aus, wie zum Beispiel ungleiche Möglichkeiten der Einkommensgenerierung oder ausgeprägter Geschlechtersegregation (Chen u.a. 2006: 2137). Sie sind andererseits jeweils gemäß der klassischen Informalitätsschulen auf unterschiedliche Weise aufeinander bezogen: Demnach umfasst beispielsweise ein unteres Arbeitsmarktsegment, im Sinn der dualistischen Interpretation, Gelegenheits-, Überlebens- und Haushaltstätigkeiten, gefolgt von unregulierter Lohnarbeit, zum Beispiel in Form von Leih- oder Zeitarbeit sowie informellen Zulieferern, die im Sinn der strukturalistischen Sicht in formelle Wertschöpfung (subordiniert) eingebettet sind und einem dritten Segment kleiner informeller Mikro-Unternehmen, die im Sinn der Legalisten jenseits staatlicher Regulierung, wie Steuererhebung oder dem Arbeitsrecht agieren (Bachetta u.a. 2009: 45ff.; Jütting/de Laiglesia 2009). Damit sind die jüngsten Studien der Informalität vorwiegend von dem Geist getragen, sowohl empirisch als auch konzeptionell-analytisch den heterogenen Charakter der Tätigkeiten in der informellen Ökonomie systematisch zu durchdringen.

Herausforderungen der Informalitätsforschung

Mit diesem integrativem Ansatz der Informalität setzt sich die Forschung allerdings in zweierlei Hinsicht der Gefahr der Beliebigkeit aus. Zum einen drängt sich die Frage nach dem analytischen Gebrauchswert eines Informalitätsbegriffs auf, dem nun noch stärker als zuvor das fragwürdige Schicksal einer Residualkategorie anhaftet. Der bunte Blumenstrauß von Tätigkeiten und Wirtschaftseinheiten, die als informell gelten können, ist schließlich größer und farbenfroher als je zuvor. Die oben vorgestellten Systematisierungsbemühungen sind zugleich zwar als Versuch zu verstehen, wieder Ordnung in die zunehmend unübersichtliche Welt der Informalität zu bringen. Neben einer drohenden Beliebigkeit gegenüber dem empirischen Gegenstand setzt sich die jüngere Welle der Informalitätsforschung damit jedoch zugleich der Gefahr des theoretischen Eklektizismus aus. Denn bei der Einteilung verschiedener Informalitätstypen oder -segmente wird weitgehend auf das theoretische Arsenal der klassischen Informalitätsschulen zurückgegriffen, ohne diskutiert zu haben, ob sie sich nicht an entscheidenden Stellen widersprechen oder aber gemeinsame theoretische Engführungen fortschreiben.

So haftet Informalitätsstudien verschiedener Provenienz nicht zuletzt wegen der negativen Begriffsbestimmung und der dualistischen *Bias* der ersten Forschungen regelmäßig ein dichotomes Moment an, das nicht selten zu schwerwiegenden analytischen Kurzschlüssen und einem schematischen Informalitätsverständnis führt. Zum einen wird die informelle Ökonomie immer wieder als politik- oder staatsfreier Raum gedacht (vgl. Weinmann/Burchardt in diesem Band). Auf diese Weise nehmen Informalitätsstudien schnell eine technizistische Problemlösungsperspektive der Politikgestaltung ein: Nicht-Regulierung wird als Problem und Politik als Lösung angesehen. Dabei wird verkannt, dass Regulierung und Nicht-Regulierung sich vielfältig gegenseitig bedingen. So können beispielsweise fragmentierte Arbeitsmärkte und exklusive Arbeits- und Sozialpolitiken im Wechselspiel informelle Ökonomien konstituieren. Persistente informelle Arbeitsmarktsegmente können also durchaus das Ergebnis politisch vermittelter sozialer Schließungsmechanismen und damit Resultat äußerst ›effektiver‹ Regulierung sein (Weinmann 2012). Rechtsprechung kann gar grundsätzlich als Grundbedingung für Informalität gesehen werden. Ohne eine Bestimmung dessen, was als formell zu gelten hat, fehlt Informalität die Existenzgrundlage. Mit anderen Worten: »formality breeds informality« (Fernández-Kelly 2006: 3) oder prägnant ausgedrückt: *Informalität wird (auch politisch) gemacht!*

Auf der Ebene der Arbeitsverhältnisse führen dichotome Implikationen ebenso zu Irritationen, ist doch der Übergang zwischen Formalität und Informalität an dieser Stelle oftmals ein fließender oder als In-/Formalitätskontinuum zu verstehen. So kann ein formelles Arbeitsverhältnis zwischen Arbeitgeber und Arbeitnehmer (bzw. Kapital und Arbeit), das sich in Arbeitsverträgen niederschlägt, gelockert in Dienst- oder Werkverträgen und Formen des *Subcontracting* und der Leiharbeit seinen Ausdruck finden und damit graduell informelle Merkmale aufweisen; genauso, wie formelle Arbeit immer durch informelle Reproduktionsarbeit im Haushalt oder der Subsistenzökonomie begleitet oder überhaupt erst ermöglicht wird (Mayer-Ahuja 2012: 291). Gegenstandsbezogen in Ort und Zeit können sich In-/Formalitätsbeziehungen dieser Art demnach als sehr unterschiedlich darstellen, weshalb die Vermessung und die analytische Durchdringung der dynamischen sozialen Grenzziehung der informellen Ökonomie als zentrale Hausforderung der sozialwissenschaftlich orientierten Informalitätsforschung angesehen werden kann (Castells/Portes 1989: 11).

Facetten informeller Beschäftigung

Wenn wir in diesem Band unterschiedliche Facetten der informellen Beschäftigung vorstellen, dann geschieht das nicht mit der Absicht, sie entlang der skizzierten Debattenkonjunktur in ihrer ganzen Breite und Vielfalt darzulegen. Vielmehr werden Beiträge vorgestellt, die versuchen, mit der verbreiteten methodischen und konzeptionellen Vagheit zu brechen und die aufzeigen, wie entlang der Informalitätskategorie die Dynamiken der Arbeitswelten konkret vermessen werden können. Dies geschieht aus verschiedenen – globalen – Blickwinkeln: Erstens im Sinn grundlegender konzeptioneller Reflexionen und Systematisierungen; zweitens in Form von synchronen Zeitdiagnosen; und drittens als diachrone prozesshafte Vermessung des Sozialen.

Den Auftakt des Sammelbandes bildet eine Auseinandersetzung mit dem Prekaritätsbegriff. *Klaus Dörres* Artikel bilanziert und systematisiert die Prekaritätsdebatte der vergangenen Jahre, fasst ihre zentralen Forschungsergebnisse zusammen, benennt offene Forschungsfelder und gibt damit Hinweise für Anknüpfungspunkte einer innovativen Prekaritätsforschung. Dabei plädiert er für einen integrativen Ansatz, der theoretische Überlegungen mit empirischen Forschungsergebnissen verknüpft und Prekarität als ständige Bewährungsprobe definiert, bei der jeweils am empirischen Material das Verhältnis von machtgeleiteten Kraftproben und auf gesellschaftlichen Gerechtigkeitsvorstellungen basierenden Wertigkeitsprüfungen betrachtet werden muss. Dieser analytische Zugang zum Thema ermöglicht die Generierung neuer empirischer Erkenntnisse und theoretischer Rückbindungen, welche die (sozial-)wissenschaftliche Analyse im Sinne einer öffentlichen Soziologie zum Ausgangspunkt praktischer Gesellschaftskritik macht.

Anschließend nimmt *Nicole Mayer-Ahuja* den Faden der Prekaritätsforschung auf und fragt nach den Verbindungen zum Konzept der Informalität. Obwohl zwischen beiden Begriffen durchaus Analogien vorfindbar sind, treten ihre Unterschiede im Zuge einer Kontextualisierung deutlich hervor. Zur Veranschaulichung vergleicht Mayer-Ahuja die zunehmende Prekarisierung der Beschäftigung in Deutschland mit der Tendenz zur Informalisierung der Arbeit in Indien unter besonderer Berücksichtigung der Stellung von Frauen auf dem Arbeitsmarkt. Auf diese Weise schlägt sie die Brücke zwischen der Analyse von Arbeit vom globalen Norden zum globalen Süden. Trotz deutlicher Schwankungen im historischen Verlauf ist prekäre und informelle Beschäftigung bis heute stark weiblich geprägt. Da die zunehmende Erwerbsarbeit von Frauen mit einer Tendenz zur Informalisierung bzw. Prekarisierung der Beschäftigung einherging, argumentiert Mayer-Ahuja, dass zwar eine Veränderung der Rollenverhältnisse zwischen den Geschlechtern eingetreten sei, diese jedoch nicht zwingend emanzipatorischen Charakter hat.

Anschließend eröffnet *Andreas Eckert* den historischen Abschnitt des Bandes mit einer globalgeschichtlichen Perspektive auf Arbeit am Beispiel der Politiken der Internationalen Arbeitsorganisation (ILO) zur Durchsetzung von Arbeitsschutzrichtlinien mit einem Fokus auf Afrika. Er zeigt darin die Divergenz zwischen der Etablierung internationaler Konventionen im globalen Norden und deren Missachtung in den kolonialen Gebieten bis zum Zweiten Weltkrieg sowie die Probleme der Umsetzung prinzipiell universeller Arbeits- und Sozialstandards im globalen Süden in der zweiten Hälfte des 20. Jahrhunderts. Dass sich dieser Befund auch nach der Dekolonialisierung nicht grundlegend verändert hat, liegt nach Eckert sowohl in der Verantwortung der postkolonialen Staaten als auch von Internationalen Organisationen und Transnationalen Unternehmen.

Nico Weinmann und *Hans-Jürgen Burchardt* spüren in der Folge Dynamiken der Entwicklung informeller Beschäftigung in Lateinamerika nach. Bei der Ergründung der Konstitutionsbedingungen setzen sie sich vor allem mit der Politik als Einflussgröße auseinander und gliedern die lateinamerikanische Geschichte der informellen Arbeit in drei Politikzyklen der In-Formalität. Ausgehend von der Annahme, dass vor allem Arbeits- und Sozialpolitik bei der Konstitution informeller Beschäftigung eine wichtige Rolle einnimmt, geben die Autoren Impulse für künftige Informalitätsstudien. Politik sollte demnach bei der Austarierung von In-Formalitätsbeziehungen verstärkt als gesellschaftlich umkämpftes Feld verstanden werden, über dessen Betrachtung grundsätzliche Hinweise über Macht- und Herrschaftsverhältnisse in Lateinamerika gewonnen werden können.

Ebenfalls eine historische Perspektive nimmt der Beitrag von *Ravi Ahuja* zur informellen Arbeit in Indien ein. Darin zeigt er, wie in Indien die Adaption des arbeitszentrierten Modells von Wohlfahrtsstaatlichkeit im Ergebnis zu einer minoritären Sozialpolitik führte, die den Großteil der Bevölkerung vom Zugang zu wohlfahrtsstaatlichen Leistungen ausschloss und die Erzeugung von Informalität zur Folge hatte. Analog zur europäischen Entwicklung wurde Arbeit auch in Indien zu einer zentralen politischen Kategorie, aus der sozialpolitische Ansprüche abgeleitet werden konnten. Der dem zu Grunde liegende Arbeitsbegriff beschränkt sich jedoch auf formelle Beschäftigung, so dass dadurch ein formeller Sektor politisch geschaffen wurde und gleichzeitig ein Großteil der Bevölkerung von den sozialpolitischen Leistungen ausgeschlossen blieb. Im Rahmen der neoliberalen Wende wurden auch in Indien die Rechte der formell beschäftigten Arbeitskräfte beschnitten, woraus teilweise gewaltsame Arbeitskonflikte hervorgingen. Trotz aller Unterschiede der Arbeitswelten lassen sich dennoch gegenwärtig weltweit ähnliche Legitimationsprobleme und Protestdynamiken beobachten.

Anschließend thematisiert *Martha Alter Chen* die Auswirkungen der aktuellen Wirtschafts- und Finanzkrise auf informell Beschäftigte im globalen Süden. Ihr Artikel basiert auf originären empirischen Daten, die im Rahmen eines Forschungsprojektes in zehn Ländern Afrikas, Asiens und Lateinamerikas erhoben und erst vor kurzem ausgewertet wurden. Auf dieser Grundlage zeigt sie, dass in vielen Gesellschaften des globalen Südens weit über die Hälfte der Arbeitskräfte informell beschäftigt sind und Frauen zudem in den unteren Segmenten der informellen Ökonomie deutlich überrepräsentiert sind. Diese Tendenz verschärft sich noch weiter durch die aktuelle Wirtschafts- und Finanzkrise. Während die Forschung die informelle Ökonomie meist als Auffangbecken für die steigende Zahl von Arbeitslosen in wirtschaftlichen Krisenzeiten betrachtet, konstatiert Chen, dass sich die Arbeitsbedingungen und die Verdienstmöglichkeiten für die informellen Arbeiter durch die Wirtschaftskrise insgesamt deutlich verschlechtert haben, die gegenwärtige Krise also auch in der informellen Ökonomie voll durchschlägt und eine Zunahme der Zahl der *working poor* zur Folge hat. Am Ende des Artikels fasst Chen zusammen, welche politischen Forderungen zu stellen sind, um die Lebens- und Arbeitssituation der informell Beschäftigten zu verbessern.

Juan Pablo Pérez Sáinz analysiert in seinem Artikel den Wandel der Arbeitsbeziehungen in Lateinamerika seit der neoliberalen Wende der 1980er Jahre. Seitdem ist auf dem Subkontinent sowohl eine Zunahme informeller als auch prekärer Beschäftigung zu beobachten. Dies ging einher mit einem Rückgang der öffentlichen Beschäftigung und der Schwächung der Gewerkschaftsbewegung. Für die Gegenwart konstatiert Pérez Sáinz für Lateinamerika einerseits eine strukturelle Arbeitslosigkeit, die einen großen Teil der Erwerbsbevölkerung der Region zur Übernahme informeller und/oder prekärer Beschäftigung drängt. Dabei argumentiert er, dass gegenwärtig nicht die mangelnde Fähigkeit der formellen Arbeitsmärkte zur Absorption der Arbeitskräfte problematisiert, sondern das Problem über die Forderung zur (Selbst-)Optimierung auf die Individuen übertragen wird. Der Artikel von Pérez Sáinz schließt mit Überlegungen zum Zusammenhang von Prekarisierung und Feminisierung der Arbeit in Lateinamerika.

Als nächstes veranschaulichen *Asanda Benya* und *Edward Webster* die prekären Arbeitsbedingungen am Beispiel der südafrikanischen Bergbauregion von Rustenburg. Der Artikel basiert auf empirischen Daten aus jüngeren umfangreichen Feldforschungsaufenthalten in den dortigen Platinminen und lässt erahnen, warum es hier im australen Winter 2012 zu heftigen und gewaltsamen Arbeitskämpfen kam. In ihrem Beitrag analysieren Benya und Webster die vielfältigen Abstufungen und Hierarchien zwischen regulären und informalisierten Bergarbeitern, die durch Verschränkungen mit den Dimensionen des Geschlechts und der Staatsangehörigkeit noch zusätzlich verschärft werden. Aus diesen Hierarchien resultieren Unterschiede des Organisationsgrades, der Entlohnung und der Arbeitsbedingungen, aber auch der Gesundheits- und Sicherheitsstandards zwischen den Bergarbeitern. Benya und Webster plädieren für die Veränderung der rechtlichen Rahmenbedingungen, um die Rechte der informalisierten Arbeiter zu stärken sowie für eine Neuausrichtung der Gewerkschaftsstrategie, die es erlauben würde, die besonderen Anliegen der verschiedenen Gruppen von Bergarbeitern adäquat zu vertreten und dadurch die Organisierung der Arbeiter zu stärken.

Aus diskursanalytischer Perspektive setzt sich *Lisa Carstensen* abschließend mit dem Phänomen der modernen Sklavenarbeit in Brasilien auseinander. Anhand einer Analyse zentraler internationaler Konventionen und Gesetze gegen Zwangsarbeit untersucht sie die darin enthaltenen Definitionen und Abgrenzungen von Zwang und Freiheit sowie Ausbeutung und Nicht-Ausbeutung und zeigt auf, dass derartige Grenzziehungen immer normativ erfolgen. Dies hat zur Folge, dass unfreie Arbeit stets als Randphänomen betrachtet und von der regulären Arbeit isoliert wird. Anhand der Analyse der internationalen und brasilianischen Debatte zu den Themen Zwangsarbeit, moderne Sklavenarbeit und Menschenhandel zeigt Carstensen jedoch, dass Zwangsarbeit keineswegs als traditionelle Randphänomene von sich modernisierenden Arbeitsmärkten zu fassen sind.

Bei der Auswahl dieser Beiträge waren für uns mehrere Aspekte ausschlaggebend: *Erstens* sollten die Forschungen zu Facetten informeller Arbeit in globaler Perspektive begrifflich und methodisch systematisiert, konzeptionell reflektiert und auf Gemeinsamkeiten sowie Unterschiede verglichen werden, um daraus sowohl neue wissenschaftliche Anregungen als auch erste politische Anforderungen ableiten zu können. *Zweitens* muss dies unseres Erachtens interdisziplinär geschehen, weshalb wir Beiträge aus verschiedenen Fachdisziplinen vereint haben. *Drittens* schien uns neben konzeptionellen Reflexionen eine empirische Erdung besonders wichtig; wir haben darum großen Wert darauf gelegt, dass einzelne Beiträge originäre empirische Darstellungen beinhalten. *Viertens* wird auch in den Forschungen zu Informalität und Prekarität immer deutlicher, dass Geschlecht eine Kategorie darstellt, die alle Facetten von Arbeit betrifft und durchdringt und deshalb nicht additiv zu denken ist. Auch die hier vorliegenden Beiträge haben diesen zentralen Aspekt berücksichtigt und reflektiert. *Fünftens* ist es uns gelungen, mehrere Beiträge von Expertinnen und Experten zu gewinnen, die zwar regional bzw. international anerkannt sind, bisher aber noch nicht im deutschsprachigen Raum veröffentlicht haben. Zusammen mit den Analysen der ausgewiesenen deutschen Forscherinnen und Forscher zu dem Thema ist es uns somit vielleicht gelungen, einen kleinen Beitrag für ein Unterfangen zu leisten, das unserer Meinung nach für die weitere Beschäftigung mit Prekarisierung und Informalität besonders wichtig erscheint: Ein sich intensivierender Nord-Süd-Dialog.

Der Weg von den hier vorgelegten Facetten informeller Arbeit in globaler Perspektive zu einem Gesamtbild einer globalen Perspektive auf Arbeit, ihrer Analyse und Regulierung, ist sicherlich schwierig und weit. In den versammelten Texten lässt sich darum weder die Begründung eines neuen kohärenten Konzepts noch eines politischen Programms finden, doch aber erste Hinweise auf die nächsten Aufgaben und Optionen für Forschung und Politik. Die Beiträge teilen hierbei ein relationales Verständnis von Informalität, dass diese Kategorie zum einen gangbarer macht für eine dynamische Vermessung der Arbeitswelt. Zum anderen knüpfen die Autorinnen und Autoren damit auch über ihren ursächlichen Gegenstand hinaus das Band zu gesellschaftstheoretischen Schlüsselfragen.

Sollte es uns mit diesem Band außerdem gelungen sein, diejenigen, die sich mit Facetten, Beziehungen und Politiken von Arbeit und Gesellschaft beschäftigen, für mehr internationale und/oder vergleichende Aspekte auch jenseits der europäischen und nordamerikanischen Erfahrungen zu interessieren, ist eines unserer zentralen Anliegen bereits erreicht: Das Verständnis breiter und den Austausch intensiver zu machen für die Konstellation, die unserer Überzeugung nach auch für die Zukunft der Arbeit an entscheidender Bedeutung gewinnt: Die Nord-Süd-Beziehungen.

Literatur

Acemoglu, Daron/Robinson, James A. (2012), *Warum Nationen scheitern. Die Ursprünge von Macht, Wohlstand und Armut*, Frankfurt am Main.

Altvater, Elmar/Mahnkopf, Birgit (2002), *Globalisierung der Unsicherheit. Arbeit im Schatten, Schmutziges Geld und informelle Politik*, Münster.

Arnold, Dennis/Bongiovi, Joseph R. (2012), »Precarious, Informalizing, and Flexible Work: Transforming Concepts and Understandings«, in: *American Behavioral Scientist*, 57(3), S. 289–308.

Bachetta, Marc/Ekkehard, Ernst/Bustamante, Juana P (2009), *Globalization and Informal Jobs in Developing Countries*. A joint study of the International Labour Office and the Secretariat of the World Trade Organization, Genf.

Beck, Ulrich (1999), *Schöne neue Arbeitswelt. Vision: Weltbürgergesellschaft*, Frankfurt am Main.

Bendix, Reinhard (1969), »Modernisierung in internationaler Perspektive«, in: Zapf, Wolfgang (Hg.), *Theorien des sozialen Wandels*, Köln, S. 505–512.

Bourdieu, Pierre (2000), *Die zwei Gesichter der Arbeit. Interdependenzen von Zeit- und Wirtschaftsstrukturen am Beispiel einer Ethnologie der algerischen Übergangsgesellschaft*, Konstanz.

— (1998), »Prekarität ist überall«, in: ders. (Hg.), *Gegenfeuer. Wortmeldungen im Dienste des Widerstands gegen die neoliberale Invasion*, Konstanz, S. 96–102.

Breman, Jan (1976), »A Dualistic Labour System? A Critique of the ›Informal Sector‹ Concept: II: A Fragmented Labour Marked« in: *Economic and Political Weekly*, 11 (49), S. 1905–1908.

Brenke, Karl/Rinne, Ulf/Zimmermann, Klaus F. (2013), »Short-time work: ›The German answer to the Great Recession‹«, in: *International Labour Review*, 152 (2), S. 287–305.

Brinkmann, Ulrich/Dörre, Klaus/Röbenack Silke/Kraemer, Klaus/Speidel, Frederic (2006), *Prekäre Arbeit. Ursachen, Ausmaß, soziale Folgen und subjektive Verarbeitungsformen unsicherer Beschäftigungsverhältnisse*, Friedrich-Ebert Stiftung, Bonn.

Caballero, Antonio (2011), »Die Dritte Welt ist überall«, in: *Die Zeit*, 48.

Castel, Robert (2008), *Die Metamorphosen der sozialen Frage. Eine Chronik der Lohnarbeit*, 2. Auflage, Konstanz.

— /Dörre, Klaus (2009), »Einleitung«, in: Castel, Robert/Dörre, Klaus (Hg.), *Prekarität, Abstieg, Ausgrenzung. Die soziale Frage am Beginn des 21. Jahrhunderts*, Frankfurt am Main/New York, S. 11–18.

Castells, Manuel/Portes, Alejandro/Benton, Lauren A. (1989), »World Underneath: The Origins, Dynamics, and Effects of the Informal Economy«, in: Castells, Manuel/Portes, Alejandro (Hg.), *The Informal Economy. Studies in Advanced and Less Developed Countries*, Baltimore, S. 11–37.

Chang, Dae-Oup (2009), »Informalising Labour in Asia's Global Factory«, in: *Journal of Contemporary Asia*, 39 (2), S. 161–179.

Chen, Martha Alter (2005), *Rethinking the Informal Economy. Linkages with the Formal Economy and the Formal Regulatory Environment*, WIDER Research Paper, 10, New York, http://hdl.handle.net/10419/63329, 12.03.2013.

— /Vanek, Joann/Heintz, James (2006), »Informality, Gender and Poverty. A Global Picture«, in: *Economic and Political Weekly*, 41 (21), S. 2131–2139.

Conte, Bernard (2013), »Die Dritte Welt ist überall«, in: *Blätter für deutsche und internationale Politik*, 2, S. 81–90.

— (2009), *Tiers-Mondalisasion de la planète*, Bordeaux, 2009.

de Soto, Hernando (1989), *The Other Path: The Economic Answer to Terrorism*, New York.

Dörre, Klaus (2009), »Prekarität im Finanzmarkt-Kapitalismus«, in: Castel, Robert/ Dörre, Klaus (Hg.), *Prekarität, Abstieg, Ausgrenzung. Die soziale Frage am Beginn des 21. Jahrhunderts*, Frankfurt am Main/New York, S. 35–64.

ESDE (2013), *Employment and Social Developments in Europe 2012*, European Commission, Brüssel.

Fernández-Kelly, Patricia (2006), »Introducion«, in: dies. (Hg.), *Out of the shadows: political action and the informal economy*, Pennsylvania, S. 1–22.

Gallas, Alexander/Nowak, Jörg (2012), »Agieren aus der Defensive. Ein Überblick zu politischen Streiks in Europa mit Fallstudien zu Frankreich und Großbritannien«, in: Gallas, Alexander/Nowak, Jörg/Wilde, Florian (Hg.), *Politische Streiks im Europa der Krise*, Hamburg, S. 24–106.

Garz, Marcel (2013), »Employment and wages in Germany since the 2004 deregulation of the temporary agency industry«, in: *International Labour Review*, 152 (2), S. 307–326.

Harris, John R./Todaro, Michael P. (1970), »Migration, unemployment, and development: A two-sector analysis«, in: *American Economic Review*, 1, S. 126–142.

Hart, Keith (1973), »Informal Income Opportunities and Urban Employment in Ghana«, in: *The Journal of Modern African Studies*, 11(1), S. 61–89.

Hawkins, Daniel (2011), *The Struggles over City-Space*, Baden-Baden.

Huffington, Arianna (2011), *The Third World America. How our Politicians are Abandoing the Mittle-Class and Betraying the American Dream*, New York.

Hussmanns, Ralf (2004), *Measuring the informal economy: From employment in the informal sector to informal employment*, ILO Working Paper 53, Genf.

ILO (2013), *Global Employment Trends 2013. Recovering from a second jobs dip*, Genf.

— (1972) *Employment, Incomes and Equality: A Strategy for Increasing Productive Employment in Kenya*, Research Paper.

Jütting, Johannes/de Laiglesia, Juan R. (2009), *Is Informal Normal? Towards More and Better Jobs in Developing Countries*, OECD Publishing.

Kalleberg, Arne L./Hewison, Kevin (2012), »Precarious Work and the Challenge for Asia«, in: *American Behavioral Scientis*, 57 (3), S. 271–288.

Komlosy, Andrea/Parnreiter, Christof/Stacher, Irene/Zimmermann, Susan (1997), *Ungeregelt und unterbezahlt. Der informelle Sektor in der Weltwirtschaft*, Frankfurt am Main.

Kraemer, Klaus (2008), »Alles prekär? Die Prekarisierungsdebatte auf dem soziologischen Prüfstand«, in: Eickelpasch, Rolf/Rademacher, Claudia/Lobato, Philipp Ramos (Hg.), *Metamorphosen des Kapitalismus- und seiner Kritik*, Wiesbaden, S. 104–117.

Lerner, Daniel (1968), »Modernization. Social Aspects«, in: Sills, David L. (Hg.), *International Encyclopedia of the Social Sciences*, Bd. 10, New York, S. 386–395.

Maloney, William F. (2004), »Informality Revisited«, in: *World Development*, 32 (7), S. 1159–1178.

Mayer-Ahuja, Nicole (2012), »Arbeit, Unsicherheit, Informalität«, in: Dörre, Klaus/Sauer, Dieter/Wittke, Volker (Hg.), *Kapitalismustheorie und Arbeit. Neue Ansätze soziologischer Kritik*, Frankfurt am Main/New York, S. 289–301.

— (2003), *Wieder dienen lernen? Vom westdeutschen ›Normalarbeitsverhältnis‹ zu prekärer Beschäftigung seit 1973*, Berlin.

Moser, Caroline O.N (1978), »Informal sector or petty commodity production: Dualism or dependence in urban development?«, in: *World Development*, 6 (9/10), S. 1041–1064.

Mückenberger, Ulrich (1985), »Die Krise des Normalarbeitsverhältnisses. Hat das Arbeitsrecht noch Zukunft?«, in: *Zeitschrift für Sozialreform*, 31 (7/8), S. 415–434, 457–475.

Neugebauer, Gero (2007), *Politische Milieus in Deutschland. Die Studie der Friedrich-Ebert-Stiftung*, Bonn.

Offe, Claus (1984) (Hg.), *›Arbeitsgesellschaft‹: Strukturprobleme und Zukunftsperspektiven*, Frankfurt/New York.

Palacios, Rosario (2011), »¿Qué significa ›trabajador informal‹? Revisiones desde una investigación ethográfia«, in: *Revista Mexicana de Sociología*, 73 (4), S. 591–616.

Parsons, Talcott (1951), *The Social System*, Glencoe.

Paugam, Serge (2009), »Die Herausforderung der organischen Solidarität durch die Prekarisierung von Arbeit und Beschäftigung«, in: Castel, Robert/Dörre, Klaus (Hg.), *Prekarität, Abstieg, Ausgrenzung. Die soziale Frage am Beginn des 21. Jahrhunderts*, Frankfurt am Main/New York, S. 175–196.

Portes, Alejandro/Castells, Manuel/Benton, Lauren A. (1989) (Hg.), *The Informal Economy: Studies in Advanced and Less Developed Countries*, Baltimore.

Schmalz, Stefan/Weinmann, Nico (2013), »Gewerkschaftliche Kampfzyklen in Westeuropa. Die Jahre 1968 und 2008/9 im Vergleich«, in: *Supplement der Zeitschrift Sozialismus* 7/8.

Sethuraman, S.V, (1976), »The urban informal sector: Concept, measurement and policy«, in: *International Labour Review*, 114 (1), S. 69–81.

Standing, Guy (2011), *The Precariat. The New Dangerous Class*, London.

Thorbecke, Erik (1973), »The employment problem: A critical evaluation of four ILO comprehensive country reports«, in: *International Labor Review* 107 (5), S. 393–423.

Torres, Raymond (2013), »Introduction: European labour markets in economic crisis«, in: *International Labour Review*, 152 (2), S. 167–173.

Weinmann, Nico (2012), »Exklusive Sozialpolitik? Alte Muster und neue Trends in Lateinamerika«, in: Burchardt, Hans-Jürgen/Tittor, Anne/Weinmann, Nico (Hg.), *Sozialpolitik in globaler Perspektive. Asien, Afrika und Lateinamerika*, Frankfurt am Main, S. 141–167.

Prekarität – ein System ständiger Bewährungsproben

Klaus Dörre

Prekarität gehört inzwischen »zu den großen Themen der sozialwissenschaftlichen Gegenwartsanalyse und Zeitdiagnostik« (Aulenbacher 2009: 65). Der diskursive Erfolg des Prekaritätskonzepts korrespondiert jedoch mit einer gewissen analytischen Unschärfe des Begriffs. Wenn nicht mehr klar ist, welche Phänomene die Kategorie eigentlich bezeichnet, wird diese Unbestimmtheit wissenschaftlich zum Problem. Nachfolgend soll daher der Versuch gemacht werden, eine Zwischenbilanz der neueren soziologischen Prekarisierungsdebatte zu formulieren. Im Anschluss an eine Darstellung unterschiedlicher Verwendungsweisen des Prekaritätskonzepts folgen ausgewählte Forschungsergebnisse sowie offene Fragen und Kontroversen. Anschließend werden verschiedene Stränge der Diskussion in einem analytischen Konzept zusammengeführt, das Prekarität als Durchsetzung eines Systems ständiger Bewährungsproben begreift und so Anknüpfungspunkte für die künftige Prekaritätsforschung liefert.

Die neue sozialwissenschaftliche Prekarisierungsdiskussion

Prekär bedeutet dem Wortsinn nach widerruflich, unsicher oder heikel. Der Wortstamm lässt sich allerdings bis zum lateinischen *precarium*, der Bittleihe, zurückverfolgen. Gemeint ist das Verleihen einer Sache, deren Nutzung vom Geber jederzeit widerrufen werden kann. Prekarität bezeichnet demnach ein unsicheres, instabiles, auf Widerruf gewährtes Verhältnis, das den Nehmer eines Gutes vom Geber abhängig macht. Der Gegenbegriff ist eine stabile, sichere, durch Rechtsgleichheit konstituierte Beziehung. In der soziologischen Diskussion bezeichnet Prekarität unsichere, instabile Beschäftigungs- und Lebensverhältnisse. Die neuzeitliche Geschichte prekärer Arbeits- und Lebensformen lässt sich mindestens bis in das 14. Jahrhundert nach Christus zurückverfolgen (Castel 2000; Schultheis/Herold 2010). Konstitutiv für die neuere sozialwissenschaftliche Prekarisierungsdiskussion in Ländern des globalen Nordens war ursprünglich die Entstehung niedrig entlohnter, zeitlich befristeter, ungeschützter Beschäftigungsverhältnisse, in denen sich zunehmend auch akademisch qualifizierte Arbeitskräfte wiederfanden. Diese Gruppen wurden in Italien als *precariato* (Bologna 1977, zit. n. Roth 2010: 155) bezeichnet. In Frankreich machte die Einführung einer Wiedereingliederungsbeihilfe (*Revenue minimum d'insertion* (Schultheis/Herold 2010: 244)), von der circa 2,5 Millionen Menschen betroffen waren, die *precarité* zum Gegenstand öffentlicher Debatten. Vor allem französische Soziologen nutzten Prekarität als Sammelkategorie, um höchst unterschiedliche soziale Phänomene zu bündeln. André Gorz münzte den Begriff auf »Randarbeitnehmer« und externe Arbeitskräfte (Gorz 1989: 100ff.), aber auch auf neue Dienstbotentätigkeiten (ebd.: 200), die im Zuge der Flexibilisierung von Arbeit und Beschäftigung entstanden waren. In den Arbeiten der Gruppe um Pierre Bourdieu thematisierte der Begriff unter anderem die Entkollektivierung der Industriearbeiterschaft und die soziale Ausgrenzung in den französischen Vorstädten. Demgegenüber blieb Prekarität als sozialwissenschaftliches Konzept in Deutschland zunächst unbedeutend. Seitens der konventionell-quantitativen Arbeitsmarktforschung wurde die Prekarisierungsdiskussion als randständiger Diskurs behandelt. Sofern von Prekarisierungsphänomenen überhaupt die Rede war, rubrizierte man sie unter Begriffe wie den der atypischen Beschäftigung oder der Armut. Das hat sich erst in der jüngeren Vergangenheit geändert. Prekarität, Prekarisierung und Prekariat sind zu Kategorien avanciert, die zunehmend Eingang nicht nur in die Soziologie, sondern auch in die Alltagssprache finden.

Großen Einfluss auf die deutsche Soziologie hatte eine Arbeitshypothese Robert Castels (Castel 2000: 360), der zufolge sich die nachfordistischen Arbeitsgesellschaften des globalen Nordens in Zonen unterschiedlicher Sicherheitsniveaus spalten. Zwar befinde sich die Mehrzahl der Beschäftigten in den fortgeschrittenen Kapitalismen noch immer in einer ›Zone der Integration‹ mit Normarbeitsverhältnissen und halbwegs intakten sozialen Netzen. Darunter expandiere jedoch eine ›Zone der Prekarität‹, die sich sowohl durch unsichere Beschäftigung, als auch durch erodierende soziale Netze auszeichne. Am unteren Ende der Hierarchie entstehe eine ›Zone der Entkoppelung‹, in der sich Gruppen ohne reale Chance auf eine Integration in den ersten Arbeitsmarkt befänden. Bei diesen vermeintlich

»Überzähligen« (Marx 1973 [1867]: 660) der Arbeitsgesellschaft paare sich Ausschluss von regulärer Erwerbsarbeit mit relativer sozialer Isolation.

Castels Hypothese lässt einen historisch neuen Typus von Prekarität erahnen, der sich primär in wohlfahrtsstaatlich regulierten Kapitalismen herausgebildet hat. Ein spezifisches Merkmal dieses Typus ist, dass es sich bei ihm um eine Rückkehr sozialer Unsicherheit in die nach wie vor reichen und historisch betrachtet noch immer überaus sicheren Gesellschaften des globalen Nordens handelt (Castel 2005). Mit dieser Charakterisierung grenzt sich Castel sowohl von Katastrophenszenarien, die eine Wiederkehr des frühindustriellen Pauperismus behaupten, als auch von eng gefassten Exklusionskonzepten (kritisch: Kronauer 2006) ab, welche die soziale Frage am Beginn des 21. Jahrhunderts auf das Phänomen der Entkoppelung von regulärer Erwerbsarbeit reduzieren. In Anlehnung an Serge Paugam kann die Herausbildung unsicherer Arbeits- und Lebensverhältnisse in entwickelten Wohlfahrtsstaaten als Übergang von *marginaler* zu *diskriminierender* Prekarität bezeichnet werden (Paugam 2008; Dörre 2009). Für diese postsozialstaatliche Ausprägung von Prekarität ist charakteristisch, dass sie sukzessive auch und vornehmlich solche Gruppen erfasst, die zuvor zu den gesellschaftlich gesicherten zählten. Das Castelsche Zonenmodell hat zahlreichen Autoren/-innen als heuristische Folie für eigene empirische Forschungen gedient. Die Relevanz dieses Analyserasters für Deutschland und andere europäische Gesellschaften wird inzwischen durch ausdifferenzierte empirische Forschungen belegt (Baethge u.a. 2005; Brinkmann u.a. 2006; Bude/Willisch 2006; Busch u.a. 2010; Castel/Dörre 2009; Schultheis/Schulz 2005; Holst u.a. 2009; Pelizzari 2009; Manske/Pühl 2010; Scherschel u.a. 2012; Sander 2012). Diese Forschungen zeichnen sich allerdings durch eine große Bandbreite an Begriffsdefinitionen und empirischen Operationalisierungen aus. Angesichts dieser Vielfalt fällt es gegenwärtig schwer, einen Grundkonsens soziologischer Prekarisierungsforschung zu bestimmen. Einige wichtige konzeptuelle Überlegungen lassen sich jedoch in knapper Form darstellen.

Verwendungsweisen des Prekaritätsbegriffs

Zunächst müssen zwei Verwendungsweisen des Prekaritätsbegriffs unterschieden werden. Als *zeitdiagnostisches Konzept* thematisiert Prekarität Veränderungen an der Schnittstelle von Erwerbsarbeit, Wohlfahrtsstaat und Demokratie. In diesem Fall bezeichnet Prekarität »eine allgemeine Erschütterung der Gesellschaft« (Ehrenberg 2011: 366); der Begriff zielt darauf, Zusammenhänge zwischen Einzelphänomenen herzustellen (Dörre 2009). Von eher zeitdiagnostischen und gesellschaftsanalytischen Verwendungen heben sich enger gefasste, *empirisch ausgerichtete Kategorisierungen* ab, die Prekarität als eine Spezialform atypischer Beschäftigung (Keller/Seifert 2007), als eine soziale Lage zwischen Armut und Normalität (Kraemer 2009), als Externalisierung am Arbeitsmarkt (Bartelheimer 2011; Krause/Köhler 2012) oder als eine Form sozialer Verwundbarkeit definieren, welche im Zentrum der Arbeitsgesellschaft entsteht und gegenüber Phänomenen wie Armut, Arbeitslosigkeit und Ausgrenzung abgegrenzt werden muss (Vogel 2009). Eine begriffliche Eingrenzung und Operationalisierbarkeit ist zwingend nötig, sobald es um empirische Forschungen geht, die dem Neutralitätsgebot verpflichtet sind. Wichtig für eine empirisch operationalisierbare Begriffsdefinition ist die Unterscheidung zwischen einer Prekarität der *Beschäftigung* und der Prekarität von *Arbeit* (Paugam 2009). Castels Zonenmodell war primär auf die reproduktive Dimension von Arbeitsansprüchen und hier besonders auf die Stabilität von Beschäftigungsverhältnissen hin ausgerichtet. Über die Beschäftigungssicherheit hinaus spielt jedoch zum Beispiel die Lohnhöhe bei der Bemessung reproduktiver Prekaritätsrisiken eine wichtige Rolle. Ein formal unbefristetes und tarifiertes Beschäftigungsverhältnis, das mit einem Niedriglohn (weniger als zwei Drittel des Medianlohns) entgolten wird, kann durchaus als prekär bezeichnet werden (Bosch u.a. 2007).

Auch die qualitative Dimension von Erwerbsarbeit kann bei der Definition von Prekarität als eigenständige Quelle der Destabilisierung begriffen werden. Etwa dann, wenn der Anspruch, die eigene Berufstätigkeit möglichst gut und professionell machen zu wollen, in Überausbeutung mündet und zu psychischen Erkrankungen führt. Die qualitative Dimension von Arbeitsansprüchen liefert zudem Kriterien für eine Differenzierung innerhalb der »Zone der Integration« (Kronauer 2002: 210). Noch weitreichender ist eine Unterscheidung zwischen prekärer (Erwerbs-)*Arbeit* (*labour*) und prekärer (Lebens-)*Tätigkeit* (*work*) (Standing, 2011: 13). So sind auch Erwerbslose häufig außerordentlich aktiv. Teilweise betreiben sie eine sozial geförderte Ersatzarbeit (Ein-Euro-Job, Praktikum etc.) oder ihr bürgerschaftliches und politisches Engagement so, als handele es sich um eine reguläre Erwerbsarbeit. Ähnliches gilt für das Engagement in Eigen- und

Reproduktionsarbeit. In solchen Fällen bleiben Tätigkeiten jenseits bezahlter Erwerbsarbeit in prekäre, weil instabile Lebenszusammenhänge eingebettet. Den Aktivitäten jenseits regulärer Erwerbsarbeit wird dann eine begrenzte kompensatorische Funktion zugewiesen. Auf Dauer ist jedoch das soziale Fundament dieser Tätigkeiten gefährdet und muss durch Anpassung des Lebensstils und die Habitualisierung sozialer Unsicherheit (»Überlebenshabitus«) immer wieder neu hergestellt werden (Dörre u.a. 2013: 123–208).

In diesen Begriffsdifferenzierungen klingt bereits an, dass neben den strukturellen Kriterien auch die subjektiven Verarbeitungsformen unsicherer Beschäftigung und prekärer Arbeit in die Begriffsdefinition einbezogen werden können (Dörre 2005; 2012; Sander 2012). Eine Erwerbstätigkeit, die strukturell als prekär zu bezeichnen ist, muss subjektiv keineswegs als heikel eingestuft werden. Bezieht man die Fremd- und Selbstwahrnehmungen ein, so ist Prekarität weder mit vollständiger Ausgrenzung aus dem Erwerbssystem und absoluter Armut, noch mit totaler sozialer Isolation und erzwungener politischer Apathie identisch, wenngleich der Begriff solche Phänomene als unterste Referenzpunkte einschließen kann. Vielmehr handelt es sich um eine relationale Kategorie, deren Aussagekraft wesentlich von der Definition gesellschaftlicher Normalitätsstandards abhängt.

Ausgewählte Forschungsergebnisse

Ungeachtet unterschiedlicher Definitionen und inhaltlicher Kontroversen hat die noch junge Prekarisierungsforschung inzwischen eine Reihe von empirisch gesicherten Ergebnissen präsentiert. So kann kein Zweifel bestehen, dass sich prekäre Beschäftigung in den meisten europäischen Staaten schon vor der Krise von 2008–2009 ausgebreitet hat. Eine gewisse Ausnahme stellten die skandinavischen Länder dar (Paugam 2009). Doch der scharfe Kontrast von im europäischen Vergleich noch immer robuster Wohlfahrtsstaatlichkeit auf der einen und der sozialräumlich konzentrierten Zunahme von Armut und Jugendarbeitslosigkeit auf der anderen Seite ist, wie die schwedischen Jugend-Riots von 2013 eindringlich belegen, auch hier längst zum Katalysator spezifischer Prekaritätserfahrungen geworden. Tatsächlich basierte das Job-Wachstum in den EU-Staaten während der zurückliegenden Dekaden in erheblichem Maße auf einem Zuwachs an flexiblen, überwiegend prekären, niedrig entlohnten und wenig anerkannten Arbeitsverhältnissen. Das gilt in unterschiedlichem Maße auch für die Länder des europäischen Nordens. So gehen in Deutschland die offiziell registrierte Erwerbslosigkeit und die Unterbeschäftigung zurück, zugleich vollzieht sich jedoch der Übergang zu einer *prekären Vollerwerbsgesellschaft* (Dörre u.a. 2013: 33). Während die Erwerbsbeteiligung auf Rekordniveau steigt, bleibt das Volumen der geleisteten Arbeitsstunden deutlich hinter dieser Entwicklung zurück. Der Beschäftigungsaufbau erfolgte auch nach der Krise von 2008–2009 in hohem Maße über unsichere, niedrig entlohnte und wenig anerkannte Jobs, die zu einem überproportionalen Anteil von Frauen in personenbezogenen Dienstleistungsberufen verrichtet werden. Derzeit arbeiten mehr als 23 Prozent der Beschäftigten im Niedriglohnsektor. 2008 verdienten 1,15 Millionen (3,6 Prozent aller Beschäftigten) weniger als fünf Euro brutto pro Stunde, 4,97 Millionen erzielten weniger als acht Euro (15,7 Prozent aller Beschäftigten) Stundenlohn (Weinkopf 2010: 44). Von einer großen Lohnspreizung im Niedriglohnsektor zeugen durchschnittlich 1,3 bis 1,4 Millionen Erwerbstätige, die ihre Löhne mit Arbeitslosengeld II-Leistungen (ALG II) aufstocken müssen. Trotz aller gegenteiligen Verlautbarungen kann kein Zweifel bestehen, dass prekäre Beschäftigung mehr und mehr sozial geschützte Arbeitsverhältnisse verdrängt. Für die 7,4 Millionen Minijobs, von denen circa 4,9 Millionen im Haupterwerb ausgeübt werden, ist dieser Effekt empirisch belegt. Auch für die Leiharbeit gilt, dass etwa die Hälfte des Stellenzuwachses, der über diese Beschäftigungsform erzielt wird, in anderen Branchen wieder verloren geht (Dörre u.a. 2013: 351, 357; dort weitere Quellen). Das arbeitsmarktpolitische Versprechen einer Aufwärtsmobilität erweist sich indessen für einen Großteil der prekär Beschäftigten als bloße Fiktion. Stattdessen machen in Deutschland relevante Gruppen Erfahrungen mit einer zirkularen Mobilität. Von den Erwerbsfähigen, die im Jahreszeitraum den Leistungsbezug beenden konnten, war ein Viertel innerhalb von drei Monaten erneut auf ALG II angewiesen. Auch die Gruppe der Langzeitbezieher, die innerhalb von zwei Jahren zumindest 21 Monate hilfebedürftig waren, reduziert sich nur langsam von 3,27 Millionen 2009 auf 3,03 Millionen im August 2012 (ebd.: 368ff.; dort weitere Quellen). Daran zeigt sich eine Verstetigung von Lebenslagen, in denen sich soziale Mobilität auf die individuelle Bewegung zwischen Erwerbslosigkeit, sozial geförderter Ersatzarbeit und prekären Jobs beschränkt.

Neben dem dauerhaften Ausschluss von Erwerbsarbeit und der institutionalisierten Hilfebedürftigkeit als unterem Bezugspunkt eines relationalen Prekaritätsbegriffs (ebd.: 36) sowie der Expansion unsicherer Beschäftigung und Arbeit stellen die kollektiven Statusängste von Stammbeschäftigten eine wichtige Ausprägung von Prekarität dar. Das betrifft vor allem die Großgruppen der Arbeiter und der einfachen Angestellten. Ging der sozialbürokratische Kapitalismus mit dem kollektiven Aufstieg der Industriearbeiterschaft einher, sorgen Ausweitung des Weltmarktes für Produktionsstandorte, sozialstruktureller Wandel und die Erosion des Sozialbürgerstatus nun für einen kollektiven Abstieg dieser Großgruppen. Rationalisierungseffekte und Arbeitsmarktrisiken treffen zunehmend auch qualifizierte Arbeiter und Angestellte, die sich und ihren Beitrag zur Produktivität ihrer Betriebe lange Zeit für unverzichtbar gehalten hatten. Der Glaube, die eigene Situation und die der nachfolgenden Generation werden sich langsam, aber kontinuierlich verbessern, ist grundlegend erschüttert (Vogel 2009). Dass die Organisation überindividueller Interessen und die gemeinsame Aktion Bedingungen eines kollektiven Aufstiegs sein können, geht als Erfahrung mehr und mehr verloren. Auch deshalb wirkt Prekarität als Herrschafts- und Kontrollsystem, das selbst formal integrierte Gruppen diszipliniert (Bourdieu 1998; Dörre 2012; Holst u.a. 2009).

Dieser Disziplinierungsmechanismus kann rechtspopulistische und fremdenfeindliche Tendenzen provozieren (Dörre u.a. 2006; Heitmeyer 2010, 2012), er kann eine exklusive Solidarität von Stammbelegschaften fördern, die prekär Beschäftigte ausgrenzt. Er kann aber auch zum Auslöser neuer Protest- und Arbeiterbewegungen werden (Silver 2005). Disziplinierung schließt nicht aus, dass übergreifende Unsicherheitserfahrungen in Proteste und soziale Bewegungen münden, in denen sich Prekarisierte und Festangestellte gleichermaßen engagieren. In Portugal waren es zum Beispiel zwei kleine, lediglich informell organisierte Gruppen prekär Lebender, die im Sommer 2012 Hunderttausende zu Protesten gegen die Austeritätspolitik der Regierung mobilisierten.[1] Diesen Gruppen gelang damit, worum sich die Gewerkschaften zunächst vergeblich bemüht hatten. Es kam zu Massenprotesten gegen die Austeritätspolitik, die sich allerdings nicht verstetigen ließen. Vor allem im europäischen Süden ist Prekarität inzwischen

1 Es handelt sich um *Precários Inflexiveis* (Die unflexibel Prekären) und um *Ferve – Fartos d'Estes Recibos Verdes* (Wir haben diese grünen Belege satt). Mit einer grünen Karte kann in Portugal jeder und jede auf Zeit beschäftigt werden – und dies ohne grundlegende Rechte von Lohnabhängigen (vgl. Principe 2013: 305f.).

als soziales und politisches Phänomen tatsächlich »überall« (Bourdieu 1998: 96ff.), das heißt ihre Wirkungen finden sich in nahezu allen Segmenten des Arbeitsmarktes und der Gesellschaft. Aber sie betrifft nicht jede und jeden unmittelbar und sie wirkt nicht immer gleich.

Gerade wegen ihrer disziplinierenden Wirkung mündet Prekarität nicht linear in gesellschaftlichen Zerfall und Desintegration; vielmehr kann sie zu einer eigentümlichen Stabilisierung instabiler gesellschaftlicher Verhältnisse beitragen (Dörre 2012: 36). In diesem Fall wird die sozialintegrative Wirkung sozial geschützter Lohnarbeit durch sekundäre Integrationsmechanismen ersetzt. Im Grunde handelt es sich um kompensatorische Formen wohlfahrtsstaatlicher Integration, die entweder auf Normalisierungshoffnungen oder auf einer Aufwertung partikularer Zugehörigkeiten und der Nutzung geborgter oder angesparter Ressourcen beruhen. Sofern dies in Handlungsstrategien mündet, die ein Überleben in prekären Verhältnissen sicherstellen sollen, ist gesellschaftliche Integration über prekäre Arbeits- und Lebensverhältnisse kein »Erfolgsbegriff« (Peters 1993: 92), sondern Indiz für die Herausbildung eines neuen Kontrollmodus, der soziale Teilhabe sukzessive durch eine Disziplinierung mittels permanenter Bewährungsproben (Boltanski/Chiapello 2005) ersetzt. Dies ist zugleich das Zentrum eines Prozesses, den Robert Castel treffend als »Institutionalisierung des Prekariats« bezeichnet hat. Prekarität ist selbst in den vermeintlichen »Gewinnerstaaten« des europäischen Nordens zu einer »normalen Organisationsform« nicht nur der Arbeit, sondern auch des Alltagslebens geworden. Sie ist eine eigene »Existenzform der Lohnabhängigkeit« (Castel 2011: 136). Zwar bildet das Prekariat keine homogene Klasse, vieles spricht stattdessen für klassen- und milieuspezifische Ausprägungen von Prekarität (Pelizzari 2009), doch klassen- und schichtenübergreifende Prekarisierungsprozesse bilden den Erfahrungsraum eines heterogenen Prekariats, das eher im Sinne eines Klassenbündnisses, denn als eigenständiger Klassenakteur handlungsfähig werden könnte.[2]

2 Anders Standing (2011: 7), der das Prekariat als »class in the making« bezeichnet.

Offene Fragen, Kontroversen, Forschungsbedarfe

Keines der hier nur exemplarisch vorgestellten Forschungsergebnisse ist in der sozialwissenschaftlichen und politischen Debatte unumstritten. Als wichtige Kontroversen innerhalb der Prekarisierungsforschung lassen sich mindestens sechs Diskurs- und Forschungsfelder benennen:

(1) *Geschlechterverhältnisse und prekäres Leben:* Die feministische und Genderforschung hat den androzentrischen Blickwinkel der neuen Prekarisierungsdebatte kritisiert (Nickel 2009; Aulenbacher 2009; Scherschel/Booth 2012). Sie verweist auf den engen Zusammenhang von Normalarbeitsverhältnis und männlicher Dominanz. Der Prekarisierungsforschung hält sie vor, diese Verkoppelung wegen ihrer traditionalistischen Orientierung am Normalarbeitsverhältnis zu verfehlen. Diese Kritik ist auch deshalb bedeutsam, weil sie gravierende Verschiebungen bei den Maßstäben arbeitsweltlicher Integration signalisiert. Gesellschaftliche Integration ist längst auch über flexible Beschäftigungsformen möglich. Konventionelle Einbindung über halbwegs gut entlohnte, unbefristete Vollzeitbeschäftigung und darauf gegründete Arbeitsansprüche ist die eine Variante der Einbindung; unkonventionelle Integration in flexibler Beschäftigung bei hoher Identifikation mit den Inhalten der Tätigkeit und starker Integration in soziale Netze am Arbeitsplatz stellt eine andere Form arbeitsweltlicher Integration dar. Kontrovers diskutiert wird indessen, ob es sinnvoll ist, die Prekaritätskategorie auf Phänomene eines unsicheren Lebens (Jürgens 2011) auszudehnen. Sehen einige feministische Interpretinnen darin eine unverzichtbare Erweiterung, fürchten Kritiker, dass eine solche Ausweitung die analytischen Unschärfen des Konzepts bis zur Unkenntlichkeit verstärkt und zum Verlust von Diagnosefähigkeit beiträgt. Unstrittig ist allerdings, dass instabile Lebensverhältnisse auch soziale Großgruppen treffen, die (noch) nicht (Jugendliche und junge Erwachsene) oder nicht mehr in Erwerbsarbeit integriert sind (Pensionäre). Mit Blick auf solche Gruppen ist es zwingend nötig, Konzepte eines prekären Lebens jenseits von bezahlter Erwerbsarbeit zu entwickeln.

(2) *Care Work und Prekarität:* In diesem Zusammenhang lassen sich Wechselbeziehungen zwischen flexiblen Produktionsweisen einerseits und pflegenden, sorgenden, helfenden, erziehenden, bildenden sowie weiteren, vornehmlich reproduktiven Tätigkeiten andererseits kaum übersehen. Generell gilt: Je flexibler eine Produktionsweise und je höher die durchschnittliche Qualifikation des gesellschaftlichen Gesamtarbeiters, desto größer der

Bedarf an solchen Tätigkeiten. Eine Besonderheit dieser reproduktiven Tätigkeiten und Humandienstleistungen ist indessen ihre Sperrigkeit gegenüber Rationalisierungsbemühungen. Aufgrund der Rationalisierungsresistenz dieser Tätigkeiten müsste die Abhängigkeit nicht nur der Klienten, sondern des gesamten Produktionssektors von den *Care-* und Sorgearbeiten eigentlich wachsen. Die gesellschaftliche Wertschätzung dieser Arbeiten würde zunehmen und im Falle professioneller, bezahlter Dienstleistungen könnten auch die Löhne steigen. Empirisch lässt sich dergleichen aber nicht beobachten. Eher ist das Gegenteil der Fall. Statt einer Aufwertung von *Care Work* zeichnet sich eine gesellschaftliche Abwertung und Prekarisierung dieser Tätigkeiten ab, die nicht allein auf ökonomischem Zwang beruht, sondern wesentlich durch politische Disziplinierung und kulturelle Abwertung verursacht wird. Reproduktive Tätigkeiten werden okkupiert, jedoch qua politisch-kultureller Disziplinierung als minder bezahlte oder Gratisressourcen angeeignet und ausgebeutet (Madörin 2007; Dörre/ Haubner 2012). Die Wirkungsmechanismen im Bereich von *Care Work* sind insgesamt noch wenig erforscht. Es handelt sich aber um ein Feld, bei dessen Erschließung an frühe Konzepte von »Subsistenzarbeit« (Mies 1983), einem feministischen Vorläufer der Prekarisierungsforschung, angeknüpft werden kann.

(3) *Formelle und informelle Prekarität:* In diesem Zusammenhang sei auf ein Phänomen verwiesen, dass sich als Differenz von formeller und informeller Prekarität bezeichnen lässt. Prekarität kann sich, wie in Deutschland etwa im Falle der Leiharbeit oder der offiziell registrierten Erwerbslosigkeit, in formalisierten, stark verrechtlichten Formen durchsetzen, sie kann aber auch mit Informalität, Illegalität und geringer Regulierungsdichte verbunden sein. Ein markantes Beispiel sind – überwiegend informell beschäftigte – Hausangestellte.[3] Allein in Deutschland wird deren Zahl auf weit über 1,2 Millionen geschätzt. Zumeist handelt es sich um, teilweise akademisch qualifizierte, migrantische Frauen, die auf Zeit als Hausangestellte oder Pflegerinnen arbeiten. Häufig lassen sie in ihrer Heimat selbst Familie und Kinder zurück. Bei dieser Form informell-prekärer Beschäftigung wird die Mehrdimensionalität von Prekarisierungsphänomenen offensichtlich. Klassenspezifische Aspekte (Weisungsverhältnis im Haushalt) sind auf eigentümliche Weise mit geschlechterspezifischen (Frauenarbeit) und national-

3 Informalität wird hier im Sinne vertragsloser Arbeit verwendet. Auf die damit verbundenen Definitionsprobleme kann an dieser Stelle nicht eingegangen werden (vgl. Mayer-Ahuja 2012: 289–301).

ethnischen Diskriminierungen (Migration) verkoppelt (Klinger 2013). Informelle Beschäftigung findet sich aber auch in Wertschöpfungsketten wie in der Logistikbranche. Im Paketdienst zum Beispiel bilden vergleichsweise geschützte Arbeitsverhältnisse das obere Ende der Beschäftigungspyramide. Am unteren Ende stehen Fahrer, die zu prekären Soloselbstständigen oder Subunternehmern geworden sind. In dem quantitativ höchst bedeutsamen Segment der Paketzusteller, die am Ende der Kette von Sub-Sub-Beziehungen stehen, haben Tarifvertrag, Mitbestimmung und das Arbeitsrecht für die Regulierung von Arbeit allenfalls noch eine formale Bedeutung. Arbeitsverträge zwischen Subunternehmern und Fahrern sind zwar noch immer vorhanden, daneben existieren jedoch informelle und ungesetzliche Praktiken, die von der Manipulation der Arbeitszeiten über nicht-registrierte Zahlungen bis hin zu systematischem Spesenbetrug reichen (Holst/Singe 2011).

(4) *Prekarität im globalen Süden:* Der transnationale Charakter unter anderem der Dienstbotenproblematik und auch die transnationalen Formen von Widerständigkeit und gewerkschaftlicher Organisierung, die sich bei Hausangestellten finden (Pape 2013), machen auf eine weitere Problemkonstellation aufmerksam. Diese wird sichtbar, sobald der »nationale Container« als Analyserahmen verlassen wird. Verengt man Prekarität auf ihre postsozialstaatlichen Ausprägungen in fortgeschrittenen Kapitalismen[4], so wäre dieses Phänomen in den Gesellschaften des globalen Südens gar nicht existent. Damit bliebe jedoch eine soziologische Debatte unberücksichtigt, die – etwa in Schwellenländern wie Südafrika – nicht nur prekäre Arbeit und Beschäftigung untersucht, sondern mit Blick auf die Erosion sozialer Regeln von »prekären Gesellschaften« spricht. Damit ist gemeint, dass in Gesellschaften mit extremer sozialer Ungleichheit, in denen prekarisierte Gruppen sukzessive ohne Repräsentation bleiben, eine Verankerung demokratischer Regeln durch demokratisch orientierte zivilgesellschaftliche Akteure nicht (mehr) gelingt. In diesem Fall entstehen soziale Räume, in denen es relevante Gruppen für legitim halten, gesetzlich fixierte Regeln außer Kraft zu setzen und Gewalt anzuwenden. In der südafrikanischen Transformationsgesellschaft zum Beispiel generiert ein »habitus of defiance«[5] gewalttätige Praktiken, die trotz demokratischer Institutionen konserviert werden. Häufig sind es religiöse Überzeugungen, die diese Praktiken legitimieren (»Ich begehe Unrecht, aber angesichts der Ausnah-

4 So der Vorschlag von Vogel 2009.

5 Instruktiv dazu von Holdt 2012: 67–73.

mesituation wird Gott mich freisprechen!«) (Alexander u.a. 2012). In dieser, sehr weiten, Verwendung zielt das Prekaritätskonzept auf instabile soziale Regeln und damit wesentlich auch auf Praktiken jenseits der Erwerbsarbeit.

(5) *Prekäre Gesellschaft:* Prekarität in Gesellschaften ohne ausgebauten Wohlfahrtsstaat ist soziologisch betrachtet von elementarer Bedeutung, weil sie für viele Länder des globalen Südens und neuerdings auch für einige Krisenländer der europäischen Peripherie eine Mehrheitsperspektive darstellt (Jütting/Laiglesia 2009; ILO 2012; OECD 2012). Aus diesem Grund wird eine international vergleichende Forschung künftig verschiedene Prekaritäts-Typen unterscheiden müssen, die jedoch nicht parallel existieren, sondern häufig über transnationale Wertschöpfungsketten und auch innerhalb nationaler Gesellschaften verknüpft und integriert werden (für China: Lüthje u.a. 2013). In diesem Zusammenhang sei angemerkt, dass Pierre Bourdieu elementare Mechanismen der Prekarisierung ursprünglich nicht in fortgeschrittenen Kapitalismen, sondern am Beispiel der algerischen Übergangsgesellschaft der 1960er Jahre analysiert hat. Erst in der Spätphase seines wissenschaftlichen Schaffens hat er diese Überlegungen wieder aufgegriffen und für den zeitgenössischen kontinentaleuropäischen Kapitalismus reaktualisiert (Bourdieu 2000). Nach dem heutigen Forschungsstand ist Prekarität im globalen Süden jedoch keineswegs mit jenen Formen identisch, die Bourdieu in so überzeugender Weise in den »Zwei Gesichtern der Arbeit« beschrieben hat. Zeitgenössische Forschungen identifizieren, mit Blick auf Länder des globalen Südens, mindestens drei zeitgenössische Ausprägungen von Prekarität. Dabei handelt es sich *erstens* um die Bedrohung des physischen Überlebens, wie sie sich, etwa für proletarisierte Massen des arabischen Raums, infolge steigender Lebensmittelpreise einstellt. Die daraus resultierenden Hungerrevolten waren eine mächtige Triebkraft des Arabischen Frühlings. Zur hungernden Bevölkerung gesellten sich hier allerdings Gruppen gut ausgebildeter junger Erwachsener, die trotz ihrer fachlichen Qualifikation kaum eine Chance auf eine adäquate Anstellung besitzen. Davon muss *zweitens* eine Ausprägung von Prekarität unterschieden werden, bei der unsichere Beschäftigung als integraler Bestandteil einer exportorientierten Wirtschaftsstrategie genutzt wird. Der Einsatz von Leiharbeit und die Anstellung von Wanderarbeitern, wie sie zum Beispiel im exportorientierten Sektor der chinesischen Wirtschaft üblich sind, gehören in diese Kategorie. Eine *dritte* Verwendung bezeichnet Prekarität als zentralen Begriff eines kritischen Diskurses, dessen

Protagonisten Aktive aus sozialen Bewegungen und verbündete Wissenschaftler sind. Von ihnen werden Prekarität und Prekarisierung als Kategorien genutzt, um soziale Verhältnisse, die immer schon von Unsicherheit und Instabilität geprägt waren, zu kritisieren und zu skandalisieren (Lee/Kofman 2012). Diese Aufzählung ist sicherlich nicht vollständig; aber sie vermittelt doch einen Eindruck von Prekarisierungsprozessen und deren wissenschaftlicher Reflexion in Ländern des Südens, die auf unterschiedliche Weise mit Entwicklungen in Staaten des globalen Nordens verknüpft sind.

(6) *Prekarität und kollektive Handlungsfähigkeit:* Eine Reaktualisierung Bourdieuscher Überlegungen ist auch hinsichtlich der Frage nach der kollektiven Handlungsfähigkeit prekarisierter Gruppen sinnvoll und notwendig. Vielen Autoren gilt die neue Prekarisierung als Treiber postdemokratischer Tendenzen, weil sie es für unsicher Beschäftigte schwieriger macht, »sich selbst als klar definierte soziale Gruppe wahrzunehmen« (Crouch 2008: 71). Postsozialstaatliche Konfliktlinien, die Prekarisierungsprozesse erzeugen, sind zumindest für Westeuropa etwas Neues. Sie bewirken, dass der soziale (Klassen-)Konflikt nur noch für schrumpfende Bevölkerungsgruppen innerhalb der nationalen Systeme organisierter Arbeitsbeziehungen und Kollektivverhandlungen ausgetragen wird. Jenseits der organisierten Arbeitsbeziehungen und der erodierenden Sicherungssysteme vollzieht sich der Übergang zu nicht-normierten Konflikten, zu »labour unrest« (Silver 2005), spontanen Empörungen und gewalttätigen Revolten. Auf die Herausforderungen dieser neuartigen oder in Europa doch über längere Zeiträume hinweg zweitrangigen Konfliktformation haben bislang weder Gewerkschaften noch demokratische Parteien eine angemessene Antwort gefunden. Die Frage nach Chancen und Grenzen einer Selbstorganisation der Unorganisierbaren thematisiert daher das demokratische Selbstverständnis (nicht nur) entwickelter kapitalistischer Gesellschaften. Sie bezieht sich mittlerweile allerdings auf mehr als auf hypothetische Möglichkeiten. Politische Repräsentation von prekarisierten Gruppen kann sich über Formen eines inklusiven Organizing, wie es unter anderem amerikanische, italienische und auch deutsche Gewerkschaften erproben (Leonardi 2008; Choi 2011), ebenso herstellen wie in sozialen Bewegungen, Protesten und Aufständen von Ausgeschlossenen (Boltanski 2010; Standing 2011; Waddington u.a. 2009). Diese nicht normierten Konflikte aus der Forscherperspektive in den Blick zu nehmen, ist schon deshalb sinnvoll, weil Prekari-

sierungsprozesse ansonsten als ausweglose Ohnmachtszirkel erscheinen müssen, die einer erneuerten Sozialkritik kaum Spielraum bieten.

Prekarität als ständige Bewährungsprobe

Um den oben skizzierten unterschiedlichen Ansprüchen und Erwartungen an eine soziologisch aussagekräftige Prekarisierungsforschung Rechnung tragen zu können, ist es künftig nötig, integrative Analysekonzepte zu entwickeln. Dabei wird es auch darum gehen müssen, metatheoretische Überlegungen und Zeitdiagnostik mit feldspezifischen empirischen Forschungen zu verbinden. Eine integrative Perspektive kann an die pragmatische Soziologie Luc Boltanskis anknüpfen. Deren Grundgedanke besagt, dass sich die Akzeptanz sozialer Ungleichheit und Unsicherheit durch eigensinniges Handeln von Akteuren in obligatorischen Bewährungsproben erklären lässt.

Die Kategorie der Bewährungsprobe – oder synonym die des Wettkampfs bzw. der Auswahlprüfung – ist erklärungsbedürftig. Im Kontext der Prekarisierungsforschung dient das Wettkampfkonzept vor allem dazu, die spannungsreiche Durchsetzung von Kommodifizierungspolitiken auf unterschiedlichen gesellschaftlichen Ebenen aus der Akteursperspektive zu beleuchten. Eine Gesellschaft kann »durch die Natur der von ihr begründeten Bewährungsproben definiert werden« (Boltanski/Chiapello 2003: 74). Bewährungsproben umfassen dabei stets beides: die machtgeleitete Auseinandersetzung (Kraftprobe) einerseits und die in Gerechtigkeitskonzepte eingebettete Wertigkeitsprüfung andererseits (ebd.: 526–566; Boltanski 2010). Individuen oder Klassen von Individuen müssen sich für Prüfungen qualifizieren, um Zugang zu bestimmten sozialen Positionen zu erlangen. Gesellschaften konfrontieren Individuen (Mikroperspektive), aber auch Klassen von Individuen (Makroperspektive) daher immer wieder mit Situationen, in denen sie ihre Kräfte messen. Als bloße Kraftproben münden Wettkämpfe in eine Feststellung und gegebenenfalls in eine Fixierung gesellschaftlicher Machtverhältnisse. Moralische Urteile spielen dabei keine Rolle; es geht allein um den Einsatz von Machtressourcen, um Sachverhalte ohne Werturteil. Anders verhält es sich in der Dimension sozialer Ordnungen, wo das Kräftemessen einem Rechtfertigungszwang unterliegt. In *legitimen* Bewährungsproben wird über die Wertigkeit von Personen und

Personengruppen im sozialen Gefüge geurteilt. Legitime Bewährungsproben kommen daher nicht ohne Gerechtigkeitsvorstellungen aus.

Der Übergang von der Kraftprobe zur legitimen Bewährungsprobe beinhaltet »soziale Identifizierungs- und Qualifizierungsbemühungen«, in welchen die sozialen Akteure ihre Ressourcen offenlegen und unterscheidbar machen. Denn um von einem Gerechtigkeitsstandpunkt aus überhaupt bewertbar zu sein, benötigen Bewährungsproben ein eindeutig bestimmbares Format. Es muss sich um besondere Situationen mit Prüfungscharakter handeln – sei es nun ein Wettrennen, eine Lateinklausur oder auch die Qualifizierung für eine Festanstellung. Zur Anwendung kommen nur jene Ressourcen, die dem Format der Auswahlprüfung entsprechen. Es obliegt den Institutionen, Bewährungsproben »eine Form zu geben, ihren Ablauf zu kontrollieren und so dem illegitimen Einsatz externer Ressourcen vorzubeugen«, um Gerechtigkeit zu wahren (Boltanski/Chiapello 2003: 73). In Gesellschaften, in denen viele Bewährungsproben Rechtfertigungszwängen unterliegen, »wird die Stärke der Starken gemindert« (ebd.). Dennoch handelt es sich bei Kraftproben und Wertigkeitsprüfungen auch im Falle legitimer Bewährungsproben nicht um einander ausschließende Mechanismen. In Auswahlprüfungen sind stets beide Dimensionen aufeinander bezogen.

Wie lässt sich diese abstrakte Überlegung auf Prekarität und Prekarisierung beziehen? Der hier unterbreitete Vorschlag sieht vor, die Kategorie des Wettkampfs bzw. der Auswahlprüfung/Bewährungsprobe analytisch zu nutzen, ohne Boltanskis Überlegungen in Gänze zu übernehmen. Zeitgenössische Formen von Prekarität resultieren wesentlich aus dem Bemühen, widersprüchlichen Interessen und Handlungsanforderungen von Unternehmen zu entsprechen. Angesichts der Anforderungen volatiler Märkte laufen solche Bemühungen im Grunde auf eine Quadratur des Kreises hinaus. Einerseits gibt es ein Interesse exportorientierter Unternehmen, loyale, qualifizierte Stammbeschäftigte zu binden, andererseits sollen Renditen stabil gehalten, Anforderungen von Analysten und Eigentümern bedient und gegebenenfalls auch Entlassungskosten vermieden werden. Solche Widersprüchlichkeiten sucht das Management seit jeher mittels Konstruktion von Sondergruppen zu meistern. So werden ethnische und Geschlechterkonstruktionen genutzt, um Frauen oder Migranten als Zuverdienerinnen oder auch als Arbeitskräfte mit »Gaststatus« in die weniger attraktiven Segmente betrieblicher Arbeitsmärkte zu lenken und ihnen zugleich besondere Flexibilisierungsleistungen abzuverlangen (Balibar/Wallerstein 1988).

Prägend für das zeitgenössische Disziplinarregime ist jedoch nicht die Instrumentalisierung von Ethnie und Geschlecht; neu ist vielmehr eine Quasi-Institutionalisierung von Bewährungsproben, die auf unterschiedlichen Stufen der sozialen Hierarchie Zugänge nicht nur zu auskömmlichen Löhnen, halbwegs sicherer Beschäftigung und akzeptablen Lebensbedingungen, sondern auch zur Verfügung über Sozialeigentum[6] sowie zu sozialen Netzen regulieren und so Definitionsmacht über gesellschaftliche Statuspositionen erlangen. Wichtig ist in diesem Zusammenhang, dass die Verteilung von knappem Sozialeigentum nunmehr über Prüfungsformate verläuft, die sich in und neben den regulären beruflichen Integrationsformen etabliert haben. Flexibilisierungsleistungen, die prekär Beschäftigte oder auch Erwerbslose in diesen Bewährungsproben erbringen müssen, werden in der Regel nicht zertifiziert. In jedem sozialen Feld sind es je besondere und teilweise implizite Interessenkoalitionen, die die Prüfungsformate definieren. Angeregt durch empirische Forschungen lassen sich drei Ebenen des neuen Wettkampfregimes der Prekarität unterscheiden: die betrieblichen Auswahlprüfungen an der Schnittstelle von Stammbelegschaft und flexibel oder prekär Beschäftigten (hier entscheidet sich zum Beispiel für Leiharbeiter, ob der Sprung in die Stammbelegschaft gelingt), die Auswahlprüfungen des Lebenslaufregimes an der Schnittstelle von Erwerbsarbeit und Reproduktionstätigkeit (hier entscheidet sich zum Beispiel im Hartz-IV-Bezug, welche Lebensform gewählt werden kann) sowie die überwiegend staatlichen Auswahlprüfungen an der Schnittstelle von Beschäftigungssystem und Erwerbslosigkeit (hier entscheidet sich zum Beispiel, ob und wie ein Ausstieg aus der Hilfebedürftigkeit gelingt).

An dieser Stelle ist es nicht möglich, die Prüfungsformate und die mit ihnen verbundenen Kraftproben und Wertigkeitsprüfungen auch nur skizzenhaft darzustellen (Dörre/Haubner 2012). Gemeinsam ist betrieblichen, staatlich-politisch initiierten und lebensweltlichen Bewährungsproben jedoch, dass sie, zumindest im deutschen Fall, als Medium eines historisch neuen Disziplinarregimes diskriminierender Prekarität wirken. Diese Form der Prekarität korrespondiert mit Machtasymmetrien, die deutlich über das hinausgehen, was in den 1980er Jahren als »sekundäres Machtgefälle« am Arbeitsmarkt bezeichnet wurde (Offe/Hinrichs 1984: 44–86). Sie tangieren

6 »Das soziale Eigentum ließe sich als Produktion äquivalenter sozialer Sicherungsleistungen bezeichnen, wie sie zuvor allein das Privateigentum lieferte« (Castel 2005: 42f.).

nicht mehr nur Problemgruppen, die ihre »›gebrochene Normalität‹ als Arbeitnehmer« mittels Ausübung von Alternativrollen zumindest subjektiv entschärfen und so zu überdurchschnittlich geduldigen und belastbaren Arbeitnehmerinnen werden (ebd.: 79). Der Typus einer diskriminierenden Prekarität erzeugt ein Machtgefälle, das mit den diversen Segmenten der Erwerbsarbeitsgesellschaft zugleich die Reproduktionsverhältnisse durchdringt. Er beinhaltet die Konstruktion eines gesellschaftlichen Sonderstatus, der sowohl aus der Perspektive noch gesicherter Gruppen als auch in der Selbstwahrnehmung der Prekarisierten als Minderheitenproblematik benannt und verarbeitet wird.

In der gesellschaftlichen Wahrnehmung, die für postwohlfahrtsstaatliche Formen diskriminierender Prekarität charakteristisch ist, existiert eine soziale Hierarchie, in der diejenigen, die in den schwierigsten Verhältnissen leben müssen und die zugleich über die geringsten Machtressourcen verfügen, sich als Angehörige minoritärer Gruppen erleben, deren alltägliche Lebenspraxis von den Standards der »Mehrheitsgesellschaft« abweicht. Dieser Sonderstatus wird auch über Genus, Nationalität und Ethnie konstruiert; er stellt jedoch etwas Eigenes dar. Prekär zu leben bedeutet, bei der Verfügung über Machtressourcen schwach zu sein. Im Erwerbssystem ist die kollektive Organisations- und institutionelle Macht prekarisierter Gruppen unterdurchschnittlich entwickelt. Im Reproduktionsbereich wird die relative Ohnmacht durch fehlende Zeitsouveränität und selektive Zugänge zu sozialen Netzen tendenziell verstärkt. Wenngleich die schwachen Positionen der Prekarisierten im Produktions- und Reproduktionssektor jeweils besondere Ursachen besitzen, erzeugen sie doch einen gleichgerichteten Effekt. Immer scheint es, als lasse sich die nächste Stufe in der sozialen Hierarchie, die ein wenig Mehr an »Normalität« verspricht, durch eigene Anstrengung erklimmen. Für die Sozialhilfeempfängerin, die niemals längerfristig erwerbstätig war, wird die Familiengründung zur letzten Chance, Anschluss an die gesellschaftliche »Normalität« zu erreichen. Die »niedrigschwellige Maßnahme« gilt ihr als Zugang zu einer bislang unbekannten Welt der Erwerbsarbeit und der Ein-Euro-Job als lebensgeschichtliche Herausforderung. Der Ein-Euro-Jobber empfindet die ABM-Maßnahme als »Glückslos in der Lotterie«. Für die ABM'lerin verheißt die Leiharbeit in der Automobilindustrie eine attraktive Perspektive; der Leiharbeiter wiederum beneidet die befristet Beschäftigten, weil diese immerhin auf Zeit der Stammbelegschaft angehören. Stets entscheidet, neben materiellen Ressourcen, die Verfügung über Zeit und soziale Kontakte im Lebenszusammenhang mit darüber, ob man die nächste Sprosse auf der Leiter, die nach oben führt, noch erreichen kann.

Was aus der gesellschaftlichen Makroperspektive als Blockierung von Lebenschancen interpretiert werden kann, erscheint in der Mikroperspektive als Bewährungschance für kleine, aber subjektiv eminent bedeutsame Positionsverbesserungen. Mehrheitlich fühlen sich die Prekarisierten dabei als Angehörige einer Minorität, die selbst alles dafür tun müssen, um Anschluss an das »normale Leben« zu gewinnen. Festangestellte wiederum fürchten nichts mehr, als in der Hierarchie auf einen stigmatisierten Minderheitenstatus zurückzufallen. Auf diese Weise erzeugen die Bewährungsproben diskriminierender Prekarität ein feingliedriges System der (De-)Privilegierung, das auch jene diszipliniert, die nicht oder noch nicht in prekären Verhältnissen leben müssen. Das Wechselspiel von Disziplinierung und Selbstdisziplinierung, das den gesamten Lebenszusammenhang durchdringt, maskiert indessen den Herrschaftscharakter von Prekarisierungsprozessen. Das skizzierte Disziplinarregime ist Bestandteil eines Kontrollmodus, der die eigentlich Herrschenden unsichtbar macht. In ihrem Bemühen, die Bewährungsproben diskriminierender Prekarität erfolgreich zu absolvieren oder sie nach Möglichkeit zu vermeiden, geraten die eigentlichen »Verantwortungsträger«, die die Prüfungsformate festlegen, aus dem Blick.

Ändern lässt sich dies nur, sofern es gelingt, die Prüfungsformate und die mit ihnen verwobenen Rechtfertigungsordnungen durch eine erneuerte Sozialkritik nachhaltig zu beeinflussen. Eine zeitgemäße Sozialkritik hat zunächst zur Kenntnis zu nehmen, dass Prekarität im größten Teil der Welt eben keine Minderheitenperspektive darstellt (Webster/Holdt 2005: 28; siehe Webster in diesem Band). Auch und gerade mit Blick auf die Befunde der Gesellschaften des globalen Südens wäre es meines Erachtens jedoch fahrlässig, davon zu sprechen, dass tatsächlich jede und jeder ›prekarisiert‹ ist »und zwar durch die Normen, die die Vorstellung von souveränen BürgerInnen bestimmen« (Butler 2012: 10). Eine solche Perspektive, die prekäres Dasein (»geteiltes Prekärsein«) mit Kontingenz gleichsetzt, muss das Leben an sich als prekär bewerten. Prekarität wird dann durch die immer schon herrschaftlichen und hierarchisierenden Sicherheitsdiskurse und -politiken erzeugt (Lorey 2012: 35f.). Doch wenn alles »irgendwie« prekär weil kontingent ist, wird der Begriff analytisch völlig unscharf. Wohlfahrtsstaatlichkeit gerät dann automatisch und ausschließlich als Herrschafts- und Prekarisierungsmaschine in den Blick, deren Hauptfunktion die – institutionell differierende – Zuteilung von Prekaritätsrisiken ist. Angesichts eines derart verallgemeinerten existenziellen Prekärseins wird dann auch die Bestimmung einer »Regierung der Prekären«, bei der Verunsicherung und Gefährdung »die gesamte Existenz, den Körper, die Subjektivierungsweisen« umfassen, die »Bedrohung und Zwang« impliziert und »zugleich neue Möglichkeiten des Lebens und Arbeitens« eröffnet (ebd.: 13), analytisch zu einem schwierigen Unterfangen. Denn tendenziell gerät der Kompromisscharakter wohlfahrtsstaatlicher Institutionen, die Inkorporation von Gegenmacht und die mit ihr verbundenen Handlungsspielräume, aus dem Blick.

In einem Punkt trifft die behauptete »Regierung der Prekären« allerdings einen Nerv aktueller Entwicklungen. Neo- oder marktliberales Regieren bedeutet die Errichtung eines Regimes der Unsicherheit. In seinen brutalsten Formen läuft dieses Regime darauf hinaus, Regieren als Maximierung von Unsicherheit bei gleichzeitiger Gewährung jenes Minimums an sozialer Absicherung und Regulierung zu betreiben, das gerade noch notwendig ist, um Aufstände und Revolten zu vermeiden oder doch unter Kontrolle zu halten (ebd.: 14). Viele Staaten des globalen Südens liefern Anschauungsunterricht dafür, ob und wie dies möglich ist. Die Austeritätspolitik der Troika bewirkt indessen, dass sich ähnliche Erfahrungen gegenwärtig auch in den europäischen Krisenländern sammeln lassen.

Allerdings sieht sich das Regime der Unsicherheit trotz oder auch wegen seiner Allgegenwärtigkeit zunehmend mit Gegenwehr und Kritik konfrontiert. Vor allem drei Formen der Prekarisierungskritik stoßen derzeit auf gesellschaftliche Resonanz. Die *immanente Kritik* greift die alltägliche Perspektive eines (Über-)Lebens in prekären Verhältnissen auf und drängt dazu, »nach dem kreativen Umgang der Subjekte mit gesellschaftlichen Verunsicherungsprozessen« zu forschen (Manske/Pühl 2010: 10). Obwohl sie zum Beispiel mit den neuen Dienstbotenverhältnissen zugleich den Herrschaftscharakter diskriminierender Prekarität im Reproduktionssektor aufdeckt, fällt es dieser Kritikvariante schwer, Übergänge vom individuellen zu kollektivem Handeln zu bestimmen. Auch wenn sie anderes behauptet, geht es ihr vor allem um eine gerechte Verteilung von Ressourcen, die eine individuell erfolgreiche Bewältigung von Bewährungsproben im Regime der Unsicherheit ermöglichen. Die *pragmatische Kritik* zielt hingegen auf die kollektive Eindämmung von Prekarität. Mit gesetzlichen Mindestlöhnen, *Equal-Pay*-Regelungen, der Reform von Minijobs und ähnlichem beabsichtigt sie, uneindeutige in legitime Bewährungsproben zu verwandeln. Weil sie im Reproduktionssektor, aber auch in Branchen wie dem Pflege- und Gesundheitssektor noch kaum verankert ist, muss sie häufig an die »Starken« appellieren, um den »schwachen«, prekarisierten Gruppen helfen zu können. Unklar bleibt bislang, ob diese Variante der Sozialkritik zu einer Sprache findet, die es ihr erlaubt, die Schranken einer kompetitiven Solidarität noch halbwegs geschützter Beschäftigtengruppen zu überschreiten. Von beiden Ausprägungen unterscheidet sich eine *radikale Sozialkritik*, deren Programm bislang nur in Andeutungen vorliegt. So schlägt Luc Boltanski vor, die prekarisierten »Verantwortungslosen«, ihre Bewegungen und Revolten, die häufig nihilistisch erscheinen und die »Form unüberlegten Ausrastens« annahmen (Boltanski 2010: 226 ff.), als Träger einer praktischen und zugleich erneuerten Sozialkritik ernst zu nehmen. Der antiinstitutionalistische Gestus, mit dem diese Kritikvariante operiert, mag befremden. Eine diskursive Leistung dieser Kritikvariante besteht jedoch darin, dass sie den vermeintlichen Minderheitenstatus prekarisierter Gruppen und mit ihm den latenten Konservatismus institutionalistischer Analysen offensiv attackiert.[7]

Jede der genannten Kritikvarianten besitzt ihre eigene Legitimität. Charakteristisch für die Gegenwart ist jedoch, dass es bislang weder praktisch-politisch noch wissenschaftlich gelingt, die unterschiedlichen Kritikperspektiven bei Wahrung ihrer Eigenständigkeit zu einer produktiven Synthese zusammen zu fügen. Erst ein realistisches Bewusstsein, das um die nationale wie transnationale Vielfalt unsicherer Arbeits- und Lebensverhältnisse ebenso weiß wie um die Pluralität widerständiger Bewegungen, bietet die Chance, den Herrschaftsmodus diskriminierender Prekarität in Frage zu stellen. Auch deshalb darf eine sozialwissenschaftlich fundierte Sozialkritik keine der genannten Kritikvarianten aus ihren Überlegungen ausblenden.

Fazit: Prekaritätsforschung als öffentliche Soziologie

Die potentielle Leistungsfähigkeit des – hier nur grob skizzierten und noch in Entwicklung befindlichen – integrativen Ansatzes, lässt sich abschlie-

7 Das gilt auch für postoperaistische und poststrukturalistische Analysen, die, positiv überzeichnend, die Chancen der Prekarisierung und das Potential zu klassenübergreifenden Widerstandsformen betonen.

ßend in fünf Punkten zusammenfassen: *Erstens* muss ein solcher Ansatz in der Lage sein, die empirische Analyse feldspezifischer Bewährungsproben auf ein heuristisches, metatheoretisches Modell von Gesellschaft und gesellschaftlicher Entwicklung zu beziehen. Die »finanzkapitalistische Landnahme« (Dörre 2012) ist ein solches Modell. Einerseits kann es helfen, disparate empirische Phänomene zu ordnen, andererseits ist ein solches Modell durch empirische Forschungen korrigierbar; es kann modifiziert oder letztendlich gar verworfen und durch ein anderes Modell ersetzt werden. *Zweitens* lässt es dieser Ansatz zu, die sozialen Akteure der Prekarisierung als eigenständig handelnde wahrzunehmen, um ihr eigensinniges Agieren in Kraftproben und Wertigkeitsprüfungen analysieren zu können. Dabei kann idealtypisch zwischen *Politiken in Prekarität* und *Politiken der Prekarisierung* unterschieden werden. Politiken in der Prekarität beschränken sich nicht auf den Betrieb, sondern umfassen die Interaktionen, Aushandlungen und Kämpfe maßgeblicher sozialer Akteure innerhalb der verschiedenen Klassen von Bewährungsproben. Politiken der Prekarisierung bezeichnen hingegen die politischen Handlungen, die Definitionskämpfe und Institutionalisierungen, die um die Implementierung des Wettkampfregimes der Prekarität selbst geführt werden. Sie verlangen nach einer Analyseperspektive, die über einzelne soziale Felder und spezifische Gruppen von Bewährungsproben hinausreicht. *Drittens* ist mit der Alltagskritik sozialer Akteure an der Prekarisierung zugleich ein Resonanzboden bestimmt, auf den sich wissenschaftliche Sozialkritik mit gebotener analytischer Distanz und Eigenständigkeit beziehen kann, denn ohne Resonanz in den Jedermanns-Philosophien bliebe sie abstrakt und bedeutungslos. *Viertens* ist das Wettkampfkonzept geeignet, der Transnationalität von Prekarisierungsprozessen angemessen Rechnung zu tragen, weil es, statt ausschließlich unterschiedliche Institutionensysteme zu betrachten, die Handlungsbedingungen und (sub-)politischen Strategien sozialer Akteure zum Gegenstand von Vergleichen macht. Leiharbeit zum Beispiel ist ein Phänomen, das sowohl in Ländern des globalen Nordens, als auch in den sich entwickelnden Gesellschaften des globalen Südens eine wesentliche Facette von Prekarisierungsprozessen darstellt. Nicht die bloße Institutionalisierung dieser Beschäftigungsform, sondern das konkrete Wettkampfgeschehen gibt Aufschluss über nationale Besonderheiten und transnationale Gemeinsamkeiten von Prekarität. Methodologisch bedeutet dies *fünftens*, dass sich eine so verstandene Prekarisierungsforschung als Spielart eines Konzepts betreiben lässt, das Michael Burawoy (2005) treffend als *Public Sociology* bezeichnet hat. Gegen den herrschenden Mainstream erfolgreich betriebener Flexibilisierung kann eine öffentliche Soziologie der Prekarisierung das Unsichtbare sichtbar machen und den Prekarisierten zu einer eigenen Stimme im Konzert der öffentlichen Meinungen verhelfen. Und sie kann diese Stimme, im optimalen Fall gemeinsam mit Prekarisierten, oder zumindest deren authentischen Repräsentanten, stärken, ohne selbst in die Rolle des politischen Akteurs zu schlüpfen. Darin, die in einer derartigen Funktionsbestimmung angelegten Spannungen nicht nur zu erkennen, sondern wissenschaftlich fruchtbar zu machen, besteht die eigentliche Kunst. Sie zu beherrschen bezeichnet, was eine gesellschaftskritische und zugleich analytisch prägnante Prekarisierungsforschung künftig noch zu leisten hat.

Literatur

Alexander, Peter/Lekgowa, Thapfeld/Mmope, Botsang/Sinwell, Luke/Xezwi, Bongani (2012), *Marikana. A View from the Mountain and a Case to answer*, Johannesburg.

Aulenbacher, Brigitte (2009), »Die soziale Frage neu gestellt – Gesellschaftsanalysen der Prekarisierungs- und Geschlechterforschung«, in: Castel, Robert/Dörre, Klaus (Hg.), *Prekarität, Abstieg, Ausgrenzung. Die soziale Frage am Beginn des 21. Jahrhunderts*, Frankfurt am Main/New York, S. 65–80.

Baethge, Martin/Bartelheimer, Peter/Fuchs, Tatjana/Kratzer, Nick/Wilkens, Ingrid (2005), *Berichterstattung zur sozioökonomischen Entwicklung in Deutschland. Arbeit und Lebensweisen. Erster Bericht*, Wiesbaden.

Balibar, Etienne/Wallerstein, Immanuel (1988), *Race, Nation , Classe. Les identés ambiguës*, Paris.

Bartelheimer, Peter (2011), »Unsichere Erwerbsbeteiligung und Prekarität«, in: *WSI-Mitteilungen*, 64 (8), S. 386–393.

Boltanski, Luc (2010), *Soziologie und Sozialkritik. Frankfurter Adorno-Vorlesungen 2008*, Berlin.

— /Chiapello, Ève (2005), »Die Rolle der Kritik für die Dynamik des Kapitalismus. Sozialkritik versus Künstlerkritik«, in: Miller, Max (Hg.): *Welten des Kapitalismus. Institutionelle Alternativen in der globalisierten Ökonomie*, Frankfurt am Main/New York, S. 285–322.

— (2003), *Der neue Geist des Kapitalismus*, Konstanz.

Bosch, Gerhard/Kalina, Thorsten (2007), »Niedriglöhne in Deutschland. Zahlen, Fakten, Ursachen«, in: Bosch, Gerhard/Weinkopf, Claudia (Hg.), *Arbeiten für wenig Geld. Niedriglohnbeschäftigung in Deutschland*, Frankfurt am Main/New York, S. 20–105.

Bourdieu, Pierre (2000), *Die zwei Gesichter der Arbeit. Interdependenzen von Zeit- und Wirtschaftsstrukturen am Beispiel einer Ethnologie der algerischen Übergangsgesellschaft*, Konstanz.

— (1998), »Prekarität ist überall«, in: ders., *Gegenfeuer. Wortmeldungen im Dienste des Widerstands gegen die neoliberale Invasion*, Konstanz, S. 96–102.

Brinkmann, Ulrich/Dörre, Klaus/Röbenack, Silke/Kraemer, Klaus/Speidel, Frederic (2006), *Prekäre Arbeit. Ursachen, Ausmaß, soziale Folgen und subjektive Verarbeitungsformen unsicherer Beschäftigungsverhältnisse*, Bonn.

Bude, Heinz/Willisch, Andreas (2006) (Hg.), *Das Problem der Exklusion. Ausgegrenzte, Entbehrliche, Überflüssige*, Hamburg.

Burawoy, Michael (2005), »For Public Sociology«, in: *Soziale Welt*, 4, S. 347–373.

Busch, Michael/Jeskow, Jan/Stutz, Rüdiger (2010) (Hg.), *Zwischen Prekarisierung und Protest. Die Lebenslagen und Generationsbilder von Jugendlichen in Ost und West*, Bielefeld.

Butler, Judith (2012), »Vorwort«, in: Lorey, Isabell, *Die Regierung der Prekären*, Wien, S. 7–11.

Castel, Robert (2011), *Die Krise der Arbeit. Neue Unsicherheiten und die Zukunft des Individuums*, Hamburg.

— (2005), *Die Stärkung des Sozialen. Leben im neuen Wohlfahrtsstaat*, Hamburg.

— (2000), *Die Metamorphosen der sozialen Frage. Eine Chronik der Lohnarbeit*, Konstanz.

— /Dörre, Klaus (2009) (Hg.), *Prekarität, Abstieg, Ausgrenzung. Die soziale Frage am Beginn des 21. Jahrhunderts*, Frankfurt am Main/New York.

Choi, Hae Lin (2011), *Die Organisierung der Unorganisierbaren. USA, Südkorea, Italien: Gewerkschaftliche Strategien für prekär Beschäftigte*, Hamburg.

Crouch, Colin (2008), *Postdemokratie*, Frankfurt am Main.

Dörre, Klaus (2012), »Prekäre Arbeit und gesellschaftliche Integration – Empirische Befunde und integrationstheoretische Schlussfolgerungen«, in: Heitmeyer, Wilhelm/Imbusch, Peter (Hg.), *Desintegrationsdynamiken. Integrationsmechanismen auf dem Prüfstand*, Wiesbaden, S. 29–56.

— (2009), »Prekarität im Finanzmarkt-Kapitalismus«, in: Castel, Robert/Dörre, Klaus (Hg.), *Prekarität, Abstieg, Ausgrenzung. Die soziale Frage am Beginn des 21. Jahrhunderts*, Frankfurt am Main/New York, S. 35–64.

— (2005), »Prekarität. Eine arbeitspolitische Herausforderung«, in: *WSI-Mitteilungen*, 58 (5), S. 250–258.

— /Scherschel, Karin/Booth, Melanie/Haubner, Tine/Marquardsen, Kai/Schierhorn, Karin (2013), *Bewährungsproben für die Unterschicht? Soziale Folgen aktivierender Arbeitsmarktpolitik*, Frankfurt am Main/New York.

— /Haubner, Tine (2012), »Landnahme durch Bewährungsproben – ein Konzept für die Arbeitssoziologie«, in: Dörre, Klaus/Sauer, Dieter/Wittke, Volker

(Hg.), *Kapitalismustheorie und Arbeit. Neue Konzepte soziologischer Kritik*, Frankfurt am Main/New York, S. 63–108.

— /Kraemer, Klaus/Speidel, Frederic (2006), »Prekäre Beschäftigung und soziale (Des-)Integration. Ursprünge, Konsequenzen und politische Verarbeitungsformen unsicherer Beschäftigung«, in: Forschungsinstitut Arbeit, Bildung, Partizipation (Hg.), *Jahrbuch Arbeit, Bildung, Kultur 23/24. Von der Statussicherung zur Eigenverantwortung? Das deutsche Sozialmodell im gesellschaftlichen Umbruch*, Recklinghausen, S. 9–40.

Ehrenberg, Alain (2011), *Das Unbehagen an der Gesellschaft*, Berlin.

Gorz, André (1989), *Kritik der ökonomischen Vernunft*, Berlin.

Heitmeyer, Wilhelm (2012) (Hg.), *Deutsche Zustände. Folge 10*, Berlin.

— (2010) (Hg.), *Deutsche Zustände. Folge 9*, Berlin.

Holdt, Karl von (2012), »Bodies of Defiance«, in: Burawoy, Michael/Holdt, Karl von (Hg.), *Conversations with Bourdieu. The Johannesburg Moment*, Johannesburg, S. 67–73.

Holst, Hajo/Nachtwey, Oliver/Dörre, Klaus (2009), *Funktionswandel von Leiharbeit. Neue Nutzungsstrategien und ihre arbeits- und mitbestimmungspolitischen Folgen. Eine Studie im Auftrag der Otto Brenner Stiftung, OBS-Arbeitsheft 61*, Frankfurt am Main.

Holst, Hajo/Singe, Ingo (2011), *Precariousness and Informality – Work and Employment in the German Parcel and Delivery Industry, Sodiper Research Report*, Friedrich-Schiller-Universität Jena, Ms.

ILO (2012), *Global Wage Report 2012–2013*, Geneva.

Jürgens, Kerstin (2011), »Prekäres Leben«, in: *WSI-Mitteilungen*, 64 (8), S. 379–385.

Jütting, P. Johannes/Laiglesia, Juan R. (2009), *Is Informal normal? Towards more and better Jobs in Developing Countries*, Paris.

Keller, Berndt/Seifert, Hartmut (2007) (Hg.), *Atypische Beschäftigung. Flexibilisierung und soziale Risiken*, Berlin.

Klinger, Cornelia (2013), »Krise war immer… Lebenssorge und geschlechtliche Arbeitsteilung in sozialphilosophischer und kapitalismuskritischer Perspektive«, in: Appelt, Erna/Aulenbacher, Brigitte/Wetterer, Angelika (Hg.), *Gesellschaft. Feministische Krisendiagnosen*, Münster, S. 82–104.

Kraemer, Klaus (2009), »Prekarisierung – jenseits von Stand und Klasse?«, in: Castel, Robert/Dörre, Klaus (Hg.), *Prekarität, Abstieg, Ausgrenzung. Die soziale Frage am Beginn des 21. Jahrhunderts*, Frankfurt am Main/New York, S. 241–254.

Krause, Alexandra/Köhler, Christoph (2012), *Arbeit als Ware*, Bielefeld.

Kronauer, Martin (2006), »›Exklusion‹ als Kategorie einer kritischen Gesellschaftsanalyse. Vorschläge für eine anstehende Debatte«, in: Bude, Heinz/Willisch, Andreas (Hg.), *Das Problem der Exklusion. Ausgegrenzte, Entbehrliche, Überflüssige*, Hamburg, S. 27–45.

— (2002), *Exklusion. Die Gefährdung des Sozialen im hoch entwickelten Kapitalismus*, Frankfurt am Main/New York.

Lee, Ching Kwan/Kofman, Yelizavetta (2012), »The Politics of Precarity: Views Beyond the United States«, in: *Work and Occupations*, 39 (4), S. 388–406.

Leonardi, Salvo (2008), »Union Organisation of Employees in Atypical and Precarious Work in Italy«, in: *International Journal of Action Research*, 4 (4), S. 203–224.

Lorey, Isabell (2012), *Die Regierung der Prekären. Mit einem Vorwort von Judith Butler*, Wien.

Lüthje, Boy/Siqi Luo, Hao Zahng (2013), *Beyond the Iron Rice Bowl. Regimes of Production and Industrial Relations in China*, Frankfurt am Main/New York.

Madörin, Mascha (2007), »Neoliberalismus und die Reorganisation der Care-Ökonomie«, in: Denknetz (Hg.): *Jahrbuch 2007*, Zürich, S. 56–70.

Manske, Alexandra/Pühl, Katharina (2010) (Hg.), *Prekarisierung zwischen Anomie und Normalisierung. Geschlechtertheoretische Bestimmungen*, Münster.

Marx, Karl (1973) [1867], *Das Kapital. Band 1. Der Produktionsprozeß des Kapitals, MEW 23,* Berlin.

Mayer-Ahuja, Nicole (2012), »Arbeit, Unsicherheit, Informalität«, in: Dörre, Klaus/Sauer, Dieter/Wittke, Volker (Hg.), *Kapitalismustheorie und Arbeit. Neue Konzepte soziologischer Kritik*, Frankfurt am Main/New York, S. 289–301.

Mies, Maria (1983): »Subsistenzproduktion, Hausfrauisierung, Kolonisierung«, in: *Beiträge zur feministischen Theorie und Praxis*, 9 (10) *Zukunft der Frauenarbeit*, Köln, S.115–124.

Nickel, Hildegard M. (2009), »Die ›Prekarier‹ – eine soziologische Kategorie? Anmerkungen aus geschlechtersoziologischer Perspektive«, in: Castel, Robert/Dörre, Klaus (Hg.), *Prekarität, Abstieg, Ausgrenzung. Die soziale Frage am Beginn des 21. Jahrhunderts*, Frankfurt am Main/New York, S. 209–218.

OECD (2012), *OECD Employment Outlook 2012*, Paris.

Offe, Claus/Hinrichs, Karl (1984), »Sozialökonomie des Arbeitsmarktes: primäres und sekundäres Machtgefälle«, in: Claus Offe, *›Arbeitsgesellschaft‹. Strukturprobleme und Zukunftsperspektiven*, Frankfurt am Main/New York, S. 44–86.

Pape, Karin (2013), »Jenseits ausgetretener Pfade – Debatten-Beitrag zum Artikel von Klaus Dörre in der Mitbestimmung 1+2/2013: ›System permanenter Bewährungsproben‹«, in: *Global Labour Info*, 20.06.2013, http://www.globallabour.info/de/2013/05/debattenbeitrag_karin_pape_201.html.

Paugam, Serge (2009), »Die Herausforderung der organischen Solidarität durch die Prekarisierung von Arbeit und Beschäftigung«, in: Castel, Robert/Dörre, Klaus (Hg.), *Prekarität, Abstieg, Ausgrenzung. Die soziale Frage am Beginn des 21. Jahrhunderts*, Frankfurt am Main/New York, S. 175–196.

— (2008), *Die elementaren Formen der Armut*, Hamburg.

Pelizzari, Alessandro (2009), *Dynamiken der Prekarisierung. Atypische Erwerbsverhältnisse und milieuspezifische Unsicherheitsbewältigung*, Konstanz.

Peters, Bernhard (1993), *Die Integration moderner Gesellschaften*, Frankfurt am Main.

Principe, Catarina (2013), »Portugal: Von der Mobilisierung zum Widerstand. Horizonte des Kampfs gegen die Sparpolitik«, in: *theorie 21. Marxismus und Gewerkschaften*, Frankfurt am Main, S. 303–318.

Roth, Karl-Heinz (2010), *Die globale Krise. Globale Krise – Globale Proletarisierung – Gegenperspektiven*, Hamburg.

Sander, Nadine (2012), *Das akademische Prekariat. Leben zwischen Frist und Plan*, Konstanz.

Scherschel, Karin/Streckeisen, Peter/Krenn, Manfred (2012), *Neue Prekarität: Die Folgen aktivierender Arbeitsmarktpolitik – europäische Länder im Vergleich*, Frankfurt am Main/New York.

Scherschel, Karin/Booth, Melanie (2012), »Aktivierung in die Prekarität. Folgen der Arbeitsmarktpolitik in Deutschland«, in: Scherschel, Karin/Streckeisen, Peter/Krenn, Manfred (2012), *Neue Prekarität: Die Folgen aktivierender Arbeitsmarktpolitik – europäische Länder im Vergleich*, Frankfurt am Main/New York, S. 17–46.

Schultheis, Franz/Herold, Stefan (2010), »Précarité und Prekarität: Zur Thematisierung der sozialen Frage des 21. Jahrhunderts im deutsch-französischen Vergleich«, in: Busch, Michael/Jeskow, Jan/Stutz, Rüdiger (Hg.), *Zwischen Prekarisierung und Protest. Die Lebenslagen und Generationsbilder von Jugendlichen in Ost und West*, Bielefeld, S. 243–274.

Schultheis, Franz/Schulz, Kristina (2005) (Hg.), *Gesellschaft mit begrenzter Haftung. Zumutungen und Leiden im deutschen Alltag*, Konstanz.

Silver, Beverly J. (2005), *Forces of Labor. Arbeiterbewegungen und Globalisierung seit 1870*, Berlin.

Standing, Guy (2011), *The Precariat. The New Dangerous Class*, London.

Vogel, Berthold (2009), *Wohlstandskonflikte. Soziale Fragen, die aus der Mitte kommen*, Hamburg.

Waddington, David/Jobard, Fabien/King, Mike (2009) (Hg.), *Rioting in the UK and France. A Comparative Analysis*, Portland.

Webster, Edward/Holdt, Karl von (2005) (Hg.), *Beyond the Arpartheid Workplace. Studies in Transition,* Pietermaritzburg.

Weinkopf, Claudia (2010), »Warum Deutschland einen gesetzlichen Mindestlohn braucht«, in: *Vorgänge 191*, 49 (3), S. 38–49.

Prekär, informell – weiblich? Zur Bedeutung von »Gender« für die Aushöhlung arbeitspolitischer Standards

Nicole Mayer-Ahuja

Seit Mitte der 1980er Jahre ist die Arbeitswelt durch zwei Trends geprägt: Durch den Bedeutungsverlust von (sozialpolitisch und rechtlich) regulierter formeller, standardisierter bzw. »normaler« Lohnarbeit sowie durch eine steigende Erwerbsbeteiligung von Frauen. Dies gilt für Zentren kapitalistischer Entwicklung (wie die Bundesrepublik Deutschland)[1] ebenso wie für aufsteigende Regionen der Semiperipherie (wie Indien). Gibt es also einen Zusammenhang zwischen Prekarisierung bzw. Informalisierung auf der einen und Frauenerwerbsarbeit auf der anderen Seite? Die Beantwortung dieser Frage wird dadurch erschwert, dass in aktuellen Debatten über Veränderungen der Arbeitswelt allzu verbindliche Festlegungen sorgsam vermieden werden. Dies betrifft auch die empirische Erforschung und analytische Verortung der hier interessierenden Arbeitskonstellationen: Was macht prekäre oder informelle Arbeit aus? Beziehen sich diese beiden Begriffe, die in den vergangenen Jahren eine bemerkenswerte Konjunktur erlebt haben, eigentlich auf dieselben Erscheinungen? Handelt es sich bei ihren Gegenstücken (»Normalarbeit« bzw. formeller Beschäftigung) nicht ohnehin um männliche Phänomene, weil Frauen immer in prekäreren und informelleren Arbeitsformen tätig waren – sind Prekarität und Informalität also zeitlos weiblich?

Im Folgenden wird der Versuch unternommen, entlang von vier Argumentationsschritten Klarheit in diese Diskussion zu bringen. Zunächst wird erörtert, welche Gemeinsamkeiten und Unterschiede zwischen den Begriffen »prekäre Beschäftigung« und »informelle Arbeit« bzw. zwischen jenen Phänomenen bestehen, von denen sie abgegrenzt werden. Sodann wird der Fokus auf Frauen und deren wechselhaftes Verhältnis zu »normaler« bzw. formeller Arbeit gerichtet: auf ihre Funktion als »Nachhut«

1 Die Zahlenangaben beziehen sich in diesem Text (sofern nicht anders ausgewiesen) auf die frühere Bundesrepublik (bis 1990) bzw. auf die »alten Bundesländer« (nach 1990), um eine Vergleichbarkeit zu gewährleisten.

von Formalisierung (bis ca. 1980) bzw. im Anschluss daran als Wegbereiterinnen von Prekarisierung und Informalisierung. Den Abschluss bilden Überlegungen zu der Frage, welche Anzeichen es für eine Überwindung des *gender bias* von prekärer bzw. informeller Arbeit gibt, und inwiefern dies als emanzipatorische Entwicklung zu verstehen ist.

Prekäre Beschäftigung = informelle Arbeit?

Trotz der wachsenden Zahl von Veröffentlichungen, die sich mit »prekären« oder »informellen« Arbeitskonstellationen befassen, werden beide Begriffe selten klar definiert und zudem kaum explizit aufeinander bezogen. Um zu verstehen, inwiefern wir es derzeit bei Tendenzen der Prekarisierung bzw. Informalisierung von Arbeit mit ähnlichen oder gar übergreifenden Entwicklungen zu tun haben, führt jedoch kein Weg an einem integrierenden Blick vorbei. Dieser ergibt, dass die Begriffe »prekäre Beschäftigung« und »informelle Arbeit« ähnliche Phänomene adressieren, obwohl sie nicht völlig deckungsgleich sind.

Beginnen wir mit den Ähnlichkeiten, so verweisen diese beiden Begriffe (erstens) teilweise auf dieselben Arbeitskonstellationen: Die Migrantin, die ohne Arbeits- oder Aufenthaltsgenehmigung private Haushalte reinigt (Odierna 2000), ist prekär beschäftigt und zugleich informell tätig. Ähnliches gilt für den alleinselbständigen Taxifahrer, dessen »gypsy cab« Sassen (1997) als Beispiel für den informellen Sektor in New York heranzieht.

Jenseits dieser empirischen Evidenz haben die Begriffe (zweitens) gemeinsam, dass sie relational sind. Als informell werden Arbeitsformen bezeichnet, die nicht formell geregelt sind. Informelle Arbeit wird also durch das definiert, was sie *nicht* ist: sie gilt als »ungeregelt und unterbezahlt« (Komlosy u.a. 1997), »ungeschützt« (Swaminathan 2009) oder »unorganisiert« (Mohanakumar/Singh 2011). In ähnlich relationalem Sinne zeichnet sich prekäre Beschäftigung dadurch aus, dass sie hinter den Integrationsstandards zurückbleibt, die in einer spezifischen zeit-räumlichen Konstellation für ein »Normalarbeitsverhältnis« gelten (Mayer-Ahuja 2003). Allerdings wächst die Einsicht, dass die Übergänge zwischen prekärer und »normaler« Arbeit (Dörre 2005) bzw. zwischen formellem und informellem Sektor fließend sind, etwa weil formelle Arbeit oftmals auf der informellen

Arbeit Anderer (in Reproduktionsbereich oder Subunternehmen) beruht (Ghosh 2004: 5; Chen 2005).

Drittens weisen die beiden Referenzfolien, von denen man prekäre Beschäftigung und informelle Arbeit abgrenzt, markante Ähnlichkeiten auf: So wurde das »Normalarbeitsverhältnis« in der bundesdeutschen Diskussion ab Mitte der 1980er Jahre als eine unbefristete abhängige Vollzeitbeschäftigung mit umfassendem Schutz durch Arbeitsrecht oder Sozialversicherung definiert; hinzu kamen die Tätigkeit für einen einzigen »Arbeitgeber«, ein Beruf, regelmäßige oder zumindest planbare Arbeitszeiten, eine existenzsichernde Vergütung, eine ununterbrochene Erwerbsbiographie sowie eine (lebens-)lange Erwerbsperspektive, idealerweise in einem einzigen Unternehmen (Mayer-Ahuja 2003: 34f.). Dieser Kriterienkatalog mutet auf den ersten Blick spezifisch deutsch an, zeigt jedoch frappierende Parallelen zu der Definition von Arbeit im formellen Sektor, die Breman (1976) nur wenige Jahre zuvor auf Basis empirischer Forschung zu Indien formuliert hatte. Demzufolge ist formelle Arbeit zu verstehen als Lohnarbeit in einem dauerhaften Beschäftigungsverhältnis, meist in Großunternehmen von Privatwirtschaft oder öffentlichem Sektor, die in klare Strukturen von Arbeitsteilung eingebunden und von offiziellen Statistiken ebenso erfasst ist wie von sozialen Sicherungsprogrammen und Arbeitsschutz-Gesetzen. Beschäftigte im formellen Sektor verfügen zudem über eine formelle Qualifikation (wenngleich dies nicht unbedingt dem deutschen Verständnis von »Beruflichkeit« entspricht), erzielen relativ hohe und regelmäßige Einkommen, orientieren ihren Arbeits- und Lebensrhythmus an (festgelegten) Produktionszeiten, genießen soziale Respektabilität, praktizieren einen gehobenen Lebensstil und haben klare erwerbsbezogene Zukunftsperspektiven. Selbst wenn man berücksichtigt, dass sich Vorstellungen von »formeller Arbeit« bzw. einer »normalen Beschäftigung« angesichts der Umbrüche, welche die Arbeitswelt seit Mitte der 1970er Jahre erschüttern, teilweise deutlich verändert haben,[2] bleibt festzuhalten, dass

2 In Deutschland ist der ausgefeilte Kriterienkatalog für das Vorliegen eines »Normalarbeitsverhältnisses« inzwischen weitgehend unbemerkt auf »unbefristete abhängige Vollzeitbeschäftigung« abgeschmolzen (Mayer-Ahuja 2011). In Indien hat ein ähnliches Abschmelzen des oben dargestellten Kriterienkatalogs stattgefunden. Dort wird der formelle Sektor in den letzten Jahren zunehmend mit dem »organisierten« Sektor gleichgesetzt (van Klaveren u.a. 2010: 31f.). Letzterer umfasst »all those employed in government, local authorities, public sector enterprises, quasi-government bodies, in the factory sector of manufacturing enterprises and in mining, trade and other sectors in establish-

der Vergleichsmaßstab, von dem prekäre oder informelle Arbeit (im Sinne einer Defizitanalyse) abgegrenzt wird, sich in so unterschiedlichen Kontexten wie Deutschland und Indien bemerkenswert wenig unterscheidet.[3]

Die Unterschiede werden allerdings deutlich, sobald man die Begriffe kontextualisiert. Dabei erweist sich erstens, dass »prekäre Beschäftigung« vor allem in der westdeutschen, französischen und italienischen Debatte Verwendung findet (Castel 2000; Bourdieu 1998; Ross 2009). Von informeller Arbeit wurde hingegen zunächst in Bezug auf die (Semi-)Peripherie kapitalistischer Entwicklung gesprochen: der Begriff fand erstmals Verwendung in einer Studie zu Kenia (ILO 1972) und wurde dann auch auf Asien oder Lateinamerika angewandt. Erst in jüngerer Zeit wird der informelle Sektor auch für die kapitalistischen Zentren vermessen (Portes u.a. 1991; Marcelli u.a. 2010) und in Zusammenhang mit transnationalen Wertschöpfungsketten und *Global Cities* diskutiert (Komlosy u.a. 1997).

Zweitens unterscheiden sich die Begriffe, von denen sich prekäre Beschäftigung und informelle Arbeit abgrenzen, in Bezug auf ihre konzeptionelle Reichweite. So wird dem »Normalarbeitsverhältnis« in der westdeutschen Debatte in Anlehnung an Mückenberger (1985) eine doppelte Funktion zugeschrieben. Zum einen markiert das »Normalarbeitsverhältnis« eine wirkmächtige soziale *Norm* – in ihm bündeln sich gesellschaftliche Vorstellungen von »normaler« oder »guter« Arbeit, und es dient zugleich als »Bezugspunkt für juristische Ge- und Verbote sowie Rechtsinterpretationen, der, obwohl ganz und gar nicht mit vorfindlichen Regelmäßigkeiten deckungsgleich, den wirklichen Arbeitsverhältnissen als normative Anforderung entgegentritt und insofern durchaus praktisch wird« (ebd.: 422). Zum anderen bezeichnet das »Normalarbeitsverhältnis« eine statistisch nachweisbare *Normalität*: Im Zuge der Herausbildung einer »Lohnarbeitsgesellschaft« (Castel 2000) in den Nachkriegsjahrzehnten war ein stetig wachsender Anteil (und um 1985 längst die Mehrheit) der westdeutschen Erwerbsbevölkerung abhängig beschäftigt, und Unterschiede zwischen diesen Lohnabhängigen (etwa zwischen Arbeitern und Angestellten) verloren an Bedeutung. In Folge dieser Vereinheitlichungstendenz war das »Normalarbeitsverhältnis« zum Zeitpunkt seiner Entdeckung um

ments to which statutory labour laws relating to conditions of labour apply« (Appasamy u.a. 1996: 53). Letzteres ist in Betrieben mit mehr als zehn Beschäftigten der Fall.

3 Die Auffassung, dass Prekarität kein (rein) europäisches Phänomen ist, liegt bereits Bourdieus Studien zu Arbeit in der Kabylei und der Nutzung zentraler Erkenntnisse für die Analyse von prekärer Arbeit in Frankreich zugrunde (Bourdieu 2000; Dörre 2007).

1985 nicht nur allgemein anerkannter normativer Maßstab für die Regulierung von Erwerbsarbeit, sondern zugleich auch statistische Normalität in der bundesdeutschen Arbeitsgesellschaft. Dem Begriff »formelle Arbeit« hingegen fehlt eine solche Doppelfunktion: In Indien war formelle Arbeit zwar seit der Unabhängigkeit (1947) ein ähnlich unumstrittenes normatives Ideal wie »Normalarbeit« in der Bundesrepublik, weil sich nicht nur gesellschaftliche Wunschvorstellungen, sondern auch Ziele und Praktiken politischer Regulierung an diesem Bezugspunkt orientierten. Allerdings war »formal sector employment« immer weit davon entfernt, die indische Arbeitswelt quantitativ zu dominieren, da nie mehr als zehn bis fünfzehn Prozent der Erwerbsbevölkerung formell beschäftigt waren.[4] Formelle Arbeit fungierte demnach als Ideal, dessen schrittweise Verwirklichung von einem breiten gesellschaftlichen Konsens getragen wurde, doch selbst vor Beginn der wirtschaftsliberalen Reformen Anfang der 1990er Jahre (und des damit eingeleiteten Arbeitsplatzabbaus im öffentlichen Sektor) hätte wohl niemand ernsthaft behauptet, dass dies (zumal in absehbarer Zeit) die Arbeitsrealität einer Mehrheit der indischen Erwerbsbevölkerung prägen würde.

Drittens schließlich unterscheiden sich »prekäre Beschäftigung« und »informelle Arbeit« dadurch, dass zwar beide Begriffe eine Unterschreitung von Integrationsstandards in denselben Dimensionen beinhalten, die Gewichtung zwischen diesen Dimensionen jedoch unterschiedlich ausfällt. Erinnern wir uns an die dreifache Standardunterschreitung, die prekäre Beschäftigung ausmacht (Mayer-Ahuja 2003), so scheint sie zunächst durchaus auf »informelle Arbeit« übertragbar zu sein: Beide Phänomene gehen oft mit *materieller Prekarität* einher, denn trotz aller Unterschiede in Einkommensverhältnissen und Lebenshaltungskosten zeichnet sich Prekarität in Deutschland ebenso wie Informalität in Indien dadurch aus, dass das Einkommen aus diesen Arbeitsformen oft hinter den vor Ort zu einem spezifischen Zeitpunkt gültigen Standards zurückbleibt (»Niedriglohn«). Auch *rechtliche Prekarität* ist ein gemeinsames Kennzeichen von prekärer Beschäftigung und informeller Arbeit, da diese Erwerbskonstellationen zum einen nur eingeschränkt durch Arbeitsrecht, Arbeitsschutzbestimmungen und Sozialversicherung erfasst werden und zum anderen oft in der unregulierten Grauzone des Arbeitsmarktes stattfinden, etwa wenn es sich

4 Die »National Commission on Employment in the Unorganised Sector« stellte 2007 fest, von einer Erwerbsbevölkerung von 458 Millionen seien 395 Millionen (also etwa 86 Prozent) im informellen Sektor tätig (Adecco/TISS 2008: 10).

um Arbeit von illegal Migrierten handelt oder Steuern und Sozialversicherungsbeiträge unterschlagen werden. Zu guter Letzt ist in beiden Fällen eine Tendenz zur Unterschreitung *betrieblicher Integrationsstandards* festzustellen, da prekär Beschäftigte wie informell Arbeitende (etwa aufgrund kürzerer Betriebszugehörigkeit) weniger stabil in kollegiale Strukturen eingebunden sind und seltener durch Organe kollektiver Interessenvertretung repräsentiert werden als »Normalbeschäftigte« oder formell Arbeitende. Ein genauerer Blick ergibt allerdings, dass diese drei Dimensionen der Standardunterschreitung bei prekärer Beschäftigung gleichberechtigt nebeneinander stehen, während bei informeller Arbeit die rechtliche Dimension eindeutig dominiert. So bemerkt etwa Ghosh (2004: 5), »that the only real specificity of the informal sector is the absence of workers' rights and social protection«. Immerhin beinhalteten Prozesse der Formalisierung von Arbeit in den Nachkriegsjahrzehnten nach gängiger Lesart, dass der (Arbeits-)Vertrag mit rechtlichem Schutz versehen wurde (Komlosy 2007: 209), während Informalisierung im Gegenzug die Einschränkung dieses Schutzes beinhalte. Präziser formuliert ist informelle Arbeit allerdings durch ein spezifisches Mischungsverhältnis von formell-legaler Regulierung (im Rahmen von Arbeitsvertrag, Arbeitsrecht, Sozialversicherungsrecht usw.) und informell extra-legaler Regulierung (im Rahmen persönlicher Bindungen und Abhängigkeiten) charakterisiert, wobei der Schwerpunkt bei letzterer liegt (Mayer-Ahuja 2012).

Fassen wir den bisherigen Gang der Argumentation zusammen, so bestehen bemerkenswerte Ähnlichkeiten zwischen dem deutschen »Normalarbeitsverhältnis« und »formeller Arbeit« in Indien. Beide bildeten sich ungefähr im selben Zeitraum (zwischen den 1950er und 1980er Jahren) heraus und waren mit einer Tendenz zu fortschreitender Vereinheitlichung von Arbeitskonstellationen verbunden, selbst wenn dies in Indien eher die Normen von Arbeitsregulierung als die statistische Normalität betraf. Seit den 1980er Jahren ist hingegen in beiden Kontexten eine Tendenz zu Prekarisierung und Informalisierung von Arbeit festzustellen, und wieder überwiegen (bei allen Detailunterschieden) die Ähnlichkeiten zwischen beiden Phänomenen.

Diese Darstellung dürfte nun insofern Kritik provozieren, als die beschriebene Vereinheitlichungstendenz nach (ursprünglich feministischer und inzwischen) gängiger Auffassung nur eine (nämlich die männliche) Hälfte der Bevölkerung erfasste. Frauen hingegen seien, so der zentrale Einwand, aufgrund ihrer ungebrochenen Hauptzuständigkeit für Reproduktionsarbeiten (wie Haushaltsführung, Kindererziehung und die Pflege älterer Angehöriger) immer weitgehend von »Normalarbeitsverhältnis« und »formeller Arbeit« ausgeschlossen gewesen. Entsprechend erscheint der Bedeutungsverlust dieser Varianten von sozialpolitisch und rechtlich abgesicherter Lohnarbeit seit den 1970er bzw. 1980er Jahren aus dieser Perspektive für Frauen nicht als großer Verlust: Prekarität bzw. Informalität scheinen über die großen Konjunkturen von Arbeitsregulierung im 20. Jahrhundert und über Weltregionen hinweg eindeutig weiblichen Geschlechts zu sein.

Dieser Verweis auf eine zeitlose Distanz von Frauen zu »Normalarbeitsverhältnis« und »formeller Arbeit« hält allerdings einer empirischen Überprüfung nicht unbedingt Stand. Vielmehr beinhaltete sowohl die (bis etwa 1980 feststellbare) Formalisierung von Arbeit als auch die anschließend einsetzende Tendenz zu Prekarisierung und Informalisierung eine jeweils spezifische Neuakzentuierung der Machtverhältnisse zwischen den Geschlechtern: Während in den Nachkriegsjahrzehnten zunächst eine gewisse Annäherung von Frauenerwerbsarbeit an männlich dominierte Standards zu konstatieren ist, wurden Frauen in den letzten Jahrzehnten des 20. und zu Beginn des 21. Jahrhunderts geradezu als Wegbereiterinnen von prekärer Beschäftigung und informeller Arbeit instrumentalisiert.

Frauen als »Nachhut« der Formalisierung von Arbeit bis ca. 1980

Für Westdeutschland wie für andere Zentren kapitalistischer Entwicklung wird gemeinhin argumentiert, die Etablierung von »Normalarbeitsverhältnissen« (oder »standard employment relationships«) in den Nachkriegsjahrzehnten sei ein rein männliches Phänomen gewesen. Sie habe Frauen allenfalls indirekt betroffen, weil eine kontinuierliche männliche Vollzeitarbeit voraussetze, dass der männliche Allein- oder Haupternährer durch seine (nicht oder nur eingeschränkt erwerbstätige) Ehefrau von Reproduktionsarbeit entlastet werde. Diese Sichtweise unterschlägt allerdings zwei zentrale Veränderungen von Frauenerwerbsarbeit.

Dies betrifft zum einen weibliche *Erwerbsverläufe*. In Westdeutschland sahen die 1960er Jahre zwar (angesichts steigender Erwerbseinkommen und kontinuierlicher werdender Erwerbsbiographien von Männern) durchaus die Etablierung der historisch neuartigen Figur der »Arbeiter-Hausfrau«. Gleichzeitig näherten sich jedoch die Erwerbsverläufe derjenigen Frauen, die einer abhängigen Beschäftigung nachgingen, immer mehr an die (durch die Herausbildung des »Normalarbeitsverhältnisses« selbst in Veränderung begriffenen) männlichen Standards an. Bis in die 1950er Jahre hinein waren Frauen aus lohnabhängigen Schichten zumeist nur in ihrer Jugend abhängig beschäftigt, bis sie heirateten und Mütter wurden. Sie zogen sich meist schon im Alter von etwa 25 Jahren vom Arbeitsmarkt zurück oder wurden aufgrund der Eheschließung entlassen, was vor Gericht als legitimer Kündigungsgrund galt (Maier 1993: 258; Oertzen 1999a: 83f.). Für viele Frauen bedeutete dies das Ende formeller Erwerbsarbeit. Wenn sie weiter arbeiteten, geschah dies informell, indem sie auf einem grauen Arbeitsmarkt tätig wurden, etwa als Zugehfrauen in bürgerlichen Haushalten, als Näherinnen, Wäscherinnen oder Straßenhändlerinnen. Derlei Erwerbsverläufe verloren während der Nachkriegsjahrzehnte jedoch in doppelter Hinsicht an Bedeutung. Erstens nahmen Zahl und Anteil der abhängig beschäftigten Frauen kontinuierlich zu,[5] und diese Tendenz setzt sich (wenn auch mit Schwankungen) bis heute fort. Dies war vor allem darauf zurückzuführen, dass neben jungen ledigen Frauen eine stetig wachsende Zahl von Ehefrauen und Müttern Lohnarbeit leistete.[6] Zweitens veränderte die »Familienphase« ihre Funktion in weiblichen Erwerbsbiographien. Immer mehr Frauen verzichteten im Falle einer Mutterschaft nur für eine zeitlich begrenzte Phase auf Lohnarbeit, die zudem kontinuierlich kürzer wurde. Myrdal und Klein (1956) waren in den 1950er Jahren noch von einer Familienphase von 15–20 Jahren ausgegangen – schon in den späten 1970er Jahren umfasste sie hingegen im Schnitt nur noch drei bis sechs Jahre und wurde häufig durch eine Zeit kombinierter Teilzeitarbeit und Kinderbetreuung abgelöst (Holst/Maier 1998: 509; Kolbe 1999: 163; Oertzen 1999a: 103). Nach der Familienphase kehrten Frauen zunehmend in formelle abhängige Beschäftigung zurück, statt sich auf dem grauen Arbeitsmarkt zu verdingen. Entsprechend wurden schon ab Mitte der 1950er Jahre zunächst immer mehr lohnabhängige Frauen jenseits des 40. Lebens-

5 Im Jahr 1950 waren in der Bundesrepublik von etwa 15 Millionen Lohnabhängigen etwa 30 Prozent weiblich – 1998 hingegen waren unter 26 Millionen abhängig Beschäftigten (im früheren Bundesgebiet) bereits knapp 44 Prozent Frauen (WSI-FrauenDatenReport 2000, Tab.2.A.19a, nach: Mikrozensus FS 1, Reihe 4.1.1.).

6 1950 lag die Erwerbstätigenquote unter verheirateten Frauen bei 26,4 Prozent, bis 1998 war sie auf 53,1 Prozent angestiegen (Willms 1983: 35; Mikrozensus, FS 1, Reihe 3).

jahres registriert; ihnen folgten (seit den 1960er Jahren) Ehefrauen in ihren Zwanzigern und (seit den 1970er Jahren) sogar Mütter mit Kindern im Vorschulalter (Hausen 1997: 31; Willms 1983: 35; Oertzen/Rietzschel 1997: 188; Kolbe 1999: 140ff.; Büchtemann/Quack 1989: 115).

Zum anderen näherten sich in Westdeutschland weibliche *Erwerbsformen* in den Nachkriegsjahrzehnten an die (gerade im Entstehen begriffenen und vorwiegend männlich geprägten) Standards von »Normalarbeit« an. Dafür spricht insbesondere die massive Ausweitung sozialversicherter Teilzeitarbeit in den späten 1950er und 1960er Jahren, die dem Arbeitskräftemangel (etwa in der Elektro- oder Nahrungsmittelindustrie) geschuldet war und ausdrücklich verheiratete Frauen adressierte (»Hausfrauenschichten«). Diese Teilzeitstellen waren sozialversichert, tarifvertraglich und arbeitsrechtlich reguliert und fielen in den Zuständigkeitsbereich von Betriebsräten und Gewerkschaften, die auch Vollzeitbeschäftigte vertraten. Daher sind sie als »zeitreduzierte Variante von Normalarbeit« zu charakterisieren (Oertzen 1999; Mayer-Ahuja 2003).

Frauen in Westdeutschland waren demnach bis in die 1970er Jahre hinein nicht nur zunehmend ein (Erwerbs-)Leben lang abhängig beschäftigt, sie wurden auch immer häufiger in Erwerbsformen tätig, deren Regulierungslogik (trotz verkürzter Arbeitszeiten und anteilig reduziertem sozialem Schutz) an das »Normalarbeitsverhältnis« erinnert. Man kann daher durchaus argumentieren, dass die Vereinheitlichungstendenz, die in der Bundesrepublik in der Herausbildung und quantitativen Ausweitung von »Normalarbeitsverhältnissen« kulminierte, zwar vorwiegend Männer betraf, aber vor Frauen keineswegs Halt machte.[7] Insofern ist Frauen zumindest für den westdeutschen Fall keine zeitlose Distanz zu den Standards zu attestieren, die durch die (in diesem spezifischen zeit-räumlichen Kontext) dominanten Formen sozialpolitisch regulierter Lohnarbeit gesetzt wurden.

Für Indien liegen nach Kenntnis der Autorin keine Studien vor, die den Abstand von Frauenerwerbsarbeit zu den in den Nachkriegsjahrzehnten etablierten Varianten »formeller Arbeit«[8] rekonstruieren. Allerdings gibt es

---

7 Allerdings hat Castel (2000: 323f.) zu Recht darauf hingewiesen, dass Frauen (ebenso wie Ältere, junge gering Qualifizierte oder Migrant/innen) umso weiter hinter den sich herausbildenden Standards zurückblieben, je eindeutiger dauerhafte abhängige Vollzeitbeschäftigung zur Voraussetzung für den vollen Schutz von Arbeitsrecht, Sozialversicherung, Tarifvertrag und kollektiver Interessenvertretung erhoben wurde.

8 Nach »Employment Status« fiel 2008 etwa ein Sechstel der Erwerbstätigen in die Kategorie »formal employment«, wobei jeweils die Hälfte dem unorganisierten und dem or-

Hinweise darauf, dass sich hier ähnliche Veränderungen vollzogen haben könnten wie in Westdeutschland. Zum einen gingen auch indische Frauen in stetig zunehmendem Maße abhängiger Beschäftigung nach. Zwar zeichnet sich Indien bis heute durch einen eher geringen Anteil (statistisch registrierter) weiblicher Erwerbstätigkeit aus: Die ILO zum Beispiel schätzte die indische »Labour Participation Rate« im Jahre 2008 auf etwa 61 Prozent der Bevölkerung im erwerbsfähigen Alter, wobei der Anteil unter Männern bei 85 Prozent, unter Frauen hingegen nur bei etwa 36 Prozent lag (van Klaveren u.a. 2010: 29). Dies ist jedoch bereits das Ergebnis eines längerfristigen Anstiegs (registrierter) weiblicher Erwerbsbeteiligung, der sich seit den frühen 1980er Jahren beschleunigte und 1994 mit 43 Prozent seinen vorläufigen Höhepunkt erreichte (ILO 2012: 30). Zum anderen gibt es Hinweise darauf, dass auch indische Frauen in den Bereich formeller Beschäftigung vordrangen, wobei speziell der öffentliche Sektor als »citadel of security and relative prosperity« (Subramanian 2008: 430)[9] offenbar neue und vergleichsweise umfassend abgesicherte Erwerbsoptionen für Frauen eröffnete. Jedenfalls waren im Jahr 2010 zwar nur ungefähr 19 Prozent der Beschäftigten im gesamten »organisierten Sektor« weiblich (Frauen waren dort also deutlich unterrepräsentiert), doch Frauen wie Männer des organisierten Sektors standen zu ungefähr 70 Prozent in öffentlichen Diensten. Entsprechend scheint sich hier ein Schwerpunkt sozial abgesicherter Lohnarbeit von Frauen abzuzeichnen (van Klaveren u.a. 2010: 9). Ab den 1990er Jahren ging der Abbau von *Public Sector Employment* sogar mit einer fortschreitenden Feminisierung der Belegschaften einher.[10] Wir dürften es

---

ganisierten Sektor zugerechnet werden. Unterschieden werden davon »self employment« und »casual employment« (Adecco/TISS 2008: 43).

9 Im »Public Sector« herrschten noch 2004 »[l]ifetime employment and seniority based pay« vor (Budhwar/Boyne 2004: 358), und es galten Arbeitsrecht (etwa der *Factory Act* von 1948) oder Mitbestimmungsrechte (laut *Industrial Disputes Act* von 1947) (Upadhya/Vasavi 2006: 51).

10 1985 waren von 17,3 Millionen »Public Sector Employees« etwa 1,9 Millionen (knapp 11 Prozent) Frauen; 1995 (als der Höhepunkt der Beschäftigtenzahl erreicht war) wurden unter 19,7 Millionen öffentlich Bediensteten 2,6 Millionen Frauen gezählt – dies entsprach mehr als 13 Prozent. Der darauf folgende Arbeitsplatzabbau ging mit einer weiteren relativen Zunahme weiblicher Beschäftigung einher: 2005 waren noch 18 Millionen öffentlich Bedienstete registriert, darunter (mit 2,9 Millionen) 16 Prozent Frauen (siehe »Public Sector Employment by Type of Institution and Level of Government, Total and Private Employment. Labour-related Establishment Survey. Total Employment«, verfügbar in der Datenbank LABORSTA der Internationalen Arbeitsorganisation).

hier mit einem Phänomen zu tun haben, das Willms (1983) für den westdeutschen Arbeitsmarkt beschrieben hat. Demzufolge konzentrieren sich hohe Frauenanteile vorzugsweise in Bereichen der Wirtschaft, die entweder neu entstehen, so dass Arbeitsbedingungen noch nicht reguliert sind, oder die an ökonomischer Bedeutung verlieren, wobei Regulierungen gelockert und die (nicht länger attraktiven und zukunftweisenden) Arbeitsplätze vernichtet werden. Im indischen *Public Sector* dürfte im Zeichen von Liberalisierungspolitik und Privatisierungsmaßnahmen seit den 1990er Jahren (Budhwar/Boyne 2004) Letzteres der Fall gewesen sein.

Frauen als Wegbereiterinnen von prekärer Beschäftigung und informeller Arbeit

Die prosperierenden Nachkriegsjahrzehnte gingen zwischen 1975 und 1985 zu Ende. Der damit verbundene sozio-ökonomische Umbruch beinhaltete (vermittelt über veränderte ökonomische Dynamiken, politische Regulierungspraktiken und -ideale sowie Erwerbsorientierungen von Individuen) in verschiedensten Weltregionen die Abkehr von Tendenzen der Vereinheitlichung, »Normalisierung« und »Formalisierung« von Lohnarbeit. Nach Erkenntnis von Ghosh (2004: 11) muss der »decline in formal sector employment« demnach als übergreifender Trend angesehen werden, »which is spread across the globe and covers both developed and developing countries«.

Auch in Deutschland und Indien spielte dieser Umbruch eine zentrale Rolle. In West-Deutschland begann Mitte der 1980er Jahre die Diskussion über die Erosion des »Normalarbeitsverhältnisses«; wenige Jahre später (Anfang der 1990er Jahre) wurde in Indien eine Politik der »Liberalisierung«, Weltmarktöffnung und Privatisierung eingeleitet (zu Einzelheiten siehe Budhwar/Boyne 2004). »Normalarbeitsverhältnis« und »formelle Arbeit« verloren im Folgenden in beiden Kontexten an Bedeutung: zum einen quantitativ, weil ihr Anteil an den jeweils insgesamt vorhandenen Erwerbskonstellationen zurückging; zum anderen normativ, weil nunmehr argumentiert wurde, hochregulierte und -standardisierte Arbeitskonstellationen seien ökonomisch schädlich und würden zudem den mannigfaltigen Bedürfnissen von Erwerbstätigen nicht länger gerecht. Frauen fungierten unter diesen Bedingungen in doppelter Hinsicht als Wegbereiterinnen von

Prekarisierung und Informalisierung: Einerseits waren sie unter den Ersten, die in prekäre oder informelle Jobs abgedrängt wurden; andererseits dienten die oftmals unterbrochenen Erwerbsbiographien und das Bedürfnis (vor allem) von Müttern, Erwerbs- und Reproduktionsarbeit möglichst flexibel miteinander zu vereinbaren, den Regierenden (je nach Perspektive) als Anlass oder als Vorwand, Arbeitskonstellationen aktiv zu fördern, die hinter den zeitgenössischen Standards politisch regulierter Lohnarbeit zurückblieben.

Betrachten wir zunächst die Rolle von Frauen als Pionierinnen von prekärer Beschäftigung und informeller Arbeit. Weibliche Beschäftigte in West-Deutschland waren besonders früh auf derlei Erwerbskonstellationen zurückgeworfen, weil es ihnen an attraktiven Alternativen fehlte. Immerhin war die Arbeitslosenquote unter Frauen überproportional hoch, seit die Arbeitskraft-Nachfrage zu erlahmen begonnen hatte; sie lag zwischen 1970 und 1995 ununterbrochen höher als unter Männern (Klammer u.a. 2000: 113). Entsprechend waren viele Frauen gezwungen, auf Arbeitsverhältnisse auszuweichen, die nicht den zeitgenössischen Standards von materieller, rechtlicher und betrieblicher Integration entsprachen. Frauen, die erst vergleichsweise spät und nie im selben Maße wie Männer Zugang zu »Normalarbeitsverhältnissen« gefunden hatten, wurden als Erste an die Ränder von Arbeitsmarkt und Betrieb verdrängt. Entsprechend waren und sind weibliche Erwerbstätige unter prekär Beschäftigten überrepräsentiert, wobei sich vor allem sozialversicherte Teilzeitbeschäftigung und »geringfügige« bzw. Minijobs, die nicht in die Sozialversicherung integriert sind, als wahre »Frauendomäne« erwiesen. Die Gesamtzahl weiblicher Teilzeitkräfte verzehnfachte sich bis Ende des 20. Jahrhunderts von 432.000 (1960) auf 4,5 Millionen (1998) (Auth 2002: 73), speziell Zahl und Anteil sozialversicherungsfreier »Minijobs« explodierten, und bei beiden handelte es sich, wie Bartelheimer und Fromm (2011: 334) bemerken, eindeutig um »weibliche Erwerbsformen« – immerhin waren im Jahr 2007 etwa 87 Prozent aller Teilzeitbeschäftigten und 81 Prozent aller geringfügig Beschäftigten Frauen. Das Ergebnis ist eine frappierende Ballung von Frauen in potentiell prekären Arbeitskonstellationen. Im Jahr 2006 zum Beispiel waren trotz aller Erosionstendenzen immer noch 81 Prozent der Männer in Westdeutschland als Angestellte oder Arbeiter unbefristet vollzeitbeschäftigt (was nach zeitgenössischer Definition einem »Normalarbeitsverhältnis« entsprach; Mayer-Ahuja 2011); neun Prozent waren befristet, zwei Prozent in Leiharbeit tätig, drei Prozent entfielen auf sozialversicherte Teilzeitarbeit und vier Prozent auf sozialversicherungsfreie (geringfügige) Beschäftigung. Unter Frauen bot sich demgegenüber ein völlig anderes Bild: Nur 43 Prozent von ihnen leisteten in Westdeutschland unbefristete Vollzeitarbeit. Bei Befristungen und Leiharbeit ähnelten die Frauen-Quoten denen der Männer (mit 10 bzw. einem Prozent), doch angesichts der insgesamt geringeren weiblichen Erwerbsquoten war die Wahrscheinlichkeit, in diesem Teil des Arbeitsmarktes tätig zu werden, für Frauen deutlich höher. Vor allem aber waren 29 Prozent der westdeutschen Frauen sozialversichert teilzeit- und weitere 16 Prozent geringfügig beschäftigt (Fuchs 2010: 183). Das (in der »Lissabon Strategie« der Europäischen Union aus dem Jahr 2000 formulierte) Ziel, die weibliche Erwerbsquote bis 2010 auf 60 Prozent zu steigern, rückt demnach insofern näher, als der Anteil erwerbstätiger Frauen weiter zunimmt. Doch dies erfolgt fast ausschließlich im Rahmen von Teilzeitstellen oder Minijobs. Folglich sind auch zu Beginn des neuen Jahrtausends mehr als die Hälfte der deutschen Frauen außerhalb des »Normalarbeitsverhältnisses« beschäftigt – und 45 Prozent von ihnen bleiben (trotz des weit verbreiteten Wunsches von »Teilzeit-Frauen« nach vollzeitnaher Erwerbsarbeit; siehe unten) nach wie vor auf Jobs angewiesen, die einst für Mütter gedacht waren, die ausdrücklich nur einen »kleinen Zuverdienst« wünschten.

Für Indien liegen keine entsprechend detaillierten Zahlen vor; vielmehr stößt dort selbst die statistische Abgrenzung von formeller und informeller Arbeit auf immense Datenprobleme.[11] Dennoch gibt es Anlass zu der Vermutung, dass wir es mit einer ähnlichen Verdrängung von Frauen in einen Bereich der Arbeitswelt zu tun haben, in dem zeitgenössische Standards von Arbeitsregulierung und sozialem Schutz nur eingeschränkt gelten. So hing der oben erwähnte Anstieg weiblicher Erwerbsbeteiligung seit Anfang der 1980er Jahre (in Indien wie anderen asiatischen Ländern) mit einer Ausweitung export-orientierter Industrieproduktion (speziell in der Textilbranche) zusammen, die ihre Arbeitskräfte verstärkt unter Frauen rekrutierte. Dies war mit einer Zunahme informeller Arbeit verbunden, wie Ghosh (2004: 20f.) erklärt:

»This trend towards feminisation of employment in Asian countries resulted from employers' needs for cheaper and more ›flexible‹ sources of labour, and was also

11 Van Klaveren u.a. (2010) bemerken, es seien gleichzeitig fünf verschiedene Messkonzepte im Einsatz, um den Umfang des informellen Sektors zu bestimmen. Letzteres werde auch dadurch erschwert, dass die Übergänge zwischen formeller Arbeit und informeller Arbeit fließend seien (informelle Arbeit im formellen Sektor und umgekehrt).

strongly associated with the move towards casualisation of labour, shift to part-time work or piece-rate contracts, and insistence on greater freedom for hiring and firing over the economic cycle. All these aspects of what is now described as ›labour market flexibility‹ became necessary once external competitiveness became the significant goal of domestic policy makers and defined the contours within which domestic and foreign employers in these economies operated«.

Schon Mitte der 1990er Jahre erlahmten jedoch diese Expansionstendenzen, und die »Labour Force Participation Rate« von indischen Frauen sank von ihrem vorläufigen Höhepunkt von 43 Prozent (1994) auf 33 Prozent im Jahr 2010. Diesen markanten Rückgang führt die Internationale Arbeitsorganisation nicht zuletzt auf eine Verschärfung geschlechtsspezifischer Arbeitsmarktsegregation zurück, die beinhalte, dass Frauen sich noch eindeutiger als zuvor in Bereichen der indischen Wirtschaft konzentrierten, in denen besonders geringe Wachstumsraten zu verzeichnen seien (ILO 2012: 30). Dies verweist wiederum auf den informellen Sektor, zumal es Hinweise darauf gibt, dass Frauen dort deutlich überrepräsentiert sind. Für das Jahr 1999 jedenfalls findet sich die Angabe, dass insgesamt etwa 83 Prozent der indischen Erwerbsbevölkerung im informellen Sektor tätig seien – unter Männern lag dieser Anteil bei etwa 80 Prozent, unter Frauen hingegen bei 92 Prozent (Sinha u.a. 1999). Solche Zahlen sind generell mit Vorsicht zu genießen,[12] doch scheint es unstrittig zu sein, dass sich die Situation mit Beginn der weltweiten Finanz- und Wirtschaftskrise ab 2008 weiter verschärfte. Immerhin sank das Wachstum der indischen Industrieproduktion von 8,6 Prozent (2007) auf 2,4 Prozent (2008), und die Exporte speziell von Industriegütern brachen ein. Allein im ersten Quartal des Jahres 2009 gingen über 500.000 Arbeitsplätze im exportorientierten formellen Sektor verloren, von denen nach Angaben der Weltbank 40 bis 50 Prozent mit Frauen besetzt waren, während gleichzeitig (laut »National Commission for Enterprises in the Unorganized Sector«) auch im informellen Sektor zahlreiche Arbeitsplätze vernichtet wurden. So gibt die »Self-Employed Women's Association« (SEWA) an, dass speziell alleinselbständige Frauen im informellen Sektor, die in Heimarbeit Kleidung herstellen oder andere Handarbeiten fertigen, Müllsammlerinnen und Bauarbeiterinnen seit Beginn der Wirtschaftskrise auf bis zu 50 Prozent ihres Einkommens verzichten mussten, was zu einer Zunahme von privater

12 Immerhin konstatierte der indische *National Sample Survey* ebenfalls 1999, dass stattliche 93 Prozent der indischen Erwerbsbevölkerung im informellen Sektor arbeiten (Appasamy u.a. 1996: 53–57; van Klaveren u.a. 2010: 31–33).

Verschuldung und einem vermehrten Zugriff auf die Arbeitskraft von (eigentlich schulpflichtigen) Kindern beigetragen habe (siehe dazu van Klaveren u.a. 2010: 23). Nimmt man diese verstreuten Angaben gemeinsam in den Blick, so ist allem Anschein nach davon auszugehen, dass Frauen auch in Indien in besonderem Maße von Informalisierungsprozessen betroffen sind. Dies ist zum einen auf den Abbau von Arbeitsplätzen im formellen Sektor zurückzuführen: wie wir sahen, lag der Anteil weiblicher Beschäftigter in diesem Bereich der indischen Wirtschaft 1999 bei etwa 19 Prozent, während Frauen in der jüngsten Wirtschaftskrise fast die Hälfte der Entlassenen stellten. Zum anderen dürften indische Frauen, von denen etwa 90 Prozent im informellen Sektor arbeiten, den dortigen Verwerfungen besonders stark ausgesetzt sein, da sie (etwa als »alleinselbständige« Heimarbeiterinnen) am untersten Ende von (teilweise global verteilten) Wertschöpfungsketten tätig sind, eine schwache Verhandlungsposition haben und sich kaum gegen weitere Standardunterschreitung zur Wehr setzen können. Genau dies macht sie attraktiv für Unternehmen, wie Jayati Ghosh bemerkt: Die Feminisierung der Belegschaften speziell in den exportorientierten Unternehmen Asiens seit den frühen 1980er Jahren

»was also encouraged by the widespread conviction among employers [...] that female employees are more tractable and subservient to managerial authority, less prone to organise into unions, more willing to accept lower wages because of their own lower reservation and aspiration wages, and easier to dismiss using life-cycle criteria such as marriage and childbirth« (Ghosh 2004: 21).

Diese Beobachtung lässt bereits ahnen, dass Frauen seit den 1970er Jahren nicht nur in quantitativer Hinsicht als Pionierinnen von prekärer Beschäftigung und informeller Arbeit fungierten, sondern auch vermehrt als Wegbereiterinnen einer normativen In-Formalisierung instrumentalisiert wurden. Dabei mussten speziell die Erwerbsverläufe von Müttern als »Beleg« dafür herhalten, dass hochregulierte und vermeintlich starre Arbeitskonstellationen im Rahmen von »Normalarbeitsverhältnis« oder »formeller Arbeit« nicht geeignet seien, den vielfältigen Lebensentwürfen und Reproduktionsbedürfnissen von Menschen gerecht zu werden. Diese Argumentationsweise ist weltweit verbreitet und knüpft in vieler Hinsicht an ältere Traditionen staatlicher Regulierung an, die davon ausgingen, dass die betriebliche Nutzung von Arbeitskraft aufgrund körperlicher Unterschiede sowie der Allein- oder zumindest Hauptzuständigkeit von Frauen für Reproduktionsarbeiten im Falle weiblicher Beschäftigter anderen Regeln zu folgen habe als im Falle von Männern. Vermittelt zum Beispiel über Konventionen der Internationalen Arbeitsorganisation, die sich bereits 1919 dem Mutterschutz und dem Verbot der Nachtarbeit von Frauen widmete, setzte sich dieses geschlechtsspezifische Regulierungsmuster in verschiedenen Weltregionen durch. Deutschland und Indien sind hier keine Ausnahmen.

Dennoch ist unverkennbar, dass auch die Normen der politischen Regulierung von Frauenerwerbsarbeit erheblichen Schwankungen unterworfen sind. In Westdeutschland zum Beispiel wurde nach dem Zweiten Weltkrieg unter Bedingungen von Arbeitskräftemangel zunächst versucht, die Erwerbstätigkeit von Ehefrauen zu fördern, indem man sie rechtlich von der Zustimmung des Ehemannes unabhängig machte, die gesetzliche Verpflichtung von Frauen zur Haushaltsführung (1977) abschaffte, gerichtlich gegen Frauen-Diskriminierung auf dem Arbeitsmarkt vorging oder die Kombination von (männlichem) Haupt- und (weiblichem) Zuverdienst zur steuerrechtlich günstigsten Konstellation erhob (siehe dazu ausführlich Mayer-Ahuja 2003: 55-64). Diese Versuche, »Familienfrauen« wenigstens zu einer Teilzeitarbeit zu motivieren, erlahmten allerdings sofort, sobald die Arbeitslosenzahlen in den frühen 1970er Jahren stiegen. Stattdessen strebte man nun an, weibliche Beschäftigte zumindest während der Familienphase vom Arbeitsmarkt fernzuhalten, indem man ihnen vergleichsweise großzügigen Mutterschutz anbot. Dies trug maßgeblich zur Verbreitung weiblicher »patchwork«-Erwerbsverläufe bei (Holst/Maier 1998: 509), welche die Verhandlungsposition von Frauen auf dem Arbeitsmarkt bis heute schwächen.[13]

Abgesehen von dieser Politik der gezielten De-Aktivierung weiblicher Arbeitskraft in Zeiten hoher Arbeitslosenzahlen, die eine Besonderheit des bundesdeutschen (»konservativen«) Wohlfahrtsstaates (Esping-Andersen 1990) darstellen dürfte, ist allerdings in so verschiedenen Kontexten wie Deutschland und Indien seit einigen Jahrzehnten ein auffallend ähnlicher normativer Umgang mit Frauenerwerbsarbeit zu beobachten, der in vieler Hinsicht zu den beschriebenen Tendenzen von Informalisierung und Pre-

13 Der Erziehungsurlaub zählt (wie Frühverrentungsregelungen und verlängerte Ausbildungszeiten) zu jenen staatlich geförderten (vorübergehenden) »Ausstiegsoptionen«, die das sekundäre Machtgefälle zwischen »Normalbeschäftigten« einerseits und »Familienfrauen«, älteren Beschäftigten und Jugendlichen andererseits zementieren. Allerdings bewirkte die »Mutterschutzgesetzgebung« vor allem, dass selbst kinderlose Frauen im »gebärfähigen« Alter überdurchschnittlich oft nur befristet eingestellt werden (Vogelheim 1988: 114–116); junge Mütter während der Familienphase vom Arbeitsmarkt fernzuhalten, gelang hingegen nicht.

karisierung beiträgt. Zum einen erfährt die formelle Arbeit von Frauen auch zu Beginn des 21. Jahrhunderts weniger nachdrückliche staatliche Förderung als die von Männern. Dafür spricht etwa, dass in Reaktion auf die jüngste Finanz- und Wirtschaftskrise (seit 2008) staatliche Maßnahmen zur Arbeitsplatzsicherung zu 72 Prozent männlichen Beschäftigten und nur zu 28 Prozent weiblichen Beschäftigten zugutekamen (Schambach 2012, zit. nach ILO 2012: 28).[14] Zum anderen wird der Verweis auf die besonderen Bedürfnisse von Frauen mit (familiären) Reproduktionspflichten als Begründung für eine forcierte »Flexibilisierung« von Arbeitsverhältnissen, Arbeitszeiten oder Arbeitsorten herangezogen, die (so die Behauptung) letztlich im gemeinsamen Interesse von Unternehmen und abhängig Beschäftigten liege. So ruft etwa die Weltbank seit den 1990er Jahren dazu auf, informelle Arbeit nicht zuletzt zugunsten von Frauen als Chance zu begreifen und aktiv zu fördern (zu einer Zusammenfassung und Kritik siehe Breman 1995). Einerseits, so das Argument, würden Frauen durch ihren traditionell eingeschränkten Zugang zu formeller Arbeit diskriminiert – eine verallgemeinerte Informalisierung beseitige folglich diese Benachteiligung. Andererseits müsse man die Wachstumspotentiale des informellen Sektors stärker nutzen: diese beruhten nicht zuletzt darauf, dass speziell brachliegende weibliche Arbeitskraft hier unter weniger restriktiven Bedingungen »aktiviert« werden könne als im formellen Sektor, und soziale Absicherung nicht durch Unternehmen oder Staat erfolgen müsse, weil sie durch Familie, Nachbarschaft und (ethnische oder regionale) Klientelbeziehungen gewährleistet sei. Die Frauen zugeschriebenen Besonderheiten (in diesem Fall: ihre geringe Repräsentanz im formellen Sektor sowie ihre Einbindung in soziale Nahbeziehungen) werden demnach explizit genutzt, um einen gezielten Ausbau des informellen Sektors zu rechtfertigen.

Allerdings dürfte die Vorliebe für prekäre oder informelle Arbeit, die speziell Frauen mit Reproduktionspflichten in Deutschland wie Indien so umstandslos attestiert wird, empirisch schwer nachweisbar sein. Für Indien mangelt es an entsprechenden empirischen Studien, und für Deutschland ist vielfach belegt, dass die Präferenz von Frauen für »einen kleinen Zuverdienst« im grauen Arbeitsmarkt im Laufe der vergangenen Jahrzehnte massiv an Bedeutung verloren hat. Zwar sind Frauen weiterhin vorwiegend auf Teilzeitarbeit und Minijobs festgelegt, was durch die (oben erwähnte)

14 Auch Kurzarbeit wurde vor allem in männlich dominierten Branchen eingesetzt, etwa in der Automobilindustrie, wo 80 Prozent der Kurzarbeitenden Männer waren (Reiner 2009, zit. nach ILO 2012: 28).

Kombination von steigender Frauenerwerbsbeteiligung und dem Ausbau von Stellen mit geringer Stundenzahl in den letzten Jahren noch verfestigt wurde. Doch dies ist immer weniger überzeugend mit den Interessen von Frauen zu begründen. Immerhin gab im Jahr 2006 eine Mehrheit der Teilzeitbeschäftigten an, dass sie eigentlich eine Vollzeitstelle vorziehen würden. Speziell ostdeutsche Minijobberinnen äußerten den Wunsch, ihre Arbeitszeit um 15 Stunden auszuweiten (also faktisch zu verdoppeln); in Westdeutschland wurde immerhin eine Verlängerung um durchschnittlich 6,6 Stunden gewünscht (Hacket 2011). Zwar muss der hier zum Ausdruck kommende Wunsch nach vollzeitnaher Beschäftigung nicht unbedingt eine freiwillig gewählte Präferenz von Frauen darstellen – angesichts steigender Scheidungsraten, brüchiger werdender männlicher Erwerbsbiographien und der Ausweitung des Niedriglohnsektors ist nicht auszuschließen, dass hier vor allem steigender materieller Druck seinen Tribut fordert. Umgekehrt gibt es allerdings auch keinerlei Anlass, prekäre Beschäftigung und informelle Arbeit im frühen 21. Jahrhunderts weiterhin pauschal als Entgegenkommen gegenüber »Familienfrauen« mit geringer Erwerbsorientierung zu rechtfertigen.

Ausblick: Emanzipation in Sicht?

Lässt man die bisherige Argumentation Revue passieren, so sind prekäre Beschäftigung bzw. informelle Arbeit offenbar in der Tat bis heute vorwiegend weiblich – dies gilt für den deutschen wie indischen Kontext, obwohl die erheblichen Schwankungen im Umgang mit Frauenerwerbsarbeit deutlich machen, dass dies keineswegs eine Selbstverständlichkeit, sondern Ergebnis aktiver politischer Regulierung ist. Inwiefern gibt es nun Anzeichen dafür, dass sich diese Verbindung lockert?

Gegen eine Trendwende spricht zunächst, dass politische Regulierung (durch Nationalstaaten sowie transnationale Institutionen wie die Weltbank) auch weiterhin aktiv zur Erzeugung von prekärer Beschäftigung bzw. informeller Arbeit beiträgt (Mayer-Ahuja 2012). In Indien wird Informalisierung (abgesehen von wenigen gegenläufigen Impulsen)[15] nach wie

15 Die »National Rural Employment Guarantee« (NREG) von 2005 etwa setzt teilweise auf »gender mainstreaming« (ILO 2012: 42): Haushalte in ländlichen Gebieten haben Anspruch auf 100 Tage Beschäftigung zu Mindestlohn pro Jahr, wobei ein Drittel der

vor durch politische Regulierung vorangetrieben – sei es durch Lockerung von Arbeits- und Sozialrecht (speziell in *Special Economic Zones*), durch die Duldung der Missachtung von Gesetzen durch Unternehmen und Gerichte (Singh 2009) oder durch den Arbeitsplatzabbau im öffentlichen Sektor (und dem damit einhergehenden Verzicht, das frühere Regulierungsideal formeller Arbeit zumindest in einem kleinen Teil der Wirtschaft zu verwirklichen). In Deutschland ist die Konzentration von Frauen im Bereich prekärer Beschäftigung bzw. informeller Arbeit nicht zuletzt darauf zurückzuführen, dass (im Rahmen der 2003 eingeleiteten arbeitsmarktpolitischen Aktivierungspolitik) Frauen generell verstärkt zur Erwerbsarbeit angehalten werden, obwohl der Ausbau staatlicher Kinderbetreuung stockt – in der Folge bleibt speziell jungen Müttern oft weiterhin keine Alternative zu Teilzeit- oder Minijob. Allerdings ist hier insofern eine Neuakzentuierung festzustellen, als die Aktivierungspolitik vor allem auf gering qualifizierte Frauen zielt. Hoch qualifizierte (und oftmals vollzeitbeschäftigte) Frauen hingegen sollen etwa durch die Einführung eines Elterngeldes, dessen Höhe sich am früheren Verdienst orientiert, zur Mutterschaft motiviert werden, um dem Geburtenrückgang zu begegnen (Henninger u.a. 2008). Demnach wird es immer schwieriger, von einer einheitlichen Regulierung von Frauenerwerbsarbeit auszugehen, die Differenzen *zwischen* den Geschlechtern zementiert. Stattdessen wird inzwischen auch die Polarisierung der Arbeits- und Lebensrealitäten von Frauen entlang sozio-ökonomischer Kriterien politisch gefördert.

Für eine Trendwende hingegen spricht zum einen, dass seit einiger Zeit eine »prekäre Feminierung der Arbeitswelt« beobachtet wird (Beck 1999). Wie oben beschrieben, war Prekarisierung und Informalisierung zunächst besonders leicht in Arbeitsmarktbereichen durchzusetzen, in denen weibliche Beschäftigte dominieren, weil man argumentieren konnte, Frauen seien wegen anderweitiger Absicherung (über den Ehemann) nicht auf eine stabile, existenzsichernde und rechtlich geschützte Beschäftigung angewiesen bzw. wegen Reproduktionspflichten nicht an »normaler« oder formeller Arbeit interessiert. Inzwischen werden die prekären bzw. informellen Jobs, die oft unter Verweis auf die besonderen Bedingungen von Frauenerwerbsarbeit geschaffen wurden, allerdings zunehmend auch mit Männern besetzt. Für Deutschland ist dies an Supermarktkassen und in Putzkolonnen zu studieren; in Indien hat die Verdrängung von Männern aus dem

Registrierten weiblich sein, Frauen gleichen Lohn für gleiche Arbeit erhalten und Kinderbetreuung bzw. Mutterschutz gewährt werden sollen.

formellen in den informellen Sektor ein Ausmaß angenommen, das Breman (2004) veranlasst, von der »unmaking of an industrial working class« zu sprechen.

Zum anderen deutet es auf eine Trendwende hin, dass derlei Verwerfungen offenkundig etablierte Geschlechterverhältnisse erschüttern. Zwar gilt die Prekarisierung und Informalisierung von Arbeit nach wie vor als weniger kritisch, wenn sie (vorgeblich anderweitig abgesicherte) Frauen betrifft, doch angesichts der zunehmenden Verdrängung von Männern aus »Normalarbeitsverhältnissen« und formeller Arbeit können sich prekär beschäftigte oder informell arbeitende Frauen faktisch immer weniger darauf verlassen, im familiären Kontext aufgefangen zu werden. Vielmehr müssen Frauen zunehmend die Rolle der Familienernährerin übernehmen, weil sie entweder keinen männlichen Partner haben oder dieser nicht (mehr) in der Lage ist, die Familie zu versorgen. So wurde etwa für Deutschland festgestellt, dass im Jahr 2008 (bei steigender Tendenz) in etwa 18 Prozent der Mehrpersonenhaushalte eine Frau den Hauptverdienst erwirtschaftete, davon jeweils neun Prozent alleinerziehend bzw. in Paarhaushalten lebend (Brehmer u.a. 2010). Im indischen Kontext werden ähnliche Verschiebungen beobachtet, da Informalisierung oftmals beinhaltet, dass Familien von den informellen Tätigkeiten einer Frau leben müssen, nachdem der Mann seinen Arbeitsplatz im formellen Sektor verloren hat. Dies führt vielfach zu einer äußerst explosiven Krise männlicher Identität, wie Joshi (2002) eindrucksvoll beschrieben hat. Vor allem aber verschärft es die sozial desintegrative Wirkung von Prekarisierung und Informalisierung, weil weibliche Familienernährerinnen angesichts der jahrzehntelangen Verdrängung von Frauen in gering entlohnte, rechtlich ungeschützte und instabile Jobs meist keineswegs über dieselben materiellen Ressourcen, dieselbe rechtliche Absicherung oder ähnlich stabile Erwerbsverläufe verfügen wie frühere Generationen von *männlichen* Familienernährern. Insofern mag Informalisierung, wie oft behauptet, zwar durchaus mit einer Stärkung der weiblichen Position im Haushaltskontext einhergehen – der Preis dafür ist jedoch eine weitere Verschärfung sozialer Ungleichheit.

Kehren wir abschließend zu der Ausgangsfrage »prekär, informell – weiblich?« zurück, so legen die beschriebenen Tendenzen eine widersprüchliche Antwort nahe. Einerseits betreffen die entsprechenden Arbeitskonstellationen sowohl in Deutschland als auch in Indien vor allem Frauen, und es wurde argumentiert, dass dieser Umstand bis heute maßgeblich zur Durchsetzbarkeit von Prekarisierungs- und Informalisierungspolitiken beiträgt. Andererseits gibt es Anzeichen dafür, dass dieser *gender bias* brüchig ist, denn zum einen werden zunehmend Männer in prekären und informellen Arbeitskonstellationen tätig, und zum anderen erfährt nunmehr auch die Polarisierung zwischen (gering bzw. hoch qualifizierten) Frauen politische Förderung. Die Prekarisierung und Informalisierung von Arbeit haben demnach das Potential, die Geschlechterverhältnisse, denen sie ihre gesellschaftliche und politische Durchsetzbarkeit verdanken, mit Macht aufzusprengen. Dies mag man Emanzipation nennen – ein sozialer Fortschritt ist es nicht.

Literatur

Adecco Institute London/Tata Institute of Social Sciences Mumbai (TISS) (2008), *India Labour Market Report*, http://www.macroscan.com/anl/may09/pdf/Indian_Labour.pdf, 12.03.2013.

Appasamy, Paul/Guhan, S./Hema, R./Majumdar, Manabi; Vaidyanathan, A. (1996), *Social Exclusion from a Welfare Rights Perspective in India*, International Institute for Labour Studies, United Nations Development Programme, Research Series 106.

Auth, Diana (2002), *Wandel im Schneckentempo. Arbeitszeitpolitik und Geschlechtergleichheit im deutschen Wohlfahrtsstaat*, Opladen.

Bartelheimer, Peter/Fromm, Sabine (2011), »Erwerbsteilhabe«, in: Forschungsverbund Sozioökonomische Berichterstattung (Hg.), *Berichterstattung zur Sozioökonomischen Entwicklung in Deutschland. Teilhabe im Umbruch*, Zweiter Bericht, Wiesbaden, S. 327–358.

Beck, Ulrich (1999), *Schöne neue Arbeitswelt. Vision: Weltbürgergesellschaft*, Frankfurt am Main/New York.

Bourdieu, Pierre (2000), *Die zwei Gesichter der Arbeit*, Konstanz.

— (1998), *Gegenfeuer. Wortmeldungen im Dienste des Widerstands gegen die neoliberale Invasion*, Konstanz.

Brehmer, Wolfram/Klenner, Christina/Klammer, Ute (2010), *Wenn Frauen das Geld verdienen. Eine empirische Annäherung an das Phänomen der »Familienernährerin«*, WSI-Diskussionspapier 170, Düsseldorf.

Breman, Jan (2004), *The Making and Unmaking of an Industrial Working Class. Sliding down the Labour Hierarchy in Ahmedabad, India*, New Delhi.

— (1995), »Labour get lost. A late capitalist Manifesto«, in: *Economic and Political Weekly*, 30 (37), S. 2294–2300.

— (1976), »A Dualistic Labour System? A Critique of the Informal Sector Concept«, in: *Economic and Political Weekly*, I, 11 (48), S. 1870–1876; II, 11 (49), S. 1905–1908; III, 11 (50), S. 1939–1944.

Büchtemann, Christoph F./Quack, Sigrid (1989), »›Bridges‹ or ›Traps‹? Non-Standard Employment in the Federal Republic of Germany«, in: Rodgers, Gerry/Rogers, Janine (Hg.), *Precarious Jobs in Labour Market Regulation. The Growth of Atypical Employment in Western Europe*, International Labour Organisation, International Institute for Labour Studies, Geneva, S. 109–148.

Budhwar, Pawan S./Boyne, George (2004), »Human Resource Management in the Indian Public and Private Sectors: An Empirical Comparison«, in: *International Journal of Human Resource Management*, 15 (2), S. 346–370.

Castel, Robert (2000), *Die Metamorphosen der sozialen Frage. Eine Chronik der Lohnarbeit*, Konstanz.

Chen, Martha Alter (2005), *Rethinking the Informal Economy. Linkages with the Formal Economy and the Formal Regulatory Environment*, WIDER Research Paper, 10, New York, http://hdl.handle.net/10419/63329, 12.03.2013.

Dörre, Klaus (2007), »Prekarisierung und Geschlecht. Ein Versuch über unsichere Beschäftigung und männliche Herrschaft in nachfordistischen Arbeitsgesellschaften«, in: Aulenbacher, Brigitte u.a. (Hg.), *Arbeit und Geschlecht im Umbruch der modernen Gesellschaft*, Wiesbaden, S. 285–302.

— (2005), »Prekarität als arbeitspolitische Herausforderung«, in: *WSI-Mitteilungen*, 5, S. 250–258.

Esping-Andersen, Gösta (1990), *The Three Worlds of Welfare Capitalism*, Cambridge.

Fuchs, Tatjana (2010), »Beschäftigungsverhältnisse«, in: Projektgruppe GiB (Hg.), *Geschlechterungleichheiten im Betrieb. Arbeit, Entlohnung und Gleichstellung in der Privatwirtschaft*, Berlin, S. 141–189.

Ghosh, Jayati (2004), »Informalisation and Women's Workforce Participation: A Consideration of Recent Trends in Asia«, in: *Macroscan*, www.macroscan.com/fet/apr04/pdf/Women_informal_work.pdf, 12.03.2013.

Hacket, Anne (2011), »Arbeitszeit und Lebenszeit. Die Zeitverwendung abhängig Beschäftigter im Kontext von Erwerbsarbeit«, in: Forschungsverbund Sozioökonomische Berichterstattung (Hg.), *Berichterstattung zur Sozioökonomischen Entwicklung in Deutschland. Teilhabe im Umbruch*, Zweiter Bericht, Wiesbaden, S. 659–691.

Hausen, Karin (1997), »Frauenerwerbstätigkeit und erwerbstätige Frauen. Anmerkungen zur historischen Forschung«, in: Budde, Gunilla-Friederike (Hg.), *Frauen arbeiten. Weibliche Erwerbstätigkeit in Ost- und Westdeutschland nach 1945*, Göttingen, S. 19–45.

Henninger, Annette/Wimbauer, Christine/Dombrowski, Rosine (2008), »Geschlechtergleichheit oder ›exklusive Emanzipation‹? Ungleichheitssoziologische Implikationen der aktuellen familienpolitischen Reformen«, in: *Berliner Journal für Soziologie*, 18 (1), S. 99–128.

Holst, Elke/Maier, Friederike (1998), »Normalarbeitsverhältnis und Geschlechterordnung«, in: *Mitteilungen aus der Arbeitsmarkt- und Berufsforschung*, 3, S. 506–518.

International Labour Organisation (ILO) (2012), *Global Employment Trends for Women*, Geneva.

— (1972), *Employment, Incomes and Equality*, Geneva.

Joshi, Chitra (2002), »On ›De-Industrialization‹ and the Crisis of Male Identities«, in: *International Review of Social History*, 47, S. 159–175.

Klammer, Ute/Klenner, Christina/Ochs, Christiane/Radke, Petra/Ziegler, Astrid (2000) (Hg.), *WSI-FrauenDatenReport*, Berlin.

Klaveren van, Maarten/Tijdens, Kea/Hughie-Williams, Melanie/Ramos Martin, Nuria (2010), An *overview of women's work and employment in India*, Amsterdam Institute for Advanced Labour Studies, Working Paper 10-90, Decisions for Life MDG3 Project, Country Report No. 13.

Kolbe, Wiebke (1999), »Gender and Parenthood in West German Family Politics from the 1960s to the 1980s«, in: Torstendahl, Rolf (Hg.), *State Policy and Gender System in the Two German States and Sweden 1945–1989*, Lund, S. 133–167.

Komlosy, Andrea (2007), »Arbeitsbeziehungen in der globalen Wirtschaft. Das Zusammenspiel von Formalisierung und Informalisierung«, in: Becker, Joachim/Imhof, Karin/Jäger, Johannes/Staritz, Cornelia (Hg.), *Kapitalistische Entwicklung in Nord und Süd: Handel, Geld, Arbeit, Staat*, Wien.

— /Parnreiter, Christof/Stacher, Irene/Zimmermann, Susan (1997) (Hg.), *Ungeregelt und unterbezahlt. Der informelle Sektor in der Weltwirtschaft*, Frankfurt am Main.

Maier, Friederike (1993), »Zwischen Arbeitsmarkt und Familie. Frauenarbeit in den alten Bundesländern«, in: Helwig, Gisela/Nickel, Hildegard Maria, *Frauen in Deutschland 1945–1992*, Berlin, S. 257–279.

Marcelli, Enrico/Williams, Colin C./Joassart, Pascale (2010) (Hg.), *Informal Work in Developed Nations*, Routledge Advances in Heterodox Economics, Oxon/New York.

Mayer-Ahuja, Nicole (2012), »Arbeit, Unsicherheit, Informalität«, in: Dörre, Klaus/Sauer, Dieter/Wittke, Volker (Hg.), *Kapitalismustheorie und Arbeit. Neue Ansätze soziologischer Kritik*, Frankfurt am Main/New York, S. 289–301.

— (2011), *Jenseits der »neuen Unübersichtlichkeit«. Annäherung an Konturen der gegenwärtigen Arbeitswelt*, SOFI Working Paper, 6.

— (2003), *Wieder dienen lernen? Vom westdeutschen »Normalarbeitsverhältnis« zu prekärer Beschäftigung seit 1973*, Berlin.

Mückenberger, Ulrich (1985), »Die Krise des Normalarbeitsverhältnisses. Hat das Arbeitsrecht noch Zukunft?«, in: *Zeitschrift für Sozialreform*, 31 (7/8), S. 415–434, 457–475.

Mohanakumar, S./Singh, Surjit (2011), »Impact of the Economic Crisis on Workers in the Unorganised Sector in Rajasthan«, in: *Economic and Political Weekly*, 46 (22), S. 66–71.

Myrdal, Alva/Klein, Viola (1956), *Women's two roles: home and work*, London.

Odierna, Simone (2000), *Die heimliche Rückkehr der Dienstmädchen. Bezahlte Arbeit im privaten Haushalt*, Opladen.

Oertzen, Christine von (1999), *Teilzeitarbeit und die Lust am Zuverdienen. Geschlechterpolitik und gesellschaftlicher Wandel in Westdeutschland 1948–1969*, Göttingen.

— (1999a), »Women, Work, and the State: Lobbying for Part-Time Work and ›Practical Equality‹ in the West German Civil Service, 1958–1969«, in: Torstendahl, Rolf (Hg.), *State Policy and Gender System in the Two German States and Sweden 1945–1989*, Lund, S. 79–104.

— /Rietzschel, Almut (1997), »Comparing the Post-War Germanies: Breadwinner Ideology and Women's Employment in the Divided Nation 1948–1970«, in: *International Review of Social History*, 42, Supplement, S. 175–196.

Portes, Alejandro/Castells, Manuel/Benton, Lauren A. (1991) (Hg.), *The Informal Economy. Studies in Advanced and Less Developed Countries*, Baltimore/London.

Ross, Andrew (2009), »La nuova geografia dell lavoro precario«, in: *Sociologia del lavoro*, 115, S. 195–215.

Sassen, Saskia (1997), »Informalisierung in den Global Cities der hochentwickelten Marktwirtschaften«, in: Komlosy, Andrea/Parnreiter, Christof/Stacher, Irene/ Zimmermann, Susan (Hg.), *Ungeregelt und unterbezahlt. Der informelle Sektor in der Weltwirtschaft*, Frankfurt am Main, S. 235–248.

Singh, Jaivir (2009), *Labour Law and Special Economic Zones in India*, Working Paper No.8 of the Centre for the Study of Law and Governance, Jawaharlal Nehru University, New Delhi, http://www.jnu.ac.in/cslg/workingPaper/08-Labour%20Economic(Jaivir%20Singh).pdf, 12.03.2013.

Sinha, Anushree/Sangeeta, N./Siddiqui, K.A. (1999), *The Impact of Alternative Policies on the Economy with special reference to the Informal Sector*, National Council for Applied Economic Research, New Delhi.

Subramanian, Dilip (2008), »Occupational Mobility and Internal Labour Markets: Public Sector Workers' Struggles in Bangalore (c. 1960–1980)«, in: *International Review of Social History*, 53, S. 425–457.

Swaminathan, Padmini (2009), »Outside the Realm of Protective Labour Regulation. Saga of Unpaid Labour in India«, in: *Economic and Political Weekly*, 44 (44), S. 80–87.

Upadhya, Carol/Vasavi, A. R. (2006), *Work, Culture, and Sociality in the Indian IT-Industry: A Sociological Study. Final Report, submitted to Indo-Dutch Programme for Alternatives in Development*, http://pdf.ebooks6.com/WORK,-CULTURE,-AND-SOCIALITY-IN-THE-INDIAN-IT-INDUSTRY-pdf-e38567.pdf, 12.03.2013.

Vogelheim, Elisabeth (1988), »Women in a Changing Workplace. The Case of the Federal Republic of Germany«, in: Jenson, Jane/Hagen, Elisabeth/Ceallaigh, Reddy (Hg.), *Feminization of the Labor Force. Paradoxes and Promises*, New York, S. 106–119.

Willms, Angelika (1983), »Grundzüge der Entwicklung der Frauenarbeit von 1880 bis 1980«, in: Müller, Walter/Willms, Angelika/Handl, Johann, *Strukturwandel der Frauenarbeit 1880–1980*, Frankfurt am Main/New York, S. 25–54.

Aspekte einer Globalgeschichte der Arbeitspolitik

Andreas Eckert

I.

In den Dekaden nach dem Zweiten Weltkrieg dachten viele Wissenschaftler und Politiker, dass auch in Afrika im Kontext von »Modernisierung« und »Entwicklung« eine Arbeiterklasse nach europäischem Muster entstehen würde.[1] Es kam anders. In den frühen 1970er Jahren begann die *International Labour Organization* (ILO) denn auch einen neuen Begriff für jene Betätigungen zu benutzen, die aus dem Rahmen nationaler Arbeitsgesetze und einer stabilen Arbeiterschaft fielen. Der Ethnologe Keith Hart hatte den Terminus »informeller Sektor« in einer Studie über die ghanaische Hauptstadt Accra eingeführt (Hart 1973; ILO 1972). Schon bald wurde dieser Begriff als Bezeichnung für die meist ärmliche Ökonomie der städtischen Randzonen vor allem in Afrika, aber auch in Lateinamerika und Asien in der entwicklungstheoretischen und -politischen Literatur populär. Er stellte vor allem auf die mangelhafte statistisch-bürokratische Erfassung ab und bezeichnete, wie es in einem einschlägigen Handbuch heißt, »eine Wirtschafts- und Lebensweise, die durch einfachen Zutritt, Nutzung lokaler Ressourcen, hohe Arbeitsintensität, kleinbetriebliche Struktur, geringe Technologisierung, Rückgriff auf familiäre Arbeitskraft, hohe Wettbewerbsintensität und Mangel an formalisierten Beziehungen zu staatlichen Stellen gekennzeichnet ist« (Nitsch 1997: 223).

Wenn man etwa auf Afrika blickt, war der informelle Sektor freilich nicht besonders städtisch, weil die Menschen weiterhin beständig zwischen Stadt und Land hin- und herpendelten (Cooper 2006: 110f.). Und er war auch nicht besonders informell, denn die Beziehungen zwischen einem Meister und seinem Lehrling, zwischen einem männlichen Haushaltsvorstand und weiblichen Mitgliedern des Haushalts, oder zwischen jemandem,

1 Vgl. dazu grundlegend: Cooper 1996.

der eine Organisation von Straßenverkäufern oder Bettlern kontrollierte, und jenen, die verkauften oder bettelten, waren in der Regel sehr strukturiert. Und schließlich handelte es sich recht eigentlich auch nicht um einen Sektor, denn die Menschen bewegten sich beständig zwischen regulären Beschäftigungen und nicht-regulierter Erwerbsarbeit, und selbst der Staat sowie Unternehmen im sogenannten formellen Sektor hatten ein ausgeprägtes Interesse am Zusammenspiel verschiedener Produktionsformen.[2] Gleichwohl verwies der Begriff des »informellen Sektors« auf die rapide wachsende Bedeutung von Formen der Arbeit, die nicht von der Arbeitsgesetzgebung erfasst wurden, welche die afrikanischen Länder bei der Unabhängigkeit geerbt hatten, und auf Formen der Arbeit, die außerhalb der Vorstellungswelt jener Politiker und Experten lag, die angetreten waren, Afrika zu »modernisieren«.

Die Kritik an diesem Konzept ließ nicht lange auf sich warten. Bereits 1976 beklagte der Indien-Soziologe Jan Breman, der Begriff »informelle Arbeit« sei wenig mehr als »a somewhat arbitrary listing of those activities which meet the eye of anyone who strolls through the streets of a city in the third world: street vendors, newspaper sellers, shoeshine boys, stall keepers, prostitutes, porters, beggars, rickshaw drivers etc.« (zit. n. Mayer-Ahuja 2012: 290). Den Siegeszug dieses problematischen Konzepts vermochten kritische Einwände wie diese jedoch nicht aufzuhalten. Informelle Arbeit wurde zunehmend auch in den Vereinigten Staaten und in Westeuropa ausgemacht und bezeichnet derweil eine breite Palette von Erwerbskonstellationen. Sie reicht vom Handwerker, der nach Feierabend »Schwarzarbeit« leistet, bis zum türkischen Kioskbesitzer. Das produktive Potential des informellen Sektors bleibt jedoch weiterhin unklar. Ist er eine unabhängige Quelle ökonomischen Wachstums? Ist der Sektor für Angebot und Nachfrage vom formellen Sektor abhängig? Oder ist er gar ein parasitärer Sektor, der vom Niedergang des formellen Sektors profitiert? (Jerven 2013: 49).

Die ILO als »Erfinderin« dieses Konzepts sah im informellen Sektor ganz im Zeichen modernisierungstheoretischer Perspektiven zunächst ein Merkmal der »Unterentwicklung«, das mit zunehmender Entwicklung das Zeitliche segnen würde. Gleichwohl konzedierte sie, dass dieser Sektor einem beträchtlichen Teil der Bevölkerung Einkommensmöglichkeiten bieten und zahlreiche billige, arbeitsintensive Güter und Dienstleistungen zu

2 Dies zeigen diverse Fallstudien. Vgl. etwa für Tansania Tripp 1997; für Senegal Marfaing/Sow 1999; für Nigeria Meagher 2005, 2010.

produzieren in der Lage sein würde (ILO 1972).[3] Daher empfahl die ILO den Ländern der »Dritten Welt« eine Anerkennung des informellen Sektors und dessen Integration in staatliche wirtschaftspolitische Bestrebungen, regte an, ihn gezielt und Schritt für Schritt an die »offizielle« Ökonomie anzubinden. Und die Tatsache, dass nicht nur in vielen Ländern Afrikas, Asiens und Lateinamerikas die große Mehrheit der aktiven wirtschaftlichen Bevölkerung im informellen Sektor tätig ist, sondern die Informalisierung von Arbeit auch in Industriestaaten zunimmt, hat die Interpretation von informeller Arbeit als Produkt des fortgeschrittenen Kapitalismus forciert (Altvater/Mahnkopf 2002; Komlosy u.a. 1997). Die ILO hat ihre Position zu informeller Arbeit in den vergangen Jahren jedoch nicht weiter nuanciert. Sie scheint in dieser Frage einmal mehr den Eindruck zu bestätigen, ein nur noch wenig durchschlagskräftiger Akteur in Fragen globaler Arbeitspolitik zu sein. Die Gründung dieser Organisation im Jahre 1919 unter dem Dach des Völkerbundes war freilich genau mit dem Anspruch verbunden, neben der Friedenssicherung die Einführung »wirklich menschenwürdiger Arbeitsbedingungen« in möglichst vielen Staaten durchzusetzen, mithin Standards von Arbeitsbedingungen und sozialer Sicherheit global zu installieren. Die ILO war im zwanzigsten Jahrhundert einer der wichtigsten Akteure globaler Arbeitspolitik und soll daher im Zentrum dieses kurzen Essays stehen.[4]

Eine Globalgeschichte der Arbeitspolitik meint hier keineswegs einen Fokus auf den gesamten Erdball – das wäre schon aufgrund der wenigen Seiten, die dieser Aufsatz umfasst, arg vermessen. Vielmehr geht es im Folgenden um eine Perspektive, welche die Vorstellungen und Aktivitäten der ILO in einem globalen Horizont verortet, dabei aber vor allem Bezug auf Entwicklungen in Afrika nimmt.[5] Und natürlich gab es neben der ILO weitere zentrale, global oder doch wenigstens international agierende Protagonisten bei der Formulierung und Ausgestaltung von Arbeitspolitik, etwa Organisationen, die sich dem »Proletarischen Internationalismus« verpflichtet fühlten (Linden 2008: 259–286). Die Geschichte der ILO ist Teil von historiographischen Trends, die sich seit einiger Zeit rapide wachsen-

3 Die nachstehenden Ausführungen folgen Komlosy u.a. 1997: 15.

4 Die Literatur zur Geschichte der ILO wächst beständig. Grundlegend u.a.: Kott/Droux 2013; Maul 2007; Van Daele u.a. 2009; Zur rezenten Politik der ILO vgl. den allerdings sehr deskriptiven Überblick von Hughes/Haworth 2011.

5 Vgl. als Einführung in globalgeschichtliche Ansätze jetzt Conrad 2013. Speziell in Bezug auf Arbeit vgl. Lucassen 2006.

der Beliebtheit erfreuen. Dies gilt zum einen für die Geschichte internationaler Organisationen, zum anderen, eng damit verknüpft, für die Geschichte der Menschenrechte.[6] Besonders einschlägig für das Thema ILO und Arbeitspolitik sind schließlich neuere historische Ansätze zum Thema soziale Rechte, die einen genaueren Blick auf die Entstehung dieser Rechte werfen und danach fragen, wer diese Rechte einforderte und verlieh und wann und unter welchen Umständen diese Rechte artikuliert wurden. In diesem Zusammenhang wird auch ein dominantes Narrativ in Frage gestellt, welches den westlichen Nationalstaat als zentralen Protagonisten der Geschichte von Rechten und Arbeitspolitik unterstellt (Mazurek/Betts 2012).

II.

Gemäß Artikel 35 der Verfassung der ILO wurde von allen Kolonialmächten verlangt, Übereinkommen und Empfehlungen auch auf ihre Anwendbarkeit in den zu ihrem Herrschaftsbereich gehörenden Territorien zu prüfen.[7] Zunächst kamen innerorganisatorische Beratungen über die konkrete Behandlung der Arbeitskräfte in den »nicht-metropolitanen Gebieten« jedoch nur langsam voran. Immerhin: Zwar noch sehr verhalten, so war die Tendenz zur zunehmenden auch institutionellen Einbeziehung der außereuropäischen Welt in die internationalen sozial- und arbeitspolitischen Initiativen doch unverkennbar. Bis zum Ersten Weltkrieg hatten sich internationale sozialpolitische Diskurse sowie die Aktivitäten entsprechender Organisationen wie etwa der »Internationalen Vereinigung für Gesetzlichen Arbeiterschutz« weitgehend auf Europa beschränkt.[8] Die Antisklavereibewegung ebenso wie der international lancierte Protest gegen die Ausbeutungspraktiken im Kongo unter dem Regime Leopolds II. bildeten überdies einen wichtigen Rahmen für einen internationalen Diskurs über eine Art »Mindeststandard« von Menschenrechten (Cooper/Holt/Scott

---

6 Zum ersteren Komplex vgl. einführend: Herren 2009; als interessantes Beispiel für neuere Ansätze: Mazower 2009; aus der Fülle der neueren Literatur zu Menschenrechten: Burke 2010; Moyn 2010.

7 Vgl. dazu Van Daele 2005.

8 Vgl. etwa Herren 1993.

2000; Zimmermann 2011).[9] Dieser Diskurs war eng verknüpft mit Fragen eines »sozialen Mindeststandards«, er bezog sich auf das Auseinanderreißen von Familien und Gemeinschaften und die Gewalt der Arbeitsdisziplinierung in den Kolonien. Und er bezog sich auf die Ideologie der freien Arbeit. In diesem Zusammenhang wurde die komplexe Frage nach dem »Wie« und »Warum« Menschen arbeiteten zur Dichotomie zwischen freier und Zwangsarbeit transformiert. In dieser simplen Gestalt konnte die Arbeitsfrage internationalisiert werden. Und genau dies tat der Völkerbund.[10] 1926 brachte er eine Anti-Sklaverei-Konvention auf den Weg und erteilte zugleich der ILO den Auftrag, »to prevent compulsory labour or forced labour from developing conditions analogous to slavery« (zit. n. Maul 2007: 42). Resultat dieser Bemühungen war die ILO-Zwangsarbeitskonvention von 1930. Mit diesen beiden genannten Abkommen wurde ein einziger Aspekt herausgestellt, der internationale Standards in Bezug auf Arbeit in den Kolonien definierte. Die Übereinkommen, welche die ILO im Verlauf der 1930er Jahre erarbeitete und die später zum *Native Labour Code* zusammengefasst wurden, kreisten allesamt um das Problem der Zwangsarbeit. »Aus humanitärer Sicht«, unterstreicht Daniel Maul, »war dieser erste normativ geprägte Umgang der ILO mit den Problemen kolonialer Arbeit insofern als Erfolg zu werten, als den schlimmsten Missbräuchen kolonialer Arbeitskraft Grenzen gesetzt wurden« (2009: 33). Neben dem Fokus auf Zwangsarbeit ist auffällig, dass die ILO eine Trennung von »normaler« und »kolonialer« Arbeit vornahm und letztere mithin in einen Bereich minderen Rechts verwies. Im Gegensatz dazu setzte sich die ILO mit Blick auf Industrieländer bzw. unabhängige Staaten mit komplexeren Fragen etwa der Beschäftigung in Minen und Fabriken, mit Kinderarbeit und mit Sozialversicherung auseinander (Kott 2009).

Auch offenbarte sich während der Debatten über das Thema Zwangsarbeit auf den Plenarsitzungen der ILO in Genf die große Zurückhaltung der Organisation, die hässlichen Realitäten abusiver Arbeitspraktiken zu thematisieren.[11] Und das Verbot von Zwangsarbeit wurde in diesem Kontext nicht etwa als Schlag gegen den Kolonialismus interpretiert, sondern als Mittel zu seiner Stützung. Charakteristisch dafür war die Aussage des französischen Delegierten Léon Jouhaux während der 12. Sitzungsperiode 1929, auf der die Zwangsarbeit im Zentrum der Debatten stand:

---

9 Für den folgenden Abschnitt vgl. Cooper 2012: 481.

10 Zur Geschichte des Völkerbunds jetzt grundlegend: Clavin 2013; ferner Pedersen 2007.

11 Für das Folgende vgl. Daughton 2013: 88f.

„It is said […] that the necessities of civilization require the use of forced labour to raise the native peoples out of their present state. It is a fact that these races must be raised; it is a fact that they must be taught to work. But we ask whether forced labour would ever teach any native race to work […] Forced labor leads to a disgust for work and to hatred of all forms of labour« (zit. n. Daughton 2013: 89).

Sogar Blaise Diagne, senegalesischer Abgeordneter in der Pariser Nationalversammlung und auf der Arbeitskonferenz 1929 als Berater der französischen Regierung präsent, meinte, Zwangspraktiken im französischen Kolonialreich als ehrenvolles Zivilisationswerk verteidigen zu müssen, welches geeignet sei, »to elevate and favor the future of African Races« (zit. n. Maul 2007: 46). Formal bedeutete die ILO-Konvention von 1930 zwar die vollkommene und unmittelbar gültige Abschaffung von Zwangsarbeit für private Zwecke. Die Kolonialmächte behielten es sich jedoch vor, die Bestimmungen der Konvention anzuwenden. Bis zum Zweiten Weltkrieg ratifizierte lediglich Großbritannien das Abkommen uneingeschränkt und wies es für all seine kolonialen Territorien als unbegrenzt gültig aus. Die anderen Kolonialmächte unterzeichneten entweder überhaupt nicht oder – wie etwa im Falle Frankreichs – schrieben diverse Einschränkungen fest und schufen damit reichlich Schlupflöcher für den Weiterbestand von Zwangsarbeitssystemen.

Wie wirkte die ILO-Konvention in den britischen Afrika-Kolonien? In nahezu all diesen Territorien gab es bis zum Zweiten Weltkrieg kein eigenständiges »Labour Department«; Arbeit galt als Teil der normalen Aufgaben eines Distriktbeamten. Angesichts der Streikwelle, die seit 1935 das britische Imperium erfasste, begann das Kolonialministerium in London jedoch zunehmend über die Notwendigkeit eigenständiger administrativer Abteilungen für Arbeit in den Afrika-Kolonien nachzudenken und drängte die Verwaltungen vor Ort auf entsprechende Umsetzungen.[12] Doch in den Kolonien stieß dieses Drängen zunächst auf wenig Resonanz. Dies wiederum sorgte in London für Missstimmung, denn im *Colonial Office* fürchtete man, dass die in den britischen Kolonien weiterhin existierende Regelung des *Master and Servant Acts*,[13] die erlaubte, im Falle des Vertragsbruchs

12 Zur diesbezüglichen Debatte im *Colonial Office* vgl. einige Dokumente in Ashton/Stockwell 1996, z.B. Doks. 129, 130, 136, 138.

13 Der *Master and Servants Act* war für über vierhundert Jahre ein Eckpfeiler des englischen Arbeitsrechts. Es verschaffte englischem Justizpersonal in den Kolonien einen von der Metropole relativ unkontrollierten, umfassenden Ermessensspielraum in Bezug auf Arbeitsbeziehungen, darunter die Macht, Männer, Frauen und Kinder für den Bruch eines Vertrags mit einem privaten Arbeitgeber auszupeitschen, ein Bußgeld aufzuerlegen oder

strafrechtliche Sanktionen gegen Einheimische durchzuführen, zunehmend internationale Kritik auf sich ziehen könnte, eben etwa von der ILO. Deren Interventionen in den Kolonien bezogen sich zu diesem Zeitpunkt vor allem auf Aspekte wie Verträge mit »indigenen Arbeitern« oder Strafpraktiken im Falle von Vertragsbrüchen. Die im Kontext der *Master and Servant*-Verordnungen in vielen britischen Kolonien vorgesehenen Strafen sollten in den Augen der ILO und der humanitären Kräfte in Großbritannien der Vergangenheit angehören, da sie als ein Relikt der Periode der Sklaverei angesehen wurden. Im Londoner Kolonialministerium hegte man jedoch Zweifel, ob ohne entsprechende Sanktionen genügend Arbeitskräfte mobilisiert werden könnten. Die internationale, vor allem von der ILO orchestrierte Debatte über Arbeit in den Kolonien nahm vor dem Zweiten Weltkrieg Fragen, die in der nicht-kolonialen Welt als »normal« galten, nicht in den Blick, Fragen der Arbeitszeit etwa oder Aspekte der sozialen Wohlfahrt. In den ILO-Debatten und Konventionen hatte Arbeit in den Kolonien eine juristische Dimension – sie sollte »frei« sein –, und eine soziale Bedeutung, denn sie wurde als Teil der sozialen Ordnung der kolonisierten Gesellschaften angesehen. Die Kritik an der Zwangsarbeit, wie sie die ILO nachdrücklich formulierte, betonte die Verwerfungen, die der europäische Kolonialismus auslösen konnte. Aber im Mittelpunkt der Diskurse standen stets europäische Kolonialverwaltungen und ihr Verhalten. Der Arbeitsprozess selbst und die afrikanischen Arbeiter spielten hingegen keine Rolle (Cooper 1996: 55f.).

Die Grenzen und Begrenzungen der arbeitspolitischen Bemühungen der ILO in den kolonialen Territorien erklären sich nicht zuletzt durch die Tatsache, dass die Organisation Teil des Völkerbundsystems war und die Mehrzahl ihrer Informationen nur vermittelt durch die Kolonialmächte erhielt. Hinzu kamen allerdings auch gleichsam hausgemachte Restriktionen. So blieb die ILO etwa einem Konzept verhaftet, dass die Einbeziehung nicht-europäischer Territorien in die kapitalistische Weltwirtschaft für notwendig hielt, und lediglich Exzesse in diesem Prozess zu unterbinden suchte. Dies war verknüpft mit dem Credo der »freien« Lohnarbeit, die in den Kolonien Einzug halten sollte (Zimmermann 2010: 208f.). Die durch den

ins Gefängnis zu stecken. Das englische Modell wurde in mehr als tausend kolonialen Statuten und Verordnungen aufgegriffen, angepasst und umgedeutet, welche die Rekrutierung, den Umgang und die Disziplinierung von Arbeitern in Minen, Fabriken, auf Plantagen und auf See, auf Farmen und in Wäldern regulierten. Vgl. zur globalen Dimension dieses »Acts« die Beiträge in Hay/Craven 2004.

Zweiten Weltkrieg bedingten grundlegenden Transformationen im internationalen Machtgefüge brachten jedoch einen substantiellen Wandel der Arbeitspolitik der ILO.

III.

Der Zweite Weltkrieg hatte offenbart, dass die Kolonialmächte auf der einen Seite koloniale Ressourcen dringender brauchten denn je, auf der anderen Seite ihre Macht und Legitimität beständig schwanden. Den politischen Führungen war die große Bedeutung imperialer Ressourcen für den Krieg sehr bewusst. Zugleich kam es vielerorts zu Bestrebungen, die internationalen Organisationen zu stärken, um künftig den Weltfrieden zu wahren. Vor dem Hintergrund dieses Geflechts entfalteten sich neue Paradigmen globaler Arbeitspolitik. Ein Schlüsseldokument in diesem Zusammenhang war die »Erklärung von Philadelphia« 1944, in der die ILO an der Seite der alliierten Mächte die sozialen Eckpunkte einer künftigen Friedensordnung festlegte. Erstmals in der Geschichte der internationalen Beziehungen sprach ein ratifiziertes Dokument von sozialen Menschenrechten. »Arbeit ist keine Ware«, heißt es im Vorwort zur Erklärung. Des Weiteren definierte der Text eine Reihe sozialpolitischer Ziele, die von Vollbeschäftigung über Teilnahmerechte der Arbeitnehmer bis zum Wohnungsbau reichten. Zudem verabschiedete sich die ILO weitgehend von ihrer auf Arbeitsschutz konzentrierten Vorkriegsarbeit und forderte nun staatliche Intervention mittels aktiver Beschäftigungspolitik, wirtschaftlicher Planung und Konjunktursteigerung. Der in der Erklärung aufgestellte Katalog, der etwa Aspekte wie »Vollbeschäftigung und Anhebung des Lebensstandards«, »Gerechter Anteil der Arbeitnehmer am wirtschaftlichen Fortschritt bzw. Mindestlöhne«, »Soziale Sicherheit, Mindesteinkommen, medizinische Grundversorgung« sowie »Arbeitsschutz« listete, schien vornehmlich den Wohlfahrtsstaat und Arbeitsbeziehungen zu beschreiben, auf die Europa zustrebte. Dezidiert vermerkte der Text jedoch, dass diese Prinzipien für alle Menschen weltweit gelten sollten, nicht zuletzt um »den wirtschaftlichen und sozialen Fortschritt in den weniger entwickelten Gebieten der Erde zu fördern« (Cooper 2012: 482; Maul 2007: 108–121; Supiot 2011).

1947 begann die ILO ihre »Sozialpolitik in abhängigen Territorien« zu entwickeln und ihren Begriff der »Standards« auf Arbeiter in kolonialen Minen, Fabriken und Plantagen anzuwenden. Dabei fokussierte sie auf Fragen des Wohnens, der Ausbildung, Gesundheit und des Familienlebens in derselben Weise, wie sie es in Bezug auf unabhängige Staaten tat. In dieser Hinsicht sah sie sich mit einer beträchtlichen sozialen Komplexität konfrontiert. So schlug die Stunde einer neuen Generation von Arbeitsexperten, die etwa begannen, von einer »Erfahrungsgemeinschaft« von Minen- und Hafenarbeitern zu sprechen, welche sowohl Frankreich als auch Südafrika umfasste. Die ILO formulierte in den späten 1940er Jahren eines ihrer zentralen Themen: die wirtschaftliche und soziale Entwicklung als Verantwortung der europäischen Mächte in den weiterhin abhängigen bzw. kolonial beherrschten Territorien (Maul 2007: 108–121). Im Übrigen wurden mit wenigen Ausnahmen sämtliche Standards, die die ILO heute als »grundlegende Rechte bei der Arbeit« definiert, in der Dekade zwischen 1948 und 1958 verabschiedet. Dazu zählen die Übereinkommen zur Vereinigungsfreiheit (1948), zum Recht auf Kollektivverhandlungen (1949), zu gleichem Lohn für gleiche Arbeit (1951), zum Verbot der Zwangsarbeit (1957) sowie dem Verbot der Ungleichbehandlung in Beschäftigung und Beruf (1958). Auf dieser Grundlage begann die ILO überdies menschenrechtliche Passagen in vorwiegend technische Normen wie zum Beispiel jener zur Beschäftigungspolitik (1964) einzufügen, welche Querverweise auf die in den späten 1940er und 50er Jahren verabschiedeten Dokumente erhielten (Maul 2010: 296).

Die Allgemeine Erklärung der Menschenrechte 1948 nahm ebenfalls Themen auf, die sich in den ILO-Standards fanden. Sie verwies etwa auf das Recht zur sozialen Sicherheit und einen angemessenen Lebensstandard, auf Alters- und Erwerbsunfähigkeitsversicherung, das Recht zur Gründung einer Familie sowie den Schutz und die Ausbildung von Kindern. Der zentrale Begriff in diesem Zusammenhang war »Würde«. Ebenso wie die ILO-Resolutionen litt auch die Erklärung der Menschenrechte unter dem Problem, die dort genannten Anforderungen nur sehr partiell umsetzen zu können. In den frühen 1950er Jahren führte dies zu Debatten über die Frage, ob soziale Rechte wie das Recht auf Zugang zu Wasser anders konzipiert werden müssten als Rechte, die bei einem Gericht eingeklagt werden konnten: »Was a claim to having piped water at home enforceable in the same way as action against imprisonment without due process?« (Cooper 2012: 482). Zudem prägten der einsetzende Ost-West-

Konflikt und der Prozess der Dekolonisation die Debatten innerhalb der ILO, insbesondere nach dem Eintritt der Sowjetunion 1954 in die Organisation. Heftige Auseinandersetzungen etwa um die Übereinkommen zur Zwangsarbeit oder der Diskriminierung in Beschäftigung und Beruf setzten die ILO wiederholt schweren Zerreißproben aus (Kott 2012; Maul 2009: 42).

Das 1952 publizierte ILO-Abkommen über »Minimum Standards of Social Security« setzte Aspekte wie Krankenversicherung und Altersversorgung auf die Liste jener Leistungen, die Ländern ihren Bürgern weltweit gewährleisten sollten. Sowohl Großbritannien als auch Frankreich feierten die ILO-Konvention als »Internationalisierung« ihrer jeweiligen Sozialpolitik (Cooper 1996: 362).[14] Andererseits erreichten die internationalen »Standards« in der Praxis bald ihre Grenzen. Britische Kolonialpolitiker bejahten zwar das Prinzip sozialer Sicherheit für Arbeiter; ein solches System zu bezahlen und den komplexen Familienstrukturen in Afrika anzupassen, wurde jedoch rasch als »unrealistisch« eingestuft. »Es wird noch viele Jahre dauern, bevor wir wenigstens die in der Übereinkunft genannten Minimalforderungen einlösen können«, verlautete es etwa 1958 aus dem *Colonial Office*. Beiträge zu Renten- und Krankenversicherungssystemen mussten aus den jeweiligen Territorien selbst kommen und waren an ein beträchtliches Wirtschaftswachstum gekoppelt. Mit anderen Worten: In naher Zukunft schien die Implementierung substanzieller sozialer Sicherungssysteme nicht realisierbar. Und auch die französische Kolonialpolitik in Afrika markierte deutlich, dass die Umsetzung der Standards nur sehr eingeschränkt angedacht wurde. Nach zähen Debatten war Ende 1952 ein 241 Artikel umfassender *Code du Travail* für Afrika verabschiedet worden. Nach diesem Gesetz waren lediglich Arbeiter, die Löhne bezogen, auch tatsächlich Arbeiter. Solche, die für ihre Tätigkeit zum Beispiel Zugang zu Land oder Teilhabe im Cash-Crop-Anbau erhielten, fielen durch das Raster. Es ist aufschlussreich, dass aus der kolonialen Definition von Arbeit, wie sie dem *Code du Travail* zugrunde lag, zudem zahllose ökonomische Tätigkeitsfelder von Frauen herausfielen. Zu den auffälligen Unterlassungen gehörte ferner die Arbeitslosenversicherung – die Franzosen gingen davon aus, dass die afrikanischen Gesellschaften Alternativen zur Lohnarbeit bereithielten (Cooper 1996: 277ff.).[15]

14 Der folgende Abschnitt folgt Eckert 2006: 481ff.

15 Für den folgenden Abschnitt Cooper 1996: 285ff.

In Bezug auf Familienzuwendungen besagte der entsprechende Artikel des *Code du Travail* lediglich, dass die jeweiligen Kolonialgouverneure die Befugnis hatten, entsprechende Maßnahmen einzuleiten. Nach langen kontroversen Debatten und nicht zuletzt dank des massiven Drucks afrikanischer Gewerkschaften traten schließlich 1956 in den französischen Afrika-Kolonien Familienzuwendungen in Kraft. Die vorgesehenen Zuwendungen bedeuteten für die Arbeiter einen beträchtlichen realen Lohnzuwachs. Die Kehrseite der staatlichen Zuwendungen war die Überwachung der Empfänger. Wollte man in den Genuss von Beihilfen kommen, mussten zum Beispiel Heiraten und Geburten registriert werden. Da die Arbeiter die Beihilfe zusammen mit ihren Gehaltstüten erhielten, band dieses gesamte Programm Arbeitsplatz, Familienleben und die Institutionen des Staates zusammen. Doch waren die mit den neuen sozialpolitischen Maßnahmen verbundenen Kontrollmöglichkeiten des spätkolonialen Staates äußerst begrenzt, denn die Implementierung der Familienbeihilfen ging lediglich schleppend voran. Nicht zuletzt mangelte es an Ärzten, Krankenschwestern, Lehrern, von Standesbeamten ganz zu schweigen, um die formalen Rahmen für die Auszahlung der Zuwendungen zu gewährleisten. Auch in den britischen Afrika-Kolonien fehlte es an der für die Durchsetzung sozialer Sicherungssysteme notwendigen Infrastruktur. Innerhalb des *Colonial Office* beschränkte sich die Diskussion ohnehin rasch auf wenige Aspekte. Als Kern aller Debatten schälte sich bald die Einsicht heraus, dass die Kosten für sozialpolitische Maßnahmen nach europäischem Vorbild schlicht nicht zu bezahlen waren. Wenn es auch an der Umsetzung gewaltig haperte, so versuchten doch alle Kolonialmächte innerhalb der Gremien der ILO, ihre Politik als im Einklang mit den Normen und Prinzipien der Organisation darzustellen; »niemand wollte beziehungsweise wagte sich in offener Weise gegen den einmal etablierten universalistischen Diskurs zu stellen«, nicht einmal das als unbelehrbar geltende Portugal (Maul 2009: 38). Die einzige Ausnahme bildeten die Hardliner des südafrikanischen Apartheidregimes, und so überrascht es nicht, dass nach der Unabhängigkeit der meisten afrikanischen Kolonien um 1960 der Druck auf die ILO zunahm, das Land am Kap auszuschließen. Die damit zusammenhängende Krise gab innerhalb der Organisation verstärkt Anlass, die Normensetzung gleichsam zu entpolitisieren und die praktische Ebene zu betonen.

IV.

Ein zentrales Instrument der neuen Hinwendung der ILO zu einem »fördernden« bzw. »erzieherischen« Ansatz sollte das als Forschungs- und Ausbildungsstätte konzipierte *International Institute for Labour Studies* (IILS) sein. Es fokussierte auf die künftigen Eliten in den jungen Staaten der »Dritten Welt«, denen eine Schlüsselrolle beim Aufbau der neuen Nationen zugeschrieben wurde. Eng angelehnt an modernisierungstheoretische Ansätze, träumte ILO-Direktor David Morse von nicht weniger als einem »world intellectual center«, von einer Einrichtung, die sich mit aktuellen sozialpolitischen Problemen der sogenannten Entwicklungsländer befassen würde, und in dessen Umfeld auch kontroverse Aspekte wie industrielle Beziehungen gleichsam *sine ira et studio* debattiert werden könnten. Im Zentrum stand die gezielte Schulung von jüngeren Verwaltungskräften aus den mittleren Rängen, von Arbeitgeber- und Gewerkschaftsfunktionären aus den Ländern Asiens, Afrikas und Lateinamerikas, die in die Lage versetzt werden sollten, die Probleme im eigenen Land besser zu analysieren. Freilich ließ sich auch durch diese Maßnahmen aus der Sicht der ILO das Problem nicht lösen, Menschenrechte und wirtschaftliche Entwicklung in Einklang zu bringen (Maul 2007: 352ff.). Die erste Internationale Menschenrechtskonferenz der Vereinten Nationen in Teheran im Jahre 1968, die von asiatischen und afrikanischen Ländern dominiert wurde, kann als »Kulminationspunkt einer Schwerpunktverlagerung vom westlich beeinflussten Konzept individueller Menschenrechte, wie es in der UN-Menschenrechtserklärung von 1948 zum Ausdruck kam, hin zu einem anderen Modell, das die Bedeutung wirtschaftlicher Entwicklung und die kollektiven Rechte der Nationen betonte«, gesehen werden (Burke 2008: 276f.). So besagte Artikel 13 der Proklamation der Konferenz, dass die Einhaltung der Menschenrechte von einer »gesunden und erfolgreichen wirtschaftlichen und sozialen Entwicklung« abhinge (zit. n. Burke 2008: 288).

Das Thema Zwangsarbeit ließ die ILO so auch in den 1960er Jahren nicht los. 1962 kritisierte ein Expertenkomitee der Organisation, dass eine Reihe von geächteten Formen der Zwangs- und Pflichtarbeit auch nach der Unabhängigkeit fortbestünden, ja dass gar in manchen Ländern neue Formen der Zwangsarbeit institutionalisiert worden seien. In den Fokus gerieten insbesondere einige westafrikanische Staaten, die entweder unter dem Dach des Militärs oder in eigens zu diesem Zweck geschaffenen Institutionen eine Dienstpflicht für Jugendliche eingeführt hatten. Mit diesen

Maßnahmen verletzten diese Staaten nach Ansicht der Experten eindeutig die Bestimmungen der neueren ILO Konventionen, die Zwangs- und Pflichtarbeit als Methode der Rekrutierung von Arbeitskräften für Zwecke der wirtschaftlichen Entwicklung untersagte. Die beschuldigten Staaten reagierten empört auf den Vorwurf. Sie verteidigten mit Nachdruck die aus ihrer Sicht immense entwicklungspolitische Bedeutung der Dienste. Warum, fragten sie, bewerte die ILO die Gefahr des Missbrauchs dieser Institutionen höher als das Bestreben der Regierungen, qualifizierte Arbeitskräfte heranzubilden und Jugendarbeitslosigkeit, Unterbeschäftigung und die Folgen der rapiden Urbanisierung in den Griff zu bekommen. Besonders bitter stieß den afrikanischen Regierungen der Vorwurf deshalb auf, weil sie auf diese Weise eines »klassischen« kolonialen Verbrechens wie der Zwangsarbeit bezichtigt wurden. Ihre Kritik richtete sich zunehmend gegen die ILO, deren Kampf gegen »unfreie Arbeit« sie als Teil neokolonialer Machenschaften deuteten (Maul 2007: 362ff.; Maul 2009: 46f.).

Freilich traf die Kritik des ILO-Komitees einen zentralen Kern der nachkolonialen Entwicklung in Afrika. Die politisch Verantwortlichen auf dem Kontinent unterminierten demokratische Prozesse und jene sozialen Bewegungen wie Gewerkschaften, die grundlegend für ihren Weg an die Macht gewesen waren.[16] Politische Rechte waren in den häufig rasch zu Einparteienstaaten mutierten jungen Nationen stark eingeschränkt. Soziale Rechte behielten auf dem Papier ihre Existenz, entfalteten in der Praxis aber kaum Relevanz. In Senegal etwa ähnelte das Arbeitsrecht dem französischen Modell, doch Gewerkschaften wurden zerschlagen oder verkamen zur Bedeutungslosigkeit, die Familienbeihilfen wurden von der Inflation aufgezehrt und staatliche soziale Dienste blieben aus Gründen der Unfähigkeit oder Indifferenz der Verwaltungen wirkungslos. Dennoch muss festgehalten werden, dass die meisten afrikanischen Länder in den 1960er und 1970er Jahren ein bemerkenswertes, gleichwohl moderates Wirtschaftswachstum erlebten. Die Lebenserwartung stieg, die Kindersterblichkeit ging zurück, vor allem aber verbesserte sich der Zugang zu Bildung. Staatliches Handeln hatte erheblichen Anteil an der Transformation afrikanischer Ökonomien und Gesellschaften in dieser Periode. Afrikaner, die Kakao oder Kaffee anbauten, in Bergwerken arbeiteten oder an einer Schule unterrichteten, konnten in der Dekade nach der Unabhängigkeit die begründete Erwartung hegen, durch ihre Arbeit beschei-

16 Für das Folgende vgl. Cooper 2012: 487f.

denen Wohlstand zu erlangen und als Bürger, wenn auch bescheidene, staatliche Leistungen zu empfangen. Bildung war eine wichtige Verheißung, denn sie versprach qualifizierte Stellen und angemessene Bezahlung (Cooper 2010).

Der Ölschock 1973/74 und seine Folgen änderten die Situation recht abrupt. Die weltweite Wirtschafts- und Finanzkrise der 1970er Jahre, die Afrika besonders hart traf, brachte Institutionen wie den Internationalen Währungsfond ins Spiel, welche im Namen finanzieller Rigidität die Zerstörung dessen vorantrieben, was als »sozial« bezeichnet werden kann – das Recht auf Bildung, medizinische Versorgung, ein Einkommen, das zum Überleben reicht. Im internationalen Diskurs verwandelten sich die Rechte der Kolonisierten auf soziale Sicherheit und Arbeitsschutz in Bedürfnisse der Armen der Welt, denen sich Experten der Armutsbekämpfung widmeten.

»The real winners«, schreibt Cooper, »were corporations that asserted certain kinds of economic rights, for example, the free movement of capital, to the expatriation of profits, to intellectual property, to taking advantage of the most lax of labor laws or enforcement of environmental standards. Any violation of such norms becomes, in some arguments, a violation of human rights – of the human rights of capital« (Cooper 2012: 488).

Oft entstanden Kooperationen zwischen ärmeren Staaten und transnationalen Unternehmen, um die Interessen von Bauern und Arbeitern zu beschneiden. Afrikanische Herrscher und große Firmen verfügen über schlagkräftige Instrumente, um ihre ökonomischen Rechte zu schützen. Ein Minenarbeiter in Sambia hingegen hat kaum Mechanismen zur Hand, um wenigstens die elementarsten sozialen Rechte einzuklagen.

Vielleicht als Reaktion darauf verabschiedete die ILO 1998 einen Katalog »grundlegender Rechte bei der Arbeit«, in dem sich alle Elemente der Konventionen der 1950er Jahre wiederfanden, etwa die Vereinigungsfreiheit sowie die Freiheit von Zwangsarbeit und Diskriminierung. Die »Schaffung menschenwürdiger Arbeit« wird bis heute als zentrales Ziel der Organisation deklariert – mit leider guten Gründen.[17] In Dokumenten der Vereinten Nationen ist von weltweit über zwanzig Millionen Menschen »in Sklaverei und Zwangsarbeit« die Rede, andere Schätzungen nennen durchaus noch höhere Zahlen. Sklaverei und Sklavenhandel sind heute für Mil-

17 www.ilo.org, 10.06.2013.

lionen von Menschen harsche Realität.[18] Dabei verschwimmt die Grenze zwischen Sklaverei und »freien«, aber ausbeuterischen Arbeitsverhältnissen. In Westafrika verkaufen Eltern ihre Kinder für die Arbeit auf Kakaoplantagen. Mauretanien und Sudan gelten als Länder, in denen Sklaverei weiterhin (oder wieder) gängige Praxis ist. In Teilen Asiens ist Schuldknechtschaft weit verbreitet. Nicht zu vergessen der rege Handel mit Frauen und Kindern. Informell regulierte Erwerbarrangements in Form von prekärer Selbständigkeit oder »Gelegenheitsjobs« gewinnen auch in den westlichen Staaten an Bedeutung. Diese Entwicklung ist unternehmerischen Investitionsstrategien ebenso geschuldet wie staatlicher Regulierungspolitik. Alain Supiot hat angesichts dieser Entwicklung angeregt, das Ethos der 1944 von der ILO verabschiedeten »Erklärung von Philadelphia« neu zu beleben (Supiot 2011). Die dort formulierte Einsicht, dass ein allgemeiner und dauerhafter Frieden nur dann geschaffen werden kann, wenn er auf sozialer Gerechtigkeit beruht, welche die Ausdehnung der sozialen Sicherheit auf alle Menschen einschließt, sei, schreibt Supiot, in den vergangenen Dekaden auf dem Altar der Doktrin vom grenzenlosen Markt geopfert worden. Der »ökonomische Fundamentalismus«, der etwa die Privatisierung staatlicher Dienstleistungen, die Deregulierung von Arbeit und den uneingeschränkten Kapital- und Warenverkehr predige, werde nicht zuletzt durch die internationalen Wirtschafts- und Finanzinstitutionen beständig kodifiziert. Und die gegenwärtige Finanzkrise habe keineswegs zur Rückkehr des Staates, sondern zu seiner Privatisierung auf Kosten der Mehrheit geführt. Der herrschende Ökonomismus übersehe jedoch, dass Menschen keine »Elementarteilchen« seien. Denn sie haben eine Geschichte, brauchen Sicherheit, knüpfen Solidaritäten und spielen mit Symbolen.

Literatur:

Altvater, Elmar/Mahnkopf, Birgit (2002), *Globalisierung der Unsicherheit. Arbeit im Schatten, schmutziges Geld und informelle Politik*, Münster.

Ashton, Stephen R./Stockwell, Sara E. (1996) (Hg.), *Imperial Policy and Colonial Practice 1925–1945, II: Economic Policy, Social Policies and Colonial Research* (British Documents on the end of Empire, A, 1), London.

18 Für Details vgl. etwa Jahrbuch Menschenrechte (2008).

Burke, Roland (2010), *Decolonization and the Evolution of International Human Rights*, Philadelphia.

— (2008), »From Individual Rights to National Development: The First UN International Conference on Human Rights, Tehran, 1968«, in: *Journal of World History*, 19 (3), S. 275–296.

Clavin, Patricia (2013), *Securing the World Economy. The Reinvention of the League of Nations 1920–1946*, Oxford.

Conrad, Sebastian (2013), *Globalgeschichte. Eine Einführung*, München.

Cooper, Frederick (2012), »Social Rights and Human Rights in the Time of Decolonization«, in: *Humanity*, 3 (3), S. 473–492.

— (2010), »Writing the History of Development«, in: *Journal of Modern European History*, 8 (1), S. 5–23.

— (2006), »African Labor History«, in: Lucassen, Jan (Hg.), *Global Labour History. A State of the Art*, Bern, S. 91–116.

— /Holt, Thomas/Scott, Rebecca (2000), *Beyond Slavery. Explorations of Race, Labor and Citizenship in Post-Emancipation Societies*, Chapel Hill/London.

— (1996), *Decolonization and African Society. The labor question in French and British Africa*, Cambridge.

Daughton, James P. (2013), »ILO Expertise and Colonial Violence in the Interwar Years«, in: Kott, Sandrine/Droux, Joëlle (Hg.), *Globalizing Social Rights. The International Labour Organization and Beyond*, Basingstoke, S. 85–97.

Eckert, Andreas (2006), »Exportschlager Wohlfahrtsstaat? Europäische Sozialstaatlichkeit und Kolonialismus in Afrika nach dem Zweiten Weltkrieg«, in: *Geschichte und Gesellschaft*, 32 (4), S. 467–488.

Hart, Keith (1973), »Informal Income Opportunities and Urban Employment in Ghana«, in: *Journal of Modern African Studies*, 11 (3), S. 61–89.

Hay, Douglas/Craven, Paul (2004) (Hg.), *Masters, Servants and Magistrates in Britain and the Empire, 1562–1955*, Chapel Hill/London.

Herren, Madeleine (2009), *Internationale Organisationen seit 1865: Eine Globalgeschichte der internationalen Ordnung*, Darmstadt.

— (1993), *Internationale Sozialpolitik vor dem Ersten Weltkrieg. Die Anfänge europäischer Kooperation aus der Sicht Frankreichs*, Berlin.

Hughes, Steven/Haworth, Nigel (2011), *The International Labour Organisation (ILO). Coming in from the cold*, London/New York.

ILO (1972), *Employment, Incomes and Equality: A Strategy for Increasing Productive Employment in Kenya*, Geneva.

Jahrbuch Menschenrechte (2008), *Schwerpunkt: Sklaverei heute*, Frankfurt am Main.

Jerven, Morten (2013), *Poor Numbers. How we are misled by African development statistics and what to do about*, Ithaca/New York.

Komlosy, Andrea/Parnreiter, Christof/Stacher, Irene/Zimmermann, Susan (1997), »Der informelle Sektor: Konzepte, Widersprüche und Debatten«, in: Dies. (Hg.), *Ungeregelt und Unterbezahlt. Der informelle Sektor in der Weltwirtschaft*, Frankfurt am Main/Wien, S. 9–28.

Kott, Sandrine (2012), »The Forced Labour Issue between Human and Social Rights, 1947–1957«, in: *Humanity*, 3 (3), S. 321–335.

— (2009), »Constructing a European Social Model: The Fight for Social Insurance in the Interwar Period«, in: Van Daele, Jasmien/Rodríguez García, Magaly/Van Goethem, Geert/Linden van der, Marcel (Hg.), *ILO Histories. Essays on the International Labour Organization and Its Impact on the World During the Twentieth Century*, Bern, S. 173–195.

— /Droux, Joëlle (2013) (Hg.), *Globalizing Social Rights. The International Labour Organization and Beyond*, Basingstoke.

Linden van den, Marcel (2008), *Workers of the World. Essays towards a Global Labour History*, Leiden.

Lucassen, Jan (2006) (Hg.), *Global Labour History. A State of the Art*, Bern.

Marfaing, Laurence/Sow, Mariam (1999), *Les opérateurs économiques au Sénégal. Entre le formel et l'informel*, Paris.

Maul, Daniel (2010), »Die ILO und die Globalisierung der Menschenrechte, 1944–1970«, in: Hoffmann, Stefan-Ludwig (Hg.), *Moralpolitik. Geschichte der Menschenrechte im 20. Jahrhundert*, Göttingen, S. 285–311.

— (2009), »Internationale Organisationen als historische Akteure. Die ILO und die Auflösung der europäischen Kolonialreiche 1940–1970«, in: Kruke, Anja (Hg.), *Dekolonisation. Prozesse und Verflechtungen 1945–1990*, Bonn, S. 21–52.

— (2007), *Menschenrechte, Sozialpolitik und Dekolonisation. Die Internationale Arbeitsorganisation (IAO) 1940–1970*, Essen.

Mayer-Ahuja, Nicole (2012), »Arbeit, Unsicherheit, Informalität«, in: Dörre, Klaus/Sauer, Dieter/Wittke, Volker (Hg.), *Kapitalismustheorie und Arbeit. Neue Ansätze soziologischer Kritik*, Frankfurt am Main, S. 289–301.

Mazower, Mark (2009), *No Enchanted Palace. The End of Empire and the Ideological Origins of the United Nations*, Princeton.

Mazurek, Malgorzata/Betts, Paul (2012), »Preface: When Rights were Social«, in: *Humanity*, 3 (3), S 291–295.

Meagher, Kate (2010), *Identity Economics: Social Networks and the Informal Economy in Nigeria*, Oxford.

— (2005), »Social capital or analytical liability?: social networks and African informal economies«, in: *Global networks*, 5 (3), S. 217–238.

Moyn, Samuel (2010), *The Last Utopia. Human Rights in History*, Cambridge (Mass.).

Nitsch, Manfred (1997), »Informeller Sektor«, in: Albrecht, Ulrich/Vogler, Helmut (Hg.), *Lexikon der Internationalen Politik*, München/Wien, S. 223–228.

Pedersen, Susan (2007), »Back to the League of Nations«, in: *American Historical Review* , 112 (4), S. 1091–1117.

Supiot, Alain (2011), *Der Geist von Philadelphia. Soziale Gerechtigkeit in Zeiten entgrenzter Märkte*, Hamburg.

Tripp, Aili Mari (1997), *Changing the Rules. The Politics of Liberalization and the Urban Informal Economy in Tanzania*, Berkeley.

Van Daele, Jasmien (2005), »Engineering Social Peace: Networks, Ideas, and the Founding of the International Labour Organization«, in: *International Review of Social History*, 50 (3), S. 435–466.

— /Rodríguez García, Magaly/Van Goethem, Geert/Linden van der, Marcel (2009) (Hg.), *ILO Histories. Essays on the International Labour Organization and Its Impact on the World During the Twentieth Century*, Bern.

Zimmermann, Susan (2011), »The Long-Term Trajectory of Anti-Slavery in International Politics: From the Expansion of the European International System to Unequal International Development«, in: Linden, Marcel van der (Hg.): *Humanitarian Intervention and Changing Labor Relations. The Long-Term Consequences of the Abolition of the Slave Trade*, Leiden, S. 435–497.

— (2010), *Grenzüberschreitungen. Internationale Netzwerke, Organisationen, Bewegungen und die Politik der globalen Ungleichheit vom 17. bis zum 21. Jahrhundert*, Wien.

Politikzyklen der In-Formalität? Dynamiken informeller Arbeit in Lateinamerika

Nico Weinmann/Hans-Jürgen Burchardt

»Informelle Arbeit« hat seit ihrer ›Entdeckung‹ in den 1970er Jahren durch den Anthropologen Keith Harth (1973) keinesfalls an empirischer Relevanz eingebüßt. Im Gegenteil: Das Phänomen hat sich in den letzten Jahren weiter globalisiert.[1] Heute gelten zwei Drittel aller weltweit Erwerbstätigen als informell beschäftigt (Jütting/de Laiglesia 2009).[2] Vor allem in den Ländern der so genannten »Dritten Welt« geht nur eine Minderheit der Erwerbstätigen formalisierter Arbeit nach. Auch in Lateinamerika ist dieses Phänomen stark ausgeprägt: Obwohl sich in der wechselhaften Geschichte des Subkontinents im letzten Jahrhundert verschiedene Entwicklungsmodelle, politische Regime und wirtschaftliche Auf- und Abschwungsphasen die Hand reichten, blieben heterogene Arbeitsmärkte mit einerseits etablierten Zonen formalisierter Lohnarbeit und andererseits einem hohen Anteil informeller Beschäftigung immer ein konstantes Strukturmerkmal. Sie trugen neben anderen Faktoren maßgeblich zur (Re-)Produktion der extremen sozialen Ungleichheiten bei, die sich in Lateinamerika durchgehend bis heute auf international überdurchschnittlichem Niveau konsolidiert haben (CEPAL 2011; Wehr/Burchardt 2011).

1 Vor allem im Süden Europas steigen im Zuge der Wirtschaftskrise die Arbeitslosenzahlen rasant an, begleitet von einer Zunahme unsicherer und prekärer Beschäftigungsverhältnisse (ILO 2013; ESDE 2013). Vergleichbare Befunde finden sich auch in den USA (Kalleberg 2009). Und auf der scheinbaren »Sonnenseite« der globalen Wirtschaftsentwicklung, in Boomregionen wie China, befördern Arbeitsmarktumbrüche, Industrialisierungsschübe und Stadt-Land-Migration ebenfalls neue Formen informeller Beschäftigung (Chang 2009; Zhou 2013).

2 Die quantitativen Verweise auf den Umfang der informellen Beschäftigung folgen in diesem Artikel nicht einem einheitlichen Erhebungsmuster, sondern fußen jeweils auf den methodischen Annahmen der angegebenen Quellen. Sie sind somit nur begrenzt belastbar sowie wenig vergleichbar und sollen hier primär als Orientierungshilfe der Analyse helfen. Zu der Debatte um verschiedene Erhebungsmethoden von Informalisierung siehe Hussmanns 2004.

Trotz dieser hartnäckigen sozialstrukturellen Persistenz und entgegen aktueller globaler Trends ist in der Region seit knapp einer Dekade ein leichter Rückgang der informellen Beschäftigung zu konstatieren, der nach einigen Studien auch von einer diskreten Abnahme sozialer Ungleichheiten begleitet wird (Bridsall u.a. 2012; ILO 2012: 44f.). Augenscheinlich ist dabei, dass sich viele Länder der Region seit einem Jahrzehnt nicht nur eines wirtschaftlichen Booms erfreuen; der Subkontinent gilt zugleich unter der Regie zahlreicher Mitte-Links-Regierungen als ein Laboratorium neuer Arbeits- und Sozialpolitiken. Dabei haben sich in Lateinamerika die Ausgaben für Arbeits- und Sozialpolitik im regionalen Durchschnitt deutlich erhöht. Die (Re-)Formalisierung von Arbeitsbeziehungen, die Registrierung von Arbeit und die Ausweitung sozialversicherungspflichtiger Beschäftigung wird von zahlreichen Regierungen zu einem zentralen Ziel ihrer Politik erklärt. Wir nehmen diese jüngeren Entwicklungen zum Anlass, um Zyklen der Informalisierung und Formalisierung der Arbeit in der Geschichte Lateinamerikas zu skizzieren. Bei allen – teils erheblichen – Unterschieden in den Entwicklungspfaden einzelner Länder geht es uns darum, grundsätzlichen Dynamiken der Konstitution informeller Beschäftigung nachzuspüren. Wir fragen dabei nach der *Rolle der Politik* als Einflussgröße auf die Beschaffenheit und den Umfang informeller Beschäftigung in der Geschichte Lateinamerikas.

Diesem Blickwinkel liegen verschiedene Vorannahmen zugrunde: Zunächst brechen wir mit dem dichotomen Deutungsmuster ›Politik versus Informalität‹, das gewöhnlich Informalitätsforschungen und -diskurse prägt. Zwar wurde schon früh die dichotome Schlagseite vieler Informalitätsstudien in Bezug auf die verkürzte Lesart zweier separater Sektoren kritisiert und auf die Verwobenheit, die Abstufungen und die fließenden Grenzen zwischen informeller und formeller Beschäftigung verwiesen (klassisch: Breman 1976; Chen 2007). Gleichzeitig hält sich die dichotome Vorstellung jedoch bis heute hartnäckig in Bezug auf die Annahme, die informelle Ökonomie sei ein relativ politik- oder staatsfreier Raum, da sich politische Regulierung auf formelle Sphären konzentriere. Ausgehend von dieser Grundannahme nehmen Informalitätsstudien schnell eine technizistische Problemlösungsperspektive ein, die sich auf Politikberatung und -gestaltung konzentriert: Informalität im Sinn von Nicht-Regulierung wird regelmäßig als Problem und Politik als die Lösung angesehen, oder aber fehlgeleitete Politik erscheint als Problem und Informalität wird als ein Reflex zur Überwindung staatlicher Überregulierung gedeutet. Beide Lesarten mögen sich in ihrer politischen Empfehlung (Regulierung oder De-Regulierung) diametral widersprechen; doch teilen sie analytisch das dichotome Verständnis in Bezug auf das Verhältnis von politischer Regulierung und Informalität. Dabei wird verkannt, dass Formalität und Informalität und mit ihnen politische Regulierung ebenso wie Nicht-Regulierung sich gegenseitig bedingen und aufeinander beziehen. Wir gehen davon aus, dass verschiedene Politiken maßgeblich das Austarieren von In-Formalitätsbeziehungen mitbestimmen. Dabei sehen wir staatliche Eingriffe in das Wirtschaftsgeschehen bzw. in die Arbeitswelt im Allgemeinen sowie Arbeits- und Sozialpolitik im Speziellen als zentral an. Arbeits- und Sozialpolitiken spielen eine entscheidende Rolle bei der Festlegung von Arbeitszeiten, Löhnen, Schutzrechten am Arbeitsplatz, bei der Arbeitsqualifikation, dem Arbeitseinstieg oder dem krankheits- oder rentenbedingten Arbeitsausstieg. Politiken dieser Art sorgen nicht nur für die dauerhafte Verfügbarkeit und Verwertbarkeit von Arbeitskraft, sie befreien zudem Arbeitnehmer (graduell) von Marktrisiken und sichern Arbeitgebern eine gewisse Kontraktsicherheit zu. Von verschiedener Seite wird darauf verwiesen, dass arbeitsrechtliche und wohlfahrtsstaatliche Regulierung von Arbeit eine entscheidende Rolle bei ihrer Normierung bzw. Formalisierung einnimmt (Offe 1984; Mückenberger 1985). Wir fragen vor dem Hintergrund dieser Annahme, ob dies auch umgekehrt bei der *Nicht*-Normierung der Fall ist, also inwiefern informelle Beschäftigung das Ergebnis politischer Eingriffe ist. Bei dem Versuch, hierbei durch die Geschichte hinweg allgemeine Politikmuster bei der Austarierung von In-Formalitätsbeziehungen nachzuspüren, übernehmen wir die Grundannahme, dass ihnen auf entscheidende Weise historische Umbrüche und epochale Wendepunkte im Sinn von Krisen bzw. *critical junctures* vorangehen, oder wie Franz Xaver Kaufmann in Bezug auf den Gegenstand der Arbeits- und Sozialpolitik feststellt, dass politischen Durchbrüchen vielmals »politisch kritische Situationen wie Kriege, Wirtschaftskrisen, soziale Unruhen oder schwerwiegende Arbeitskämpfe« vorausgingen (2003: 31).

Zyklus I: Konvergenz zwischen strukturell heterogenen Arbeitsmärkten und exklusiver Arbeits- und Sozialpolitik

Einen solchen zentralen Scheidepunkt in der lateinamerikanischen Geschichte stellen die 1920er/30er Jahre dar. Im Fahrwasser der Weltwirtschaftskrise, zahlreicher Regimebrüche und heftiger sozialer Konflikte wurde ein Paradigmenwechsel von einem vorwiegend auf den Export von Primärgütern basierenden frühliberalen Wirtschafts- und Handelsmodell hin zu dem Entwicklungsmodell der »Importsubstituierenden Industrialisierung« (ISI) und einer aktiveren Rolle des Staates im Wirtschaftsgeschehen vollzogen. Sind hierbei die ersten staatlichen Eingriffe in die Wirtschafts- und Arbeitswelt noch eher einer pragmatischen Krisenbearbeitung geschuldet, avancierte die ISI bald zum expliziten Entwicklungsmodell Lateinamerikas (Boris 2009: 27ff.). Ab den 1950er Jahren erhielt die Strategie durch die UN-Kommission für die wirtschaftliche Entwicklung Lateinamerikas und der Karibik (*Comisión Económica para América Latina y el Caribe*, CEPAL) zusätzliche Unterstützung durch ein Theoriekonzept, das für rohstoffexportierende Länder langfristige Kostennachteile nachwies und für Binnenentwicklung plädierte (Love 1980). In diesem Kontext wurden die Etablierung von Staatsbetrieben und öffentlichen Beschäftigungsprogrammen zum zentralen Element der lateinamerikanischen Entwicklung,[3] was zu drastischen Veränderungen der regionalen Arbeitsmärkte führte: Die Industriearbeit stieg sukzessive an und förderte die Migration in urbane Zentren. Lebten im Jahr 1950 noch etwa die Hälfte aller erwerbsfähigen Lateinamerikanerinnen und Lateinamerikaner in Städten, waren es zum Ende der 1970er Jahre bereits 65 Prozent (Portes/Schauffler 1993: 37). Diese Entwicklung wurde zusätzlich durch einen Anstieg der allgemeinen Bevölkerungszahlen begleitet, so dass das urbane Arbeitskräfteangebot bald die Nachfrage der Industrie und des öffentlichen Sektors übertraf. Während der relative Beschäftigungsanteil zwischen 1950 und 1980 im formellen Sektor um 14 Prozent und im infor-

3 So setzte unter Getúlio Vargas in Brasilien bereits ab 1937 eine spürbare Expansion des Staatsapparates ein, in Chile wurde die öffentliche Agentur zur Industrie- und Wirtschaftsförderung CORFO gegründet, in Brasilien die Nationale Entwicklungsbank BNDE, ebenso wie die Ölfirmen PEMEX in Mexiko, YPF und YCF in Argentinien oder Petrobras in Brasilien. Neben einem öffentlichen Ausbau der Infrastruktur und des Transportwesens wurden zahlreiche industrielle Sektoren (Textil- und Bekleidungs-, Nahrungsmittel-, Baumaterial-, Gummi-, Pharmaindustrie etc.) auf- und ausgebaut (Thorp 1998: 111ff.; Boris 2009: 27ff.).

mellen Sektor um knapp vier Prozent stiegen, nahm die urbane informelle Arbeit selbst um ein Drittel zu (PREALC 1982: 34; Weller 1998: 18). Über diese kombinierte Expansion formeller wie informeller Pole der Beschäftigung etablierten sich strukturell heterogene[4] Arbeitsmärkte, die sich entlang des Formalisierungsgrades der Beschäftigung zunehmend segmentierten und ausdifferenzierten.

Die Entwicklung hin zu stark fragmentierten und segmentierten Arbeitsmärkten wurde begleitet von der Regulierung von Arbeitsbeziehungen und der Implementierung umfassender Sozialprogramme. Bei der Institutionalisierung der Arbeitsbeziehungen überwog eine staatlich vermittelte, vertikale Inkorporation einzelner Gewerkschaften und Beschäftigungsgruppen in korporatistische Arrangements (Pike/Strich 1974; Malloy 1977; Collier/Collier 2002). Meist wurden hierbei in Form von Mindeststandards bei Löhnen, Arbeitszeiten, Arbeitsverträgen etc. individuelle Arbeitsrechte fixiert sowie gewerkschaftliche Kollektivrechte festgelegt, die in stark korporatistischen Settings wie in Argentinien, Mexiko oder auch Brasilien bis hin zu der Allgemeinverbindlichkeit von Tarifverträgen, Vertretungsmonopolen oder der gewerkschaftlichen Verwaltung der Sozialversicherung reichten. Je nach Lesart wurde dieser vertikale Korporatismus als ein Einfallstor der politischen Einflussnahme für ressourcenmächtige Arbeitnehmerinteressen (Mesa-Lago 1978), als »›Transmissionsriemen‹ der staatlichen Entwicklungspolitik« in die Betriebe (Dombois 2006: 144f.), als elitengesteuerte Konzession im Stile eines *top-down* Korporatismus (Malloy 1979) oder auch als Herrschaftsinstrument der staatlichen Kontrolle und Disziplinierung der Arbeiterbewegung gedeutet (Collier/Collier 2002: 7ff.). Generell gilt hervorzuheben, dass die Arbeitsregime der ISI-Phase primär auf die entscheidenden Träger des damaligen Entwicklungsmodells und somit auf die städtischen, meist männliche Arbeiterschaft in strategisch re-

4 Das Konzept der »strukturellen Heterogenität« blickt in Lateinamerika auf eine lange Konjunktur zurück. Kerngedanke ist, dass verschiedene sozioökonomische Schlüsselindikatoren analytisch aufeinander bezogen werden. Damit wurde ein Erklärungsversuch für die stark zerklüfteten und zersplitterten lateinamerikanischen Binnenökonomien entwickelt, die sich in Arbeit und Produktion durch starke Standard- und Leistungsunterschiede sowie einem Produktivitätsgefälle auszeichnen (CEPAL 2011: Kap. 3). Zunächst wurde das Konzept ab den 1950er Jahren von der CEPAL weitgehend in deskriptiver Form verwendet. In den 1970er Jahren avancierte »strukturelle Heterogenität« dann explorativ zum innergesellschaftlichen Komplementärstück »struktureller Abhängigkeit«, einer Theorie des »peripheren Kapitalismus« (Senghaas 1977; Evers 1977). Gegenwärtig hält es in deskriptiver Verwendung wieder zunehmend Einzug in Debatten um spezifisch lateinamerikanische ökonomische Strukturen (CEPAL 2011).

levanten Industriesektoren und dem staatlichen Sektor ausgerichtet waren. Die große Gruppe der informell Beschäftigten in der Landwirtschaft, im Handwerk, dem Haushalt oder der traditionellen Dienstleistungen waren nur partiell eingebunden oder ganz ausgeschlossen (Dombois 2006: 145).

Ebenso exklusiv bzw. exkludierend wie die Arbeitspolitik war auch die Sozialpolitik jener Jahre angelegt. Obwohl ihre Implementierung und ihr Deckungsgrad von Land zu Land variierten, besaßen die ersten umfassenden Sozialsysteme Lateinamerikas einen ausgeprägten Bismarck'schen Charakter: Sie finanzierten sich über lohnbezogene Beiträge der Arbeiter, Unternehmer und über staatliche Zuschüsse; Angestellte waren teilweise mit einer privaten Zwangsversicherung abgesichert (Mesa-Lago 1978, 1991). Nach diesem Modus koppelten die beitragsfinanzierten Sozialversicherungen wohlfahrtsstaatliche Leistungen also an formelle Lohnarbeit. Formell Beschäftigte kamen dabei – im internationalen Vergleich – in einigen Ländern durchaus in den Genuss hoher sozialpolitischer Leistungen (Haggard/Kaufman 2008: 63), während der große Teil informell Beschäftigter ohne Absicherung und Versicherungsanspruch blieb. Diese relativ tiefe, aber nicht breite politische Regulierungsform – heute auch mit dem Etikett des *truncated welfare state* versehen (de Ferranti u.a. 2004) – festigte die Bruchlinien heterogener Arbeitsmärkte. Über Momente sozialer Schließung etablierte sich ein *insider/outsider*-Prinzip, bei dem sich über die Kopplung wohlfahrtsstaatlicher Leistungen an den Berufsstatus sozialpolitisch privilegierte und exkludierte Gesellschaftsgruppen formierten (Weinmann 2012: 155).

Das Regulationsmuster dieser Arbeits- und Sozialpolitik kann anfangs als bestandsnotwendige Stabilisierung des ISI-Modells gedeutet werden: Über arbeits- und sozialpolitische Maßnahmen wurde die Arbeitskraft in den für die ISI zentralen produktions- und betriebshierarchischen Organisationen eingebunden und Lohnarbeit in den als strategisch ausgewählten Sektoren dauerhaft reproduzier- und verwertbar gemacht. Das exklusive System der sozialen Sicherung bot zugleich den ›sozialen Kitt‹ bzw. eine zentrale Legitimationsquelle der ISI, da Forderungen durchsetzungsstarker Gesellschaftsgruppen nachgegeben wurde und Aufwärtsmobilitäten (in die Formalität) möglich schienen. Im Lauf der Zeit entpuppte sich der auf die Besserstellung der Massen abhebende Impetus der ISI-Strategie jedoch mehr und mehr »als ›rent seeking‹ einer Entwicklungskoalition, die zwar größer war als jede andere zuvor, die aber immer noch einen stark ausschließenden Charakter hatte und ökonomisch langfristig nicht zu stabilisieren war« (Boeckh 2002: 520). Denn während der ISI-Phase gelang es nicht, Binnenmärkte und Wettbewerbsfähigkeit hinreichend zu entfalten: Die anvisierte Unabhängigkeit vom Weltmarkt wurde nicht erzielt, die Binnennachfrage erreichte – auch aufgrund der oben genannten Dynamiken – bald ihre Grenzen und bot der lokalen Wirtschaft immer weniger Anreize, woraufhin die Produktion, die Löhne und die Kaufkraft zu stagnierten begannen (Boris 2009: 46ff.).

Auf die ersten Krisensymptome wurde zunächst wieder mit einer Staatsexpansion reagiert; nach Whitehead (1994: 35) waren 1980 in Lateinamerika circa 60 Prozent aller höher qualifizierten Arbeitnehmer im öffentlichen Sektor beschäftigt. Als die öffentlichen Kassen sich weiter leerten, folgten weder nennenswerte Politiken der Besteuerung oder Sparmaßnahmen. Jetzt zeigte sich der widersprüchliche Charakter der oftmals populistisch vermittelten Mehrklassenallianzen, die anfangs zur Stabilisierung des ISI-Modells beitrugen, im Lauf der Zeit jedoch auch sein Scheitern begründeten. Der ISI-Entwicklungsstaat fußte auf einem trügerischen Kompromiss, der vor allem einflussreiche Machtgruppen politisch zu integrieren versuchte, darum aber nicht in der Lage war, aktiv eine für alle sozialen Gruppen förderliche Entwicklungsstrategie zu generieren. Ungleiche Eigentums- und Besitzverhältnisse blieben in der Regel unangetastet, um Verteilungskonflikte zwischen den kooptierten Gruppen zu umgehen. Diese Politik (re-)produzierte eine soziale Fragmentierung, die zwar zunächst die politische Kontrolle sichern half, es aber erschwerte, eine ausreichend starke Legitimation für übergreifende Initiativen bzw. integrative Entwicklungsleitbilder zu schaffen. Stattdessen wurde versucht, die virulenter werdenden Krisenprobleme über externe Ressourcenflüsse abzufedern: Erst durch Handelsbilanzdefizite, dann immer stärker durch Staatsverschuldung, in deren Folge die makroökonomischen Ungleichgewichte wuchsen, und schließlich über eine anschwellende Inflation sowie weiter erlahmende Wirtschaftsleistung wurde das Ende der ISI-Phase eingeleitet.

Über die Expansion des Staates entstand zugleich ein neues soziales Segment an Managern, Bürokraten und Technokraten, das mit der einsetzenden ökonomischen Erschöpfung begann, zusammen mit Teilen der Mittelklasse, einer neu entstandenen industriellen Unternehmerschicht und dem Militär neue Allianzen zu bilden, die die – oft populistischen – Mehrklassenallianzen aufkündigten. Diese Bündnisse forcierten nach Einschätzung einiger Analysten »bürokratisch-autoritäre« Wege als Krisenreaktion, die ab den 1970er Jahren im *Cono Sur* in brutale (Militär-)Diktaturen mündeten (klassisch: O'Donnell 1982). Versuchten diese Diktaturen teilweise, die alte Politik unter anderen Vorzeichen fortzuführen bzw. zu modernisieren, leiteten sie in anderen Ländern die nächste Phase der Entwicklung ein: Den Neoliberalismus. Bekanntestes Beispiel hierfür ist Chile, das mit dem Putsch Pinochets am 11. September 1973 zum Experimentierfeld von in Nordamerika ausgebildeten Wirtschaftsexperten – den sogenannten *Chigago boys* – wurde (Burchardt 2004a: 32ff.).

Die Politik der Militärdiktaturen zeichnete sich meistens stärker dadurch aus, organisierte Arbeitnehmerinteressen als Mittel der Herrschaftssicherung zu zerschlagen, anstatt makroökonomische Gleichgewichte wieder herzustellen. Zu Beginn der 1980er Jahre waren die lateinamerikanischen Volkswirtschaften darum zunehmend außerstande, dem aufgehäuften Schuldendienst gegenüber privaten und internationalen Kreditgebern nachzukommen. Neben endogenen Faktoren spielten die Verdreifachung des nordamerikanischen Zinssatzes und die Aufwertung des US-Dollars eine maßgebliche Rolle für die Höhe der Verschuldung. Vor diesem Hintergrund wurde die Strategie der Binnenmarktorientierung als primäre Krisenursache interpretiert und das ISI-Modell auch in seinen Erfolgen stark delegitimiert. Als Antwort auf die Krise gewann die Idee einer ökonomischen Liberalisierungspolitik an Einfluss, die vor allem von den internationalen Finanzorganisationen (besonders IWF und Weltbank) gefordert wurde, die die Bedienungen des Schuldendienstes absichern wollten. Sie forcierten das neoliberale Paradigma, das ab Beginn der 1980er Jahre in Lateinamerika zum vorherrschenden Wirtschaftsmodell avancierte (ebd.).

Zyklus II: Neoliberale De-Regulierung (1980–2000)

Im Zuge dieser Schuldenkrise erfuhr der Subkontinent abermals tiefgreifende Umbrüche. Das Umschwenken auf den Neoliberalismus als Krisenbearbeitung fußte auf drei Momenten: *Erstens* der Theorie der Neoklassik, die der Marktkoordination die optimale Allokationseffizienz knapper Ressourcen zuspricht und davon ausgeht, dass eine Länderspezialisierung auf eine spezifische Warenproduktion im internationalen Handel die Wohlfahrt aller Volkswirtschaften erhöht. *Zweitens* einen ordnungspolitischen Rahmen, der primär die Reduzierung des Staates und die Förderung des Privatsektors propagiert. Und *drittens* eine politische Strategie, die die oftmals korporatistische Dreiecksbeziehung der ISI-Phase zwischen privaten Unternehmen, Arbeit und Staat nachhaltig transformieren sollte. Dieses Modell ging einher mit einer langsamen liberalen Re-Demokratisierung der Region. Vor diesem Hintergrund generierte das neoliberale Paradigma neue politische Legitimations- und soziale Integrationsmuster und ist über die ökonomischen Reformen hinaus als grundlegend neues Regulationsmodell zu verstehen (Burchardt 2004a; Robinson 2008: Kap. 1).

Ab Mitte der 1980er Jahre begannen die meisten Länder der Region, die neue Entwicklungsstrategie umzusetzen. Hierbei wurde oft eine rein angebotsorientierte Wirtschaftspolitik und Weltmarktintegration verfolgt, die mit einer Senkung der Kostenfaktoren in der Produktion und den Staatshaushalten einherging. In mehreren Wellen wurden erst das Finanz- und Versicherungswesen sowie wichtige nationale Produktionssektoren (Rohstoffe und Agrarprodukte) sowie öffentliche Infrastrukturen wie Eisenbahnen, Häfen, Flughäfen, Telekommunikation, Energie und Wasser der privaten Hand übereignet. Gleichzeitig wurden der öffentliche Sektor und auch soziale Dienstleistungen stark gekürzt. Unter diesen Vorzeichen veränderte sich die Arbeitsmarktstruktur in Lateinamerika fundamental.

Die Exportorientierung förderte zunehmend kapitalintensive Industrien, zum Beispiel bei der Verarbeitung von Rohstoffen, während es in klassischen, arbeitsintensiven ISI-Betrieben zum Abbau von Arbeitsplätzen und zur Deindustrialisierung kam. In Brasilien zum Beispiel verloren aus diesen Gründen zwischen 1988 und 1998 1,7 Millionen Industriearbeiter ihren Job (Anner 2008: 38); regional verdoppelte sich die offene Arbeitslosigkeit und stieg bis zum Jahr 2000 auf zehn Prozent. Dort wo Produktionsstandorte erhalten blieben, wandelte sich deren betriebliche Organisation grundlegend: es setzte sich die Tendenz des *outsourcing* und *subcontracting* einzelner Fertigungsschritte (Dombois/Pries 1999) sowie in Mexiko und Zentralamerika – vor dem Hintergrund expandierender Freihandelszonen – die arbeitsintensive *maquiladora*-Montageproduktion durch. Eingebunden in globale Wertschöpfungsketten gewannen auch dort lokale *subcontracter* zunehmend an Relevanz, die vorwiegend auf niedrig qualifizierte Arbeitskräfte zurückgriffen (Robinson 2008: 104ff.). Zudem erodierten Formen traditioneller Landwirtschaft. Sie wurden nur teilweise durch neue exportorientierte landwirtschaftliche Beschäftigungsmöglichkeiten ersetzt.

Bemerkenswert ist außerdem der drastische Anstieg weiblicher Erwerbstätigkeit, für den verschiedene Gründe aufgeführt werden: Mit den

Folgen der Schuldenkrise, der Erosion sowohl des *male breadwinner* Modells als auch von Möglichkeiten der Subsistenzarbeit in der traditionellen Landwirtschaft stieg die Notwendigkeit, dass mehrere Haushaltsmitglieder Lohnarbeit nachgingen. Neu entstandene Dienstleistungsberufe oder auch die *maquiladora*-Produktion fragten zudem überwiegend niedrig qualifizierte weibliche Arbeitskraft nach mit der Konsequenz, dass Frauen überproportional Tätigkeiten niedriger Entlohnung nachgingen und sich bald mehrheitlich in sozial benachteiligten Arbeitsmarktsegmenten wiederfanden. Der massenhafte prekäre Erwerbseintritt von Frauen in Niedriglohnsegmente erhöhte zugleich den Druck auf die privilegierten Lohnpositionen von Männern, sodass die »Feminisierung« der Arbeit in Bezug auf die geschlechterspezifische Arbeitsmarktpositionierung für Männer oftmals einen »Angleich nach unten« bedeutete (Bellone Hite/Viterna 2005; vgl. auch den Beitrag von Pérez-Sáinz in diesem Band).

Prinzipiell haben sich mit dem Beginn des Neoliberalismus in der Region also zwei Arbeitsmarkttrends ausgeprägt: Erstens wurden neue Arbeitsplätze ab den 1990er Jahren fast ausschließlich im Privatsektor geschaffen; im öffentlichen Sektor war die Beschäftigung ab Krisenbeginn rückläufig. Zweitens nahm dabei die Beschäftigung in kleinen und mittleren Wirtschaftseinheiten gegenüber großen Betrieben deutlich zu. Über die Hälfte dieser neuen Jobs beinhalteten kein Recht auf Sozialversicherung, beziehungsweise waren sie zu knapp 70 Prozent im informellen Sektor angesiedelt. Zudem stieg der Anteil prekärer Beschäftigung zwischen 1990 und 2005 um rund ein Drittel (ILO 2002; Tokman 2007: 6). Da die kleineren Betriebe nicht nur weniger formalisiert, sondern tendenziell auch unproduktiver waren, differenzierte sich die bereits in der ISI-Phase vorhandene strukturelle Heterogenität auf den Arbeitsmärkten weiter aus und vertiefte sich (CEPAL 2011: 107).[5]

Politisch wurden diese Entwicklungen über grundlegende Reformen des Arbeitsrechts flankiert, wobei individualrechtlich vor allem Lockerungen des Kündigungsschutzes, die Senkung der Lohnnebenkosten sowie die Flexibilisierung der Arbeitszeiten und die Ausweitung der Befristungsmöglichkeiten gesetzlich implementiert wurden (Vega Ruíz 2005: 25ff.). Die

5 Hiermit korreliert zugleich der Anstieg sozialer Ungleichheit: Der Gini-Koeffizient lag im Jahr 1990 im lateinamerikanischen Durchschnitt bei 0.497 während der CEPAL Index zur Messung des Produktivitätsgefälles bei 0.94 lag. Beide Werte stiegen bis zum Jahr 1998 deutlich an: der Gini-Koeffizient auf 0.513 und der Wert des Produktivitätsgefälles auf 1.24 (CEPAL 2011: 107).

Folge waren Arbeitsverträge – von der Bevölkerung bald als »Schrottverträge« verhöhnt –, die auf vielfältige Weise die Legalisierung hochgradig flexibilisierter Arbeitsverhältnisse in Form von Auslagerungen, Unterverträgen, Scheinkooperativen oder »Ein-Personen-Unternehmen« ermöglichten (Uriarte 2008: 90). Bei den Kollektivrechten führte die Demokratisierung der Region hingegen zu einer Revitalisierung und teilweise sogar Ausweitung gewerkschaftlicher Autonomie (Anner 2008: 37). Besonders in Ländern mit stark korporatistischen Traditionen wie in Argentinien, Mexiko und Brasilien konnten Gewerkschaften ihre teilweise die Diktaturen überdauernden Privilegien weiter ausbauen (Dombois 2006: 163). Allerdings führte der strukturelle Wandel des Arbeitsmarktes, die allgemeine Zunahme informeller Beschäftigung und die Atomisierung der Rechtseinheiten (wie über »Schrottverträge«) immer stärker zu einer Individualisierung der Arbeitsbeziehungen. Gewerkschaftliche Kollektivrechte und die damit verbundene Durchsetzungsmacht wurde vom ISI-Privileg mehrerer zur Exklusivität für (immer) weniger Beschäftigte, sodass die erwerbstätige Mehrheit kaum noch kollektiv vertreten wurde. Folgerichtig ging der gewerkschaftliche Organisationsgrad in allen lateinamerikanischen Ländern ab den 1990er Jahren deutlich zurück (Anner 2008).

Auch der Umbau der Sozialsysteme folgte Markt- und Privatisierungsvorgaben und stellte sich für viele bald als ein Abbau sozialer Sicherung dar. Die Umstellung des neoliberalen Musterschülers Chile von einem staatlichem Umlagesystem zu einer kapitalgedeckten, privatwirtschaftlichen Gesundheits- und Rentenversicherung im Jahr 1981 diente als Blaupause, um ab Beginn der 1990er Jahre in zahlreichen Ländern private Sozialleistungen zu implementieren, die entweder mit dem staatlichen System konkurrierten, es ersetzten oder ergänzten (Mesa-Lago 2004). Zwar konnte auch hier eine exklusive Schicht von gut situierten Wohlfahrtsprivilegierten ihre sozialpolitischen Rechte erhalten. Dennoch sanken insgesamt durch den Rückgang sozialversicherter Arbeit der Deckungsgrad und die Leistungsdichte der Sozialleistungen (Haggard/Kaufman 2008: 298ff.). Verschiedene neoliberale Kompensationsmaßnahmen, die versuchten, besonders Bedürftige über Sozialfonds, Mikrokredite oder Einkommenstransfers (die Vorläuferprogramme der heutigen *Conditional Cash Transfers* – CCT) vor sozialen Härten zu schützen, waren anfangs nur begrenzt erfolgreich (Burchardt 2004b) und konnten eine deutliche Zunahme der Armut nicht verhindern (Harvey 2005). Im Jahr 1990 erreichten die Armutsraten in Lateinamerika mit 48 Prozent einen historischen Höhepunkt, der in der folgenden Dekade nur um wenige Prozente verringert werden konnte (CEPAL 2011: Kap. 1). Mit anderen Worten deutete der Bedeutungsgewinn assistentialistischer Sozialprogramme bereits in der Phase des Neoliberalismus den Wandel von einem *conservative/truncated* zu einem *liberal/hyphanated* Wohlfahrtsregime an, der sich mit der weiteren Ausbreitung der CCT-Programme im folgenden Jahrtausend konsolidierte (Barrientos 2009). Die tendenzielle Liberalisierung der Sozialversicherung und deren Überlagerung durch assistentialistische Sozialleistungen führten ebenso zu einer zunehmenden Zersetzung der Grenzen zwischen Formalisierung und Informalisierung, wie sie auch auf dem Arbeitsmarkt zu beobachten war.

Es waren aber nicht ausschließlich die sozialen Verwerfungen, die den Neoliberalismus in der Region in die Krise stürzten. Anfangs konnte sogar mit der Wiederherstellung der makroökonomischen Gleichgewichte eine Preis- und Geldwertstabilität erzielt werden, von der auch die nicht formalisierten Erwerbstätigen bzw. sozial Marginalisierten profitierten und die dann phasenweise zu einer wichtigen Legitimationsressource der neuen Strategie wurden. Auf Dauer gelang es dem Neoliberalismus jedoch nicht, im Kernbereich seiner Agenda die eigenen Versprechen von wirtschaftlicher Prosperität einzulösen:

»The main strike against neoliberalism is not that it has produced growth at the cost of greater poverty, heightened inequality, and environmental degradation, but that it has actually failed to deliver the economic growth that the world needs to be better equipped to deal with these other challenges« (Rodrik 2002: 3).

In den letzten beiden Dekaden des 20. Jahrhunderts stagnierte die lateinamerikanische Wirtschaft und verlor stark an internationaler Wettbewerbsfähigkeit (WEF 2003); regionale Finanzkrisen wie in Brasilien 1999 oder Argentinien 2001 ließen die Region dann in eine Rezension rutschen, so dass die Legitimierung des Neoliberalismus auch bei den Eliten und wichtigen Interessensgruppen abschmolz. Neue soziale Bewegungen setzten zunehmend die alten Machteliten unter Druck und provozierten zahlreiche Regierungskrisen und -wechsel. Es war wieder einmal Zeit für eine Zeitenwende.

Zyklus III: Re-Formalisierung? Ambivalenzen zum Jahrhundertauftakt

Mit Hugo Chávez in Venezuela, ›Lula‹ da Silva in Brasilien, Néstor Kirchner in Argentinien oder Evo Morales in Bolivien wurden seit 1998 zahlreiche Regierungen ins Amt gewählt oder bestätigt, die zumindest im Diskurs und ihren politischen Agenden der Bearbeitung der sozialen Frage und der Neuorganisierung der Arbeits- und Sozialpolitik große Bedeutung einräum(t)en (Castañeda/Morales 2008: 6ff.; Weyland 2010). Die neuen Regierungsformationen – deren Selbstverständnis zwischen sozialdemokratisch und sozialistisch variiert – agieren seit der ersten Dekade des 21. Jahrhunderts auf der Basis einer außergewöhnlich langen ökonomischen Boomphase, bei der in der Region jährlich Wachstumsraten von durchschnittlich vier bis sechs Prozent des BIPs verzeichnet wurden (OECD/UN-ECLAC 2012: 23ff.). Dieses Wachstum fußt vor allem auf der global stark angestiegenen Rohstoffnachfrage, bei der im Kontext steigender bzw. hoher Weltmarktpreise eine wachsende Extraktion und der Export von Rohstoffen sowie Agrargütern forciert wurden (Burchardt/Dietz 2013). Viele Regierungen Lateinamerikas haben die Einnahmen aus diesen Extraktionsökonomien im nennenswerten Umfang für soziale Belange bzw. für nationale Entwicklungsprogramme eingesetzt. Allein der Anteil der Sozialausgaben am BIP stieg in vielen Staaten bis heute auf bemerkenswerte 20, in einigen Fällen sogar auf knapp 30 Prozent (CEPAL 2011: Kap. 1).

Als politische Innovation/Veränderung ist hierbei zum einen ein weitgehender Privatisierungsstopp im Feld der Sozialversicherungen bzw. teilweise deren Rückführung in den öffentlichen Bereich zu beobachten. Vor diesem Hintergrund wuchs die Zahl der sozialversicherungspflichtigen Beschäftigung im regionalen Durchschnitt auf 53 Prozent und übersteigt damit zurzeit geringfügig den Wert aus dem Jahr 1990 (CEPAL 2011: 128). Grundlegende Reformen des Systems blieben jedoch aus, vielmehr ist eine Restauration der früheren Sozialversicherungsformen zu beobachten, welche der Bismarck'schen Logik folgten und den Versicherungs- mit dem Berufsstatus verkoppelten (Filgueira u.a. 2011: 269). Nur in sehr wenigen Fällen, wie zum Beispiel in Bolivien bei der Altersvorsorge, wurde mit einem Wechsel zu einem universellen System mit diesen tradierten Mustern grundlegend gebrochen (Müller 2012).

Zum anderen überwiegen Bemühungen, die oben bereits genannten assistentialistischen Leistungen auszuweiten. Insbesondere *Conditional Cash*

Transfer-Programme erwiesen sich als adäquates Mittel, um unmittelbar auf krisenbedingte Notlagen und hohe Armutsraten zu reagieren. So wurden diese Programme deutlich ausgebaut oder gar neu initiiert. *Progreso/Oportunidades* in Mexico, *Bolsa Escola/Bolsa Familia* in Brasilien, *Planes Trabajar/Plan de Jefes y Jefas de Hogar* in Argentinien oder *Chile Solidario* bewegen sich seitdem zwischen Momenten des Einkommenstransfers, der Bereitstellung von sozialen Basisdienstleistungen (vor allem Bildung und Gesundheit) und teilweise Instrumenten der Arbeitsmarktintegration. Solche Programme kommen derzeit etwa 12 Prozent der Haushalte Lateinamerikas zugute, wobei der Deckungsgrad zwischen den verschiedenen Ländern erheblich variiert (CEPAL 2009: 97ff.). In Mexiko profitieren 24 Millionen Menschen von den dortigen CCT-Programmen, in Brasilien sind es 44 Millionen. Zahlreiche empirische Studien belegen, dass die Maßnahmen entscheidend dazu beitrugen, dass in der letzten Dekade die Armutsraten der Region auf bemerkenswerte 30 Prozent sanken. Auch in Bezug auf die Einschulungsquote oder den Zugang zu basaler Gesundheitsversorgung können die Programme auf Erfolge verweisen (CEPAL 2009: 97ff.). Zweifelsohne haben die assistentialistischen Maßnahmen also sozial verwundbare Gruppen auf besondere Weise erreicht, soziale und ökonomische Potenziale von benachteiligten Gruppen gefördert und partiell auch die Formalisierung von Arbeitsbeziehungen gestärkt. Da diese Programme aber weiter mit Bedarfsprüfung und bei der Mittelvergabe über intermediäre Instanzen arbeiten, stehen sie permanent unter Klientelismus- und Patronageverdacht (Filgueira u.a. 2011: 268). Nur in wenigen Ausnahmen wie dem *Plan de Equidad* in Uruguay kann in Teilen von einer universellen Leistungsvergabe gesprochen werden (Amarante/Vigorito 2012). Zusätzlich wird darauf hingewiesen, dass die Bedarfsprüfung selbst sozial spaltend wirkt (Barrientos/Santibáñez 2009: 17ff.) oder mit der Wahl von Frauen als primär Förderberechtigte nicht nur deren Stellung verbessert, sondern auch geschlechtliche Rollenzuschreibungen gefestigt werden (Barrientos u.a. 2008). Weit verbreitete Forderungen, die Einkommenstransfers weiter zu institutionalisieren, müssen mit Skepsis betrachtet werden: Denn mit einem Anteil von 0,25 Prozent des regionalen BIP stellen sie heute nur einen Bruchteil der Sozialausgaben dar (CEPAL 2011: Kap.4). Damit überlagern sie zwar die Verteilungslogik der Sozialversicherung stärker als noch in den 1990er Jahren. Sie sind bei dieser knappen Ressourcenzuweisung trotz voller Kassen und expandierender Sozialausgaben dennoch weit davon entfernt, mit der grundsätzlichen Stratifikationslogik lateinamerikanischer Sozialpolitik zu brechen. Alleine dieser Umstand lässt es als zweifelhaft erscheinen, dass *Conditional Cash Transfers* über punktuelle Armutsbekämpfung hinaus mittelfristig formalisierende Dynamiken entfachen, signifikant soziale Rechte ausweiten, geschweige denn die extremen sozialen Ungleichheitsbeziehungen in Frage stellen.

Im Feld der Arbeitspolitik stellt sich die neue Reformagenda der letzten Dekade noch ambivalenter dar: Einerseits wurden vermehrt Standards und Konventionen der Internationalen Arbeitsorganisation (ILO) zum Kompass der Mitte-Linksregierungen. In einigen Ländern wurden die arbeitsvertraglichen Individualrechte ausgebaut, Kündigungsschutz, Befristungen oder Ausgliederungen wieder stärker reguliert und somit Elemente der erwähnten »Schrottverträge« zurückgenommen. Zusätzlich kam es oft zu einer Aufwertung von Arbeitsministerien und dem vermehrten Einsatz von Arbeitsinspektoren, um ein höheres Maß an Rechtssicherheit zu garantieren (Uriarte 2008: 92ff.) Außerdem sorgen zahlreiche Regierungen über die Anhebung von Mindestlöhnen oder durch die Preisfixierung für allgemeine Konsumgüter für einen Anstieg der Reallöhne (Filgueira, u.a. 2011: 272). Diese und andere Maßnahmen führten zu einem Rückgang der informellen Beschäftigung.[6] Dennoch arbeiten heute etwa 12 Prozent der berufstätigen Bevölkerung in unsicheren Beschäftigungsformen ohne ar-

6 Ist dieser Abbau im regionalen Durchschnitt eher dezent, gibt es doch bemerkenswerte Initiativen, die eine weitergehende Betrachtung verdienen: So reduzierte Argentinien den Anteil nicht-registrierter Arbeit zwischen 2003 und 2011 um zehn Prozent von 49 auf 39 Prozent der Berufstätigen (OIT 2011). Dabei wurden unter anderem die Eintrittsbarrieren in die Sozialversicherung zum Beispiel durch eine Neubestimmung der Beitragszahlungen oder durch Vereinfachungen der Arbeitserlaubnisse für Migranten gesenkt (Bertranou/Maurizio 2011). In Brasilien wuchs zwischen 2004 und 2009 die formelle Beschäftigung im privaten Sektor um 25,3 Prozent und im öffentlichen Dienst um 19,3 Prozent, während informelle Beschäftigung in relativen und absoluten Zahlen abnahm. Auch hier wurde die Zugangsberechtigung zur Sozialversicherung deutlich erleichtert (Krein/dos Santos 2012). In Uruguay, wo die sozialversicherungspflichtige Beschäftigung unter der aktuellen Regierung von 60 auf annähernd 80 Prozent der berufstätigen Bevölkerung ausgeweitet wurde, kam es zu einer Restrukturierung der staatlichen Sozialversicherungsanstalt sowie zu der deutlichen Ausweitung und Vertiefung der Kollektivverhandlungen, zum Beispiel über die Integration von Landarbeitern und Haushaltsarbeiterinnen (Raso Delgue u.a. 2010; Rodríguez u.a. 2010). In Brasilien und vor allem in Uruguay gingen diese Prozesse mit einer deutlichen Stärkung gewerkschaftlicher Machtressourcen einher (Cook/Bazler 2013; Weinmann i.E.). Trotz dieser Erfolge bleibt die informelle Beschäftigung auch in den genannten Ländern ein persistentes Merkmal der Arbeitsbeziehungen, welches die Sozialstruktur und Ungleichheitsgenerierung weiter maßgeblich prägt.

beitsrechtlichen Schutz und etwa die Hälfte der Lateinamerikanerinnen und Lateinamerikaner im informellen Sektor (ILO 2011: 65). Sozialversicherte Beschäftigung bleibt weiterhin ein Privileg strategisch wichtiger Berufsgruppen, die in Arbeitsmarktsegmenten mittlerer und hoher Produktivität formeller Beschäftigung angesiedelt sind, wie der hohe Deckungsgrad bei Beschäftigten im Öffentlichen Dienst (91,4 Prozent), Facharbeitern (67,9 Prozent) und Beschäftigten mit hoher Qualifikation in der Privatbranche (72,2 Prozent) zeigt. Demgegenüber haben typische Berufsgruppen der Arbeitsmarktsegmente niedriger Produktivität wie zum Beispiel Haushaltsarbeiterinnen (22,7 Prozent) oder gering qualifizierte Beschäftigte in der freien Wirtschaft (15,1 Prozent) einen wesentlich geringeren Deckungsgrad vorzuweisen; in diesen Sektoren sind außerdem deutlich niedrigere Einkommen sowie fehlende Tarif- oder Arbeitsvertragsbindungen anzutreffen (CEPAL 2011: Kap. 4). Ein Vergleich der Effekte der neuen sozial- und arbeitspolitischen Reformen verdeutlicht, dass sich die soziale Lage vieler Lateinamerikanerinnen und Lateinamerikaner hierüber zwar tendenziell verbessert hat, allerdings stärker für die traditionell privilegierteren Beschäftigungssektoren, während die Einkommensquintile und Beschäftigungsgruppen niedriger Produktivität neben leichten Verbesserungen heute teilweise sogar seltener Zugang zu sozialen Sicherungssystemen haben als noch zu Beginn der 1990er Jahre (CEPAL 2010: Kap. 5; CEPAL 2011: Kap. 3,4).

Prinzipiell scheint die aktuelle Neuordnung der Sozial- und Arbeitspolitik im Zuge des anhaltenden Wirtschaftsaufschwungs also durchaus Neuerungen und Justierungen hervorgebracht zu haben, deren Ergebnisse die soziale Frage in der Region entschärfen konnten, nicht aber die tradierten Strukturmerkmale der Region veränderten. So garantieren die Einkommenstransfers wachsenden Bevölkerungsteilen einen partiellen Zugang zu Sozialleistungen; die Eintrittsbarrieren in den formalen, sozialversicherten Arbeitsmarkt bleiben aber hoch, in Teilen sind sie sogar gestiegen. Das Maß an sozialer Sicherheit bleibt weiter über den Berufsstatus an privilegierte soziale Zugehörigkeiten gebunden. Die bisherige Kontinuität, die die informelle Beschäftigung durchgehend durch alle Regulierungszyklen Lateinamerikas auszeichnete, lässt hierbei wenig Zweifel daran, dass sie eine zentrale Kategorie ist, an der sich die Qualität des strukturellen Wandels der Region auch in Zukunft ablesen lassen wird.

Impulse für eine Perspektiverweiterung der Informalitätsforschung

Vor dem Hintergrund dieser Trends mehren sich Debatten um die Frage, ob es sich bei dem jüngsten Politikzyklus um eine neue Phase der Inkorporation handelt, oder aber die Kontinuitäten der Exklusion überwiegen (Andrenacci 2012; Filgueira u.a. 2011). Die Konstitution informeller Beschäftigung stellt bei der Bearbeitung dieser Problemstellung eine zentrale Referenz dar. Unsere Ausführungen haben verdeutlicht, dass der Anteil und der Charakter informeller Arbeit in Lateinamerika nicht nur Ausdruck von ökonomischer Strukturveränderung ist, sondern gerade auch von arbeits- und sozialpolitischen Interventionen. Die Rolle der Politik beim Austarieren von In-Formalitätsbeziehungen gilt es nun weiter zu dechiffrieren. Diese Aufgabe ist auch in der lateinamerikanischen Informalitätsforschung lange vernachlässigt worden (Ferández-Kelly 2006).

Ideengeschichtlich ist die konzeptionelle Reflexion über Informalität in Lateinamerika eng verwoben mit den hier skizzierten Zyklen. Während der ISI-Phase sensibilisierte die gleichzeitige Entwicklung von Formalität und Informalität innerhalb der urbanen Arbeitsmarktstruktur die Forschung dafür, sich erstmals auch im lateinamerikanischen Kontext mit Phänomenen der informellen Arbeit zu beschäftigen. Zunächst rückten »marginalisierte Massen« auf die Agenda der Sozialwissenschaftler, die in einer marxistischen Lesart als besondere Form der »industriellen Reservearmee« angesehen wurden. Entweder im Sinne freigesetzter Arbeitskraft, ohne jedoch vom Lohnarbeitsmarkt absorbiert zu werden (Nún 1969), oder als besonderer Ausdruck eines peripheren Kapitalismus, der sich durch eine Konfiguration verschiedener Produktionsweisen mit einem marginalisierten Pol auszeichnet (Quijano 1977). Andere identifizierten »strukturelle Unterbeschäftigung« als originäres Strukturproblem von Entwicklungsländern (Bairoch 1976), während unter dem Dach des ILO Programms »PREALC« erstmals auch im lateinamerikanischen Kontext explizit dem informellen Sektor in verschiedenen Städten nachgespürt wurde (PREALC 1981). Die Ansätze verschiedener Provenienz verstanden die neu entdeckten, marginalisierten oder informellen Gruppen weitgehend im Sinn einer dualistischen Lesart als armutsträchtige Überlebensarbeiter, abgekoppelt von modernen oder entwickelt kapitalistischen Arbeitsmarktsektoren (Portes/Schauffler 1993: 39).

Mit der Schuldenkrise, den Umbrüchen in der Arbeitsmarktstruktur, der sukzessiven Deregulierung formalisierter Beschäftigung, neuen »Schrottverträgen« und Formen des *subcontracting* und *outsourcing* erfuhren wiederum Studien an Relevanz, die die subordinierte Eingliederung informeller Beschäftigungsformen in die (globale) kapitalistische Wertschöpfung betonten und auf die hohen Ausbeutungsraten informeller Arbeit hinwiesen (Portes u.a. 1989; Moser 1978). Demgegenüber sah die liberale Lesart informelle Erwerbstätige und Unternehmen als innovatives Mittel zur Überwindung überkommener und verkrusteter staatlicher Überregulierung. Vor allem Hernando de Sotos Arbeiten (1989) und Studien um das *Instituto Libertad y Democracia* (ILD) inspirierten anhand dieser Interpretation marktliberale Politiken, so zum Beispiel die Vergabe von Mikrokrediten.

Mit der Delegitimierung und Krise des Neoliberalismus haben über das letzte Jahrzehnt Informalitätskonzepte der ILO regional an Bedeutung gewonnen und teilweise auch Einzug in die Politikgestaltung genommen. Die ILO setzt auf die Integration verschiedener Lesarten der Informalität und hat neue Erhebungsmethoden entwickelt, die verschiedene Formen informeller Beschäftigung differenziert betrachten und Politikempfehlungen entlang von *decent work* Standards[7] ermöglichen sollen (vgl. Burchardt u.a. in diesem Band; CEPAL/OIT 2013). Gleichzeitig ist in den letzten Jahren eine Renaissance der deskriptiven Verwendung des Konzepts der strukturellen Heterogenität festzustellen, dass die Persistenz der informellen Beschäftigung im Kontext der besonderen Arbeitsmarktstruktur in Lateinamerika diskutiert (CEPAL 2010, 2011). Langsam beginnt sich hierüber auch in der Informalitätsforschung eine Erkenntnis durchzusetzen, die in der Arbeits- und Sozialpolitikforschung seit langem bekannt ist (und eben solange auch immer wieder ignoriert wird): Arbeitsmarkt und Arbeits- und Sozialpolitik sind weder dichotom noch als Antipoden zu denken. Sie bedingen sich immer gegenseitig. Auch in Lateinamerika gilt: »The labor market as autonomous from politics is a myth« (Esping-Andersen 1990: 146). Hieran gilt es anzuknüpfen!

7 Unter *decent work* wird im weitesten Sinn ›gute und menschenwürdige Arbeit‹ verstanden. Die ILO hat eine Agenda entwickelt, entlang derer *decent work* diskutiert werden kann: 1. produktive Arbeit, die ein faires Einkommen sichert; 2. Sicherheit am Arbeitsplatz; 3. Soziale Sicherung, Entwicklungsmöglichkeiten, soziale Integration; 4. Meinungsfreiheit, Organisationsfreiheit und das Recht auf Teilhabe; 5. Nichtdiskriminierung sowie Chancengleichheit für Männer und Frauen (siehe: www.ilo.org).

Künftige Studien über die politische Konstitution von In-Formalitätsbeziehungen sollten unserer Ansicht nach der Frage nachgehen, ob die gegenwärtigen Politiken mit tradierten Stratifikations- und Exklusionslogiken brechen oder sie weiter vertiefen. Hierzu können inhaltliche ›Konvergenzpunkte‹ benannt werden, in denen sich zentrale Logiken und Momente sozialer Schließung verdichten bzw. potentiell mit ihnen gebrochen wird. Dieser Ansatz lässt sich anhand von drei Forschungsfragen inhaltlich zuspitzen:

Erstens stellt sich die Frage, inwieweit Reformen zu der Entkopplung von Sozialversicherungsansprüchen und des Zugangs zu öffentlicher Daseinsfürsorge beitragen. Diese Problemstellung ist besonders relevant, da aufgrund des *insider/outsider*-Prinzips bisheriger lateinamerikanischer Sozialpolitik Sozialversicherungsansprüche meistens formal Beschäftigten in strategisch wichtigen Sektoren vorbehalten sind. Während eine weitere vertikale Vertiefung von Sozialleistungen darum der bislang dominanten Verteilungslogik eher folgen würde, wäre eine horizontale Ausweitung des Deckungsgrads auf bislang exkludierte Beschäftigungsgruppen vor allem im Bereich der informellen Beschäftigung ein Abkehren von den bisherigen Mustern und würde der bislang wenig empirisch gesicherten These einer neuen Inkorporationsphase entsprechen (Andrenacci 2012).

Zweitens ist zu untersuchen, inwiefern Politiken zur Regulierung informeller Tätigkeiten beitragen. Mit einer Ausweitung von Sozialversicherungsansprüchen geht noch nicht zwingend eine Veränderung der Erwerbsstruktur oder eine qualitative Behebung des oftmals prekären Charakters informeller Beschäftigung einher (zum Beispiel in Bezug auf Arbeitszeit, Lohngefüge, Arbeitsschutz etc.). Weiterhin ist in Lateinamerika die aktuelle Zunahme formaler Arbeit oft das Ergebnis von Beschäftigungseffekten wirtschaftlichen Wachstums. Es ist darum zu prüfen, inwieweit Arbeitsmarktreformen auch einen qualitativen Beitrag zur Umverteilung leisten, also ob – und wenn ja – wo und weshalb das Volumen formeller Beschäftigung proportional gegenüber den informellen Tätigkeiten zunimmt. Hier würde eine nicht ausschließlich auf Wirtschaftswachstum und Beschäftigungseffekte basierende Zunahme formaler Arbeit einen Trendwechsel gegenüber den 1990er Jahren bedeuten, als Tätigkeiten vor allem innerhalb der informellen Ökonomie wuchsen.

Drittens ist von Interesse, ob es über Reformen gelingt, besonders prekäre Gruppen wie Frauen, Landarbeiter, spezifische ethnische Gruppen, Jugendliche oder Migranten in den formalen Arbeitsmarkt zu integrieren, oder aber ob diese zur Umsetzung von *decent work*-Standards in Bereichen der informellen Ökonomie beitragen, die sich kaum formalisieren lassen. Es sind diese Bevölkerungsgruppen, die innerhalb der informellen Ökonomie überrepräsentiert sind und aufgrund ihrer oftmals »unsichtbaren« Tätigkeiten nicht selten aus statistischen Erhebungen herausfallen und darüber hinaus überproportional in den armutsträchtigen und prekären Segmenten der informellen Beschäftigung anzutreffen sind. Es ist zu fragen, ob und wie eine politische Repräsentation dieser Gruppen befördert bzw. verhindert wird, und ob die Reformen jüngeren Datums Anreize geschaffen haben, sie in formelle Beschäftigungsverhältnisse einzugliedern.

Anstatt entlang dieser Konvergenzpunkte ein weiteres Mal im Stile geläufiger Informalitätsforschung nach »guter«, »schlechter«, »effektiver« oder »ineffizienter« Politik zu fragen, lassen sich über einen anderen Forschungsfokus die gesellschaftlichen Konstellationen der In-Formalitätsbeziehungen in Lateinamerika genauer bestimmen. Unserer Ansicht nach liegt in der Reziprozität zwischen politischer Regulierung und Informalität das besondere analytische Potential der Informalitätskategorie, welches bisher noch zu wenig erkannt bzw. genutzt wurde. Unserer Betrachtung entsprechend ist in diesem Sinn in Lateinamerika eine zentrale Einflussgröße bei der Generierung informeller Beschäftigung die Arbeits- und Sozialpolitik. Diese wird schon länger als ein Feld begriffen, auf dem um Verteilung gerungen wird und in dem sich ökonomische Strukturzwänge, Interessensformationen, politische Legitimationsforderungen und auch Eigenlogiken staatlichen Handelns verdichten (Offe 2006). Mit einer solchen Perspektive wird die Ergründung der In-Formalitätskonstellationen in Lateinamerika zu einem Schaukasten von Macht- und Herrschaftsmechanismen, dessen Betrachtung ebenso neue Hinweise auf die Qualität der aktuellen Reformen verspricht.

Literatur

Amarante, Verónica/Vigorito Andrea (2012), *The Expansion of Non-Contributory Transfers in Uruguay in Recent Years*, The International Policy Centre for Inclusive Growth, research brief, 29.

Andrenacci, Luciano (2012), »From Developmentalism to Inclusionism: On the Transformation of Latin American Welfare Regimes in the Early 21st Century«, in: *Journal für Entwicklungspolitik*, 28 (1), S. 35–57.

Anner, Mark (2008), »Meeting the Challanges of Industrial Restructuring: Labor Reform and Enforcement in Latin America«, in: *Latin America Politics and Society* 50 (2), S. 33–65.

Arditi, Benjamin (2008), »Arguments about the Left Turn(s) in Latin Ameirca: A Post-liberal Politics«, in: *Latin American Research Review* 43 (3), S. 59–81.

Bairoch, Paul (1976), *Urban Unemployment in Developing Countries: The Nature of the Problem and Proposals for its Solutions*, Genf.

Barrientos, Armando (2009), »Labour markets and the (hyphenated) welfare regime in Latin America«, in: *Economy and Society*, 38 (1), S. 87–108.

— /Santibáñez, Claudio (2009), »New Forms of Social Assistance and the Evolution of Social Protection in Latin America«, in: *Journal of Latin American Studies*, 41 (1), S. 1–26.

— /Gideon, Jasmine/Molyneux, Maxine (2008), »New Developments in Latin America's Social Policy«, in: *Development & Change*, 39 (5), S. 759–774.

Bellone Hite, Amy/Viterna, Jocelyn S. (2005), »Gendering Class in Latin America: How Women Effect and Experience Change in Class Structure«, in: *Latin American Research Review*, 40 (2), S. 50–82.

Bertranou, Fabio/Maurizio, Roxana (2011) (Hg.), *Trabajadores independientes, mercado laboral e informalidad en Argentina*, Buenos Aires.

Boeckh, Andreas (2002), »Die Ursachen der Entwicklungsblockaden in Lateinamerika: Einige entwicklungstheoretische Mutmaßungen«, in: *Leviathan*, 30 (4), S. 509–529.

Boris, Dieter (2009), *Lateinamerikas Politische Ökonomie – Aufbruch aus historischen Abhängigkeiten im 21. Jahrhundert?*, Hamburg.

Breman, Jan (1976), »A Dualistic Labour System? A Critique of the ›Informal Sector‹ Concept, II: A Fragmented Labour Market«, in: *Economic and Political Weekly*, 11 (49), S. 1905–1908.

Bridsall, Nancy/Lustig, Nora/McLeod, Darryl (2012), »Declining Inequality in Latin America: Some Economics, Some Politics«, in: Kingstone, Peter/Yashar, Deborah J. (Hg.), *Routledge Handbook of Latin American Politics*, New York/ London, S. 158–180.

Burchardt, Hans-Jürgen (2004a), *Zeitenwende. Politik nach dem Neoliberalismus*, Stuttgart.

— (2004b), »Neue Konturen in der internationalen Sozialpolitik: Paradigmenwechsel am Horizont?«, in: Croissant, Aurel/Erdmann, Gero/Rüb, Friedbert W. (Hg.), *Wohlfahrtsstaatliche Politik in jungen Demokratien*, Wiesbaden, S. 111–130.

— /Dietz, Kristina (2013), »Extraktivismus in Lateinamerika – der Versuch einer Fundierung«, in: Burchardt, Hans-Jürgen/Dietz, Kristina/Öhlschläger, Rainer (Hg.), *Umwelt und Entwicklung im 21. Jahrhundert. Impulse und Analysen aus Lateinamerika*, Baden-Baden, S. 181–200.

Castañeda, Jorge G./Morales, Marco A. (2008), »The current state of the Utopia«, in: Castañeda, Jorge G./Morales, Marco A. (Hg.), *Leftovers. Tales of the Latin American Left*, New York, S. 3–18.

CEPAL (2011), *Social Panorama of Latin America,* Santiago de Chile.

— (2010), *Time for equality – Closing gaps, opening trails,* Brasilia.

— (2009), *Social Panorama of Latin America.* Santiago de Chile.

CEPAL/OIT (2013), *Conyuntura Laboral en América Latina y el Caribe. Avances y desafíos en la mediación del trabajo decente,* Santiago de Chile.

Chang, Dae-Oup (2009), »Informalising Labour in Asia's Global Factory«, in: *Journal of Contemporary Asia*, 39 (2), S. 161–179.

Chávez, Daniel/Rodríguez Garavito, César A./Barret, Patrick (2008), »Utopía Revivida? Introducción al estudio de la nueva izquierda latinoamericana«, in: Chávez, Daniel/Rodríguez Garavito, César A./Barret, Patrick (Hg.), *La nueva izquierda en América Latina*, Madrid, S. 31–77.

Chen, Martha Alter (2007), *Rethinking the Informal Economy: Linkages with the Formal Economy and the Formal Regulatory Environment*, DESA Working Paper, 46, New York.

Collier, David/Collier, Ruth Berins (2002), *Shaping the Political Arena. Critical Junctures, the Labor Movement and Regime Dynamics in Latin America,* Princeton.

Cook, Maria Lorena/Bazler, Joseph C (2013), *Bringing Unions Back In: Labour and Left Governments in Latin America*, Working Papers ILR Collection, Cornell University.

de Ferranti, David/Perry, Guillermo/Ferreira, Francisco/Walton, Michael (2004) (Hg.), *Inequality in Latin America and the Caribbean: Breaking with History?*, Washington DC.

de Soto, Hernando (1989), *The Other Path: The Economic Answer to Terrorism,* New York.

Dombois, Rainer (2006), »Korporatistische Paradoxien. Zu den Veränderungen der institutionellen Arbeitsbeziehungen in Lateinamerika am Beispiel der Arbeitsrechtsreformen«, in: *Lateinamerika Analysen,* 14 (2), S. 141–168.

— /Pries, Ludger (1999), *Neue Arbeitsregimes im Transformationsprozess Lateinamerikas – Arbeitsbeziehungen zwischen Markt und Staat*, Münster.

ESDE (2013), *Employment and Social Developments in Europe 2012,* European Commission, Brüssel.

Esping-Andersen, Gøsta (1990), *The Three Worlds of Welfare Capitalism*, Princeton/New Jersey.

Evers, Tilman (1977), *Bürgerliche Herrschaft in der Dritten Welt*, Köln/Frankfurt am Main.

Fernández-Kelly, Patricia (2006), »Introducion«, in: Fernández-Kelly, Patricia/Shefner, Jon (Hg.), *Out of the shadows: political action and the informal economy*, Pennsylvania, S. 1–22.

Filgueira, Fernando/Reygadas, Luis/Luna, Juan Pablo/Alegre, Pablo (2011), »Shallow States, Deep Inequalities, and the Limits of Conservative Modernization: The Politics and Policies of Incorporation in Latin America«, in: Blofield, Merike (Hg.), *The Great Gap. Inequality and the Politics of Redistribution in Latin America*, Pennsylvania, S. 245–277.

Haggard, Stephen/Kaufman, Robert (2008*), Development, Democracy, and Welfare States. Latin America, East Asia, and Eastern Europe*, Princeton/Oxford.

Hart, Keith (1973), »Informal Income Opportunities and Urban Employment in Ghana«, in: *The Journal of Modern African Studies*, 11 (1), S. 61–89.

Harvey, David (2005), *A Brief History of Neoliberalism*, Oxford.

Hussmanns, Ralf (2004), *Measuring the informal economy: From employment in the informal sector to informal employment*, ILO Working Paper, 53, Genf.

ILO (2013), *Global Employment Trends 2013. Recovering from a second jobs dip*, Genf.

— (2012), *Panorama Laboral 2012. América Latina y el Caribe*, Lima.

— (2011), *Labour Overview. Latin America and the Caribbean*, Lima.

— (2002), *Labour Overview. Latin America and the Caribbean*, Lima.

Jütting, Johannes/de Laiglesia Juan R (2009), *Is Informal Normal? Towards More and Better Jobs in Developing Countries*, OECD Publishing.

Kalleberg, Arne L. (2009), »Precarious Work, Insecure Workers: Employment Relations in Transition«, in: *American Sociological Review*, 78 (4), S. 1–22.

Kaufmann, Franz-Xaver (2003), *Varianten des Wohlfahrtsstaats. Der deutsche Sozialstaat im internationalen Vergleich*, Frankfurt am Main.

Krein, José Dari/dos Santos, Luis Anselmo (2012), »La formalización del trabajo en Brasil. El crecimiento económico y los efectos de las políticas laborales«, in: *Nueva Sociedad*, 239, S. 90–101.

Love, Joseph L. (1980), »Raúl Prebisch and the Origins of the Doctrine of Unequal Exchange«, in: *Latin American Research Review*, 15 (3), S. 45–72.

Malloy, James (1979), *The Politics of Social Security in Brazil*, Pittsburgh.

— (1977), *Authoritarism and corporatism in Latin America,* Pittsburgh.

Mesa-Lago, Carmelo (2004), »La reforma de pensiones en América Latina: modelos y características, mitos y desempeños, y lecciones«, in: Hujo, Katja/Mesa-Lago, Carmelo/Nitsch, Manfred (Hg.), *Públicos o privados? Los sistemas de pensiones en América Latina después de dos décadas de reformas*, Caracas, S. 21–56.

— (1991), »Social Security in Latin America and the Caribbean: A Comparative Assessment«, in: Ehtisham, Ahmad/Drèze, Jean/Hills, John/Sen, Amartya,*Social Security in Developing Countries*, Oxford, S. 358–362.

— (1978) (Hg.), *Social Security in Latin America: Pressure Groups, Stratification and Inequality*, Pittsburgh.

Moser, Caroline O.N (1978), »Informal sector or petty commodity production: Dualism or dependence in urban development?«, in: *World Development*, 6 (9/10), S. 1041–1064.

Mückenberger, Ulrich (1985), »Die Krise des Normalarbeitsverhältnisses. Hat das Arbeitsrecht noch Zukunft?«, in: *Zeitschrift für Sozialreform*, 31 (7/8), S. 415–434, 457–475.

Müller, Katharina (2012), »Alterssicherung zwischen Privilegien und sozialen Rechten. Befunde aus Lateinamerika«, in: Burchardt, Hans-Jürgen/Tittor, Anne/Weinmann, Nico (Hg.), *Sozialpolitik in globaler Perspektive. Asien, Afrika und Lateinamerika*, Frankfurt am Main, S. 221–246.

Nún, José (1969), »Superpoblación relativa, ejército industrial de reserva y masa marginal«, in: *Revista Latinoamericana de Sociología*, 5, S. 178–236.

O'Donnell, Guillermo (1982), *El Estado Buricrático Autoritario. Triunfos, derrotas y crisis*, Buenos Aires.

OECD/UN-ECLAC (2012), *Latin American Economic Outlook 2013*, OECD.

Offe, Claus (2006), *Strukturprobleme des kapitalistischen Staates* – Veränderte Neuausgabe, Frankfurt am Main.

— (1984) (Hg.), *›Arbeitsgesellschaft‹: Strukturprobleme und Zukunftsperspektiven*, Frankfurt am Main/New York.

OIT (2011), »La formalización del empleo en Argentina«, in: *Notas OIT. Trabajo decente en Argentina*, Buenos Aires.

Pike, Frederick B./Strich, Thomas (1974), *The New Corporatism. Social-Political Structures in the Iberian World*, Notre Dame.

Portes, Alejandro/Schauffler, Richard (1993), »Competing Perspectives on the Latin American Informal Sector«, in: *Population and Development Review*, 19 (1), S. 33–60.

— /Castells, Manuel/Benton, Lauren A. (1989) (Hg.), *The Informal Economy: Studies in Advanced and Less Developed Countries*, Baltimore.

PREALC (1982), *El mercado de trabajo en cifras 1950–1980*, Genf.

— (1981), *Sector informal: Funcionamento y politicas*, Santiago de Chile.

Quijano, Aníbal (1977), »Marginaler Pol der Wirtschaft und marginalisierte Arbeitskraft«, in: Senghaas, Dieter (Hg.), *Peripherer Kapitalismus: Analysen über Abhängigkeit und Unterentwicklung*, Frankfurt am Main, S. 298–341.

Raso Delgue, Juan/Barretto Ghione, Hugo/Loustaunau, Nelson (2010), *Las nuevas relaciones laborales en Uruguay*, Montevideo.

Robinson, William I. (2008), *Latin America and Global Capitalism. A Critical Globalization Perspective*, Baltimore.

Rodríguez, Juan Manuel/Cozzano, Beatriz/Mazzuchi, Graciela (2010), *Relaciones Laborales y Modelo de Desarollo*, Montevideo.

Rodrik, Dani (2002), *After Neoliberalism, What?*, unveröffentlichtes Vortragsmanuskript der Tagung *Alternatives to Neoliberalism* in Washington, Mai 2002, http://www.new-rules.org/Docs/afterneolib/rodrik.pdf, 10.07.03.

Senghaas, Dieter (1977), »Vorwort. Elemente einer Theorie des peripheren Kapitalismus«, in: ders. (Hg.), *Peripherer Kapitalismus: Analysen über Abhängigkeit und Unterentwicklung*, Frankfurt am Main, 2. Auflage, S. 7–36.

Thorp, Rosemary (1998), *Progress, Poverty and Exclusión: An Economic History of Latin America in the 20th Century*, Washington D.C.

Tokman, Victor E. (2007), *Informality: Exclusion and Precariousness*, International Labour Office, Geneva.

Uriarte, Oscar Ermida (2008), »Die Arbeitspolitik progressiver Regierungen«, in: *Nueva Sociedad*, Sonderheft September, S 88–106.

Vega Ruíz, María Luz (2005), *La Reforma Laboral en América Latina: 15 años después*, Lima.

World Economic Forum (WEF) (2003), *The global competitiveness report 2002–2003*, New York/Oxford.

Wehr, Ingrid/Burchardt, Hans-Jürgen (2011) (Hg.), *Soziale Ungleichheiten in Lateinamerika. Neue Perspektiven auf Wirtschaft, Politik und Umwelt*, Baden-Baden.

Weinmann, Nico (i.E.), »Uruguay: Gewerkschaftliche Erneuerung durch korporatistische Integration«, in: Schmalz, Stefan/Dörre, Klaus (Hg.), *Comeback der Gewerkschaften. Machtressourcen, innovative Praktiken, internationale Perspektiven*, Frankfurt am Main.

— (2012), »Exklusive Sozialpolitik? Alte Muster und neue Trends in Lateinamerika«, in: Burchardt, Hans-Jürgen/Tittor, Anne/Weinmann, Nico (Hg.), *Sozialpolitik in globaler Perspektive. Asien, Afrika und Lateinamerika*, Frankfurt am Main., S. 141–167.

Weller, Jürgen (1998), *Los mercados laborales en América Latina: su evolución en el largo plazo y sus tendencias recientes*, Santiago de Chile.

Weyland, Kurt (2010), »The Performance of Leftist Governments in Latin America: Conceptual and Theoretical Issues«, in: Weyland, Kurt/Madrid, Raúl/Hunter, Wendy (Hg.), *Leftist Governments in Latin America. Successes and Shortcomings*, Cambridge, S. 1–27.

Whitehead, Laurence (1994), »State Organization in Latin America since 1930«, in: Bethell, Leslie (Hg.), *The Cambridge History of Latin America*, Bd. VI, New York, S. 3–95.

Zhou, Ying (2013), »The State of Precarious Work in China«, in: *American Behavioral Scientis*, 57 (3), S. 354–372.

Das Ähnliche speist den Unterschied:

Die globale Wohlfahrtsdebatte und die Erzeugung »informeller Arbeit« im Indien des 20. Jahrhunderts

Ravi Ahuja

Die Menschen, die heute den indischen Subkontinent und die nordatlantische Region bewohnen – durchleben sie dasselbe Zeitalter in verschiedenen Winkeln desselben sozialen Raums? Zeitgenössischen politischen und akademischen Debatten über »Wohlfahrtsregime«, über Arbeits- und Sozialpolitik zufolge, scheint dies nicht der Fall zu sein. Multiresistente Modernisierungstheoreme sehen in Europas Gegenwart die Zukunft des auf der Zeitachse zurückgebliebenen »Rests der Welt«; ebenso hartnäckiger Kulturalismus beschwört urtümliche, zeitlose, letztlich unüberbrückbare Differenz. Beide Ansätze müssen nicht einmal explizit gemacht werden, um als scheinbar selbstverständliche, keiner weiteren Begründung bedürfende Prämissen der Forschung Scheuklappen anlegen zu können. Wer von einem langfristig unvermeidlichen Prozess der Homogenisierung auch auf dem Gebiet der Arbeits- und Sozialpolitik ausgeht, dem wird es genügen, die fortgeschrittensten Sozialmodelle zu untersuchen und die Komplexität der Analyse nicht durch Einbeziehung von »Nachzüglergesellschaften« unnötig zu erhöhen. Wer von einer essenziellen, prästabilierten Heterogenität menschlicher Gesellschaften ausgeht (also etwa einem putativen europäischen »homo aequalis« einen ebenso putativen asiatischen »homo hierarchicus« entgegensetzt), hat ebenso wenig Anlass, sich auf die Suche nach einer Verflechtungsgeschichte der Arbeits- und Sozialpolitik zu machen, die unterschiedlichste soziale Kontexte durchmisst.

Dieser Artikel versucht, der Scylla homogenisierender Modernisierungstheoreme zu entgehen, ohne sich der kulturalistischen Charybdis absolut gesetzter Heterogenität auszuliefern. Am Fall des in der Mitte des 20. Jahrhunderts entstehenden indischen Wohlfahrtsregimes soll historisch nachvollzogen werden, wie aus sozialpolitischen Ansätzen, die jenen in anderen Teilen der Welt stark ähnelten, ein divergierendes, etwa von europäischen Formen stark abweichendes Regulierungsszenario entstand. Ein arbeitszentriertes Wohlfahrtsverständnis prägte am Ende des »Zeitalters der

Katastrophe« (Hobsbawm 1994), nach Weltkriegen und Weltwirtschaftskrise also, in Indien wie in vielen anderen Teilen der Welt die öffentlichen Diskurse und die Politik. In Indien resultierte es jedoch in einer *minoritären* Sozialpolitik: einer Sozialpolitik, die auf Beschäftigte größerer Betriebe fokussiert war und damit nur einen Bruchteil der Lohnabhängigen einbezog. Sie führte also nicht zur Etablierung einklagbarer sozialer Mindeststandards (weder auf dem Weg staatlicher Hilfsprogramme, noch auf dem einer allgemeinen Sozialversicherung). Stattdessen resultierte sie, so das Argument dieses Aufsatzes, in der Ausdifferenzierung und Sanktionierung von Abgrenzungen zwischen einer »informellen« und einer »formellen« Ökonomie. Zugleich hatte diese Sozialpolitik aber stark deklamatorischen Charakter: Sie setzte insofern neue Erwartungshorizonte, als sie mit dem – niemals eingehaltenen – Versprechen einer späteren Ausdehnung auf die gesamte Erwerbsbevölkerung verbunden war. Wenn sich die Erwartungshorizonte infolge sozialpolitischer Reformen nach dem Zweiten Weltkrieg in vielen Teilen der Welt weiteten, wiewohl in sehr unterschiedlichem Maße, so verengten sie sich auch wieder ebenso regionsübergreifend und ebenso differenziert ab der zweiten Hälfte der 1970er Jahre. In Indien wurde das Versprechen schrittweiser Formalisierung von Arbeitsverhältnissen mit Einsetzen der neoliberalen Wende von der Erfahrung zunehmender Informalisierung verdrängt. Dieser Aufsatz umreißt den Aufstieg und Niedergang von Arbeit als zentraler gesellschaftspolitischer Kategorie im Spannungsfeld der sozialen Konflikte Indiens.

I.

Dem Phänomen der arbeitszentrierten indischen Wohlfahrtspolitik nähern wir uns vom Punkt seiner Auflösung. Um den Zerfall dieses spezifischen Regimes der Reglementierung von Arbeit und Sozialpolitik zu veranschaulichen, werden wir unseren Blick zunächst auf zwei Vorfälle richten, die für sich betrachtet unbedeutend erscheinen mögen, in deren Gewitterlicht größere Prozesse jedoch einen Moment lang deutlicher hervortreten. Im Jahr 2012 ereigneten sich in Indien mindestens zwei signifikante Fälle gewalttätiger industrieller Konflikte, von denen der erste die Medien nur kurze Zeit beschäftigte, während der zweite, obwohl in vielerlei Hinsicht auffallend ähnlich, eine größere öffentliche Debatte anstieß. Der erste Vorfall ereignete sich am 27. Januar 2012 und betraf die Firma Regency Ceramics, einen der größten indischen Produzenten und Exporteure von Fliesen. In ihrer Fabrik in Yanam, einem Gebiet, das von Puducheri aus verwaltet wird, aber in der Küstenregion des Bundesstaates Andhra Pradesh im Südosten Indiens gelegen ist, waren zu diesem Zeitpunkt rund 1.200 Arbeiter beschäftigt. Diese Fabrik war schon seit Monaten Schauplatz von Arbeitskämpfen. Als aber ein angesehener lokaler Gewerkschaftsführer nach einem polizeilichen Schlagstockeinsatz gegen Streikposten in Polizeigewahrsam genommen wurde und dort einer schweren Brustverletzung erlag, setzten einige Angehörige der Belegschaft und der einheimischen Bevölkerung Fabrikgebäude in Brand. Andere griffen den Betriebsleiter in seinem Haus an, der in der Folge an schweren Kopfverletzungen verstarb.

Der zweite Vorfall ereignete sich am 18. Juli 2012 in einer der Fabriken von Indiens größtem Fahrzeughersteller Maruti, an dem der japanische Suzuki-Konzern die Aktienmehrheit hält. Die Fabrik befindet sich in der schnell wachsenden Industriestadt Manesar im Bundestaat Haryana, die in einem Außenbezirk Delhis gelegen ist. Zum Zeitpunkt des Vorfalls waren etwa 3.300 Arbeiter in der Fabrik beschäftigt, von denen 1.500 in regulären Beschäftigungsverhältnissen standen, das heißt ihren Arbeitsvertrag direkt mit dem Unternehmen abgeschlossen hatten. Die übrigen waren sogenannte »contract workers«, wurden also als Leiharbeiter von Subunternehmern beschäftigt. *Contract workers* erhalten jedoch empfindlich niedrigere Löhne und sind mit geringeren Rechtsansprüchen ausgestattet, da große Teile des indischen Arbeits- und Sozialrechts nur in größeren Betriebseinheiten, die dem formellen Sektor zugerechnet werden, Gültigkeit haben. Auch das Werk in Manesar hatte eine Geschichte friedlicher Arbeitskämpfe: Der letzte größere Streik hatte sich ein Jahr zuvor ereignet. Die Ereignisse des 18. Julis scheinen sich an einem Konflikt zwischen einem Angehörigen des Aufsichtspersonals und einem Arbeiter entzündet zu haben. Ersterer beleidigte den letzteren unter Bezug auf seine Zugehörigkeit zu einer *Dalit-* bzw. ehemals »unberührbaren« Kaste, was in einem Handgemenge resultierte. Als Gewerkschafter verlangten, Disziplinarmaßnahmen gegen den Aufseher einzuleiten, wurde stattdessen der *Dalit*-Arbeiter fristlos entlassen. Berichten zufolge soll das Unternehmen zudem ortsbekannte Schläger angeheuert haben, um die »Betriebsruhe« wiederherzustellen. Teile der Belegschaft reagierten auf diese Maßnahmen gewalttätig, indem sie Fabrikgebäude anzündeten und Führungspersonal angriffen. Nach stundenlangen heftigen Zusammenstößen wurde in einer niedergebrannten Fabrikhalle die verkohlte Leiche des Personalchefs des Maruti-Werks aufgefunden.

Ein Vergleich der beiden Vorfälle offenbart sowohl wesentliche Unterschiede als auch bedeutsame Gemeinsamkeiten. Während die Maruti-Belegschaft, viele von ihnen Arbeiter der ersten Generation, einem mächtigen multinationalem Konzern gegenüberstand, der die volle Rückendeckung der sich als besonders unternehmerfreundlich profilierenden Regierung des Bundesstaates Haryana genießt, beeinflusste die Regional- und Kastenpolitik von Puducheri und Andhra Pradesh die Konflikte bei Regency Ceramics in komplexer Weise. Trotz dieser und anderer Unterschiede, ähnelten sich beide Gewaltausbrüche insofern, als ihnen jeweils ein langer Zeitraum von überwiegend friedlichen und überwiegend erfolglosen Arbeitskonflikten vorangegangen war. In Yanam und Manesar bestätigte sich eine Erfahrung, die abhängig Beschäftigte in Indien fast durchgängig machen: Arbeitsrecht und Gesetze zur Regulierung industrieller Beziehungen sind häufig von den Beschäftigten faktisch nicht einklagbar, weil die Justizinstanzen und die um Auslandsinvestitionen konkurrierenden Landesregierungen ihre Implementierung nicht durchsetzen oder sogar offen ablehnen. In Yanam und Manesar spitzte sich diese Erfahrung faktischer Rechtsverweigerung an zwei Kernproblemen zu: erstens, der Koalitionsfreiheit, das heißt der Freiheit, eine Gewerkschaft zu gründen und einer Gewerkschaft eigener Wahl beizutreten (gewährleistet durch den *Indian Trade Union Act* von 1926). Beide Unternehmensleitungen unterliefen dieses Grundrecht, indem sie Gewerkschaftsaktivisten entließen und andere altbewährte Maßnahmen ergriffen, um unbequeme gewerkschaftliche Organisation zu unterbinden. Zweitens ist in beiden Fällen ein anhaltender Konflikt über Forderungen der Belegschaften feststellbar, die Unterschiede in Rechtsstatus, Entlohnung und Sozialleistungsansprüchen zwischen »regulär« oder direkt Beschäftigten und den über Subunternehmer eingestellten *contract workers* zu beseitigen – Letztere erhalten zum Beispiel häufig weniger als die Hälfte des Lohnes ihrer »regulären« Kollegen, obwohl sie oft jahrelang dieselben Tätigkeiten verrichten. Die Forderungen der Arbeiter stützen sich auf den *Contract Labour Act* von 1970, der vorsieht, dass dauerhaft, also nicht saisonal beschäftigte *contract workers* Anspruch auf einen regulären Vertrag haben. In Yanam führte ein offenbar moderater, politisch unambitionierter lokaler Gewerkschaftsführer, der aus der Belegschaft von Regency Ceramics hervorgegangen war, die Verhandlungen. Er schöpfte das volle Repertoire des Mitte des 20. Jahrhunderts arbeitszentrierten Wohlfahrtsregimes aus, indem er auf der Einhaltung geltenden Rechts bestand und Parlamentarier um politische Vermittlung bat. Dennoch starb er unter verdächtigen, nach wie vor ungeklärten Umständen in Polizeigewahrsam. In Manesar konnte auch die umfassende Inanspruchnahme des gesetzlich verankerten Streikrechts eine Anerkennung der von der Belegschaft bevorzugten Gewerkschaft nicht gewährleisten: Legale und friedliche Mittel zur Selbstorganisation hatten jeden Anschein von Wirksamkeit verloren, als die Gewerkschaft nicht einmal in der Lage war, auch nur einen einzelnen Arbeiter vor Diskriminierung wegen seiner Kastenzugehörigkeit zu schützen.

Zunächst waren die öffentlichen Reaktionen auf die Zwischenfälle in Yanam und Manesar einigermaßen vorhersagbar. Belegschaftsfremde oder radikale Außenseiter wurden für die Verschlechterung der Arbeitsbeziehungen verantwortlich gemacht. Militanten Gewerkschaften und »verantwortungslosen« Arbeitern wurde vorgeworfen, den »Markennamen Indien« zu beschmutzen. Der Vorstandsvorsitzende des IT-Konzerns WIPRO, Azim Premji, verlangte, dass die Regierung »rücksichtslos« gegen den sozialen Unfrieden vorgehen solle, der sich im Land entwickele, während Adi Godrej, Präsident des indischen Unternehmerverbands *Confederation of Indian Industries*, industrielle Gewalt mit Terrorismus gleichsetzte, dem nicht durch Suche nach legitimen Motiven beizukommen sei. Ein Leitartikel in der *Times of India* machte die betriebliche Gewerkschaft dafür verantwortlich, dass der industrielle Konflikt zu barbarischer Gewalt degenerierte, und der *Indian Express* verlangte nach gesetzlichem Schutz vor »unvernünftigen und militanten Gewerkschaftsaktivitäten«.[1] Zahlreiche Tweets und Briefe an Zeitungsredakteure spiegelten einen Mittelschichtskonsens wider, der das »irrationale« und undisziplinierte Verhalten der Arbeiter verurteilte und dabei auf orientalistische Klischees zurückgriff, die »altehrwürdige« koloniale Ursprünge haben. Unterdessen richtete sich die Zwangsgewalt der staatlichen Organe auf die Belegschaften der betroffenen Werke, das heißt nicht nur auf diejenigen, bei denen ein konkreter Verdacht auf Beteiligung an Rechtsvergehen und Gewaltakten bestand, sondern auf alle, die an früheren Arbeitskämpfen teilgenommen hatten. In Manesar inhaftierte die Polizei von Haryana wahllos Hunderte von Arbeitern, während Maruti ein Drittel seiner 1.500 regulär beschäftigten Arbeiter entließ, ohne dass diesen in Gerichtsverfahren eine Beteiligung an den Gewaltakten des

1 *The Times of India*, 23. Juli 2012; *The Indian Express*, 23. Juli 2012.

18. Julis nachgewiesen worden wäre. In Yanam führten von lokalen Politikern in offensichtlicher Weise manipulierte Festnahmen von Regency-Beschäftigten und Anwohnern, deren Beteiligung an gewaltsamen Übergriffen auf den Personalchef oder das Fabrikgelände nie nachgewiesen wurde, mehrere Monate später zur Suspendierung zweier Polizisten. Die Umstände des Todes des Gewerkschaftsführers harren dagegen immer noch einer Untersuchung. Die gesamte Belegschaft von Regency Ceramics wurde auch noch ein Jahr nach dem Vorfall von der Firmenleitung ausgesperrt. Das Verhaltensmuster, Arbeiter in Fällen von Arbeitskämpfen eher einer kollektiven Bestrafung zu unterziehen als auf strafrechtliche Verfolgung einzelner Täter zu setzen, wäre so auch unter britischer Herrschaft in den 1920ern und 1930ern zu beobachten gewesen.

Nach dem Vorfall in Manesar waren in der Öffentlichkeit jedoch auch weniger vorhersehbare Reaktionen wahrnehmbar. Mani Shankar Aiyar, ein einflussreicher Politiker der regierenden Kongresspartei, interpretierte den Vorfall als »Ausdruck einer enormen Frustration« über wachsende Ungleichheit, die in der unteren Mittelschicht und in den proletarischen Schichten des urbanen Indiens feststellbar sei. Arbeitsminister Mallikarjun Kharge verkündigte sogar, dass »die Arbeitsgesetze streng eingehalten werden müssen. Versagen in diesem Bereich hat zum Aufflackern von Zwischenfällen wie jenen bei Maruti-Suzuki in Haryana, bei Regency Ceramics in Yanam, Puducheri, und bei Neyveli Liginite Ltd. in Tamil Nadu geführt«.[2] Noch interessanter war die neue Debatte, die in Unternehmerkreisen angestoßen wurde. Ein paar Monate zuvor hatte der Leiter des für industrielle Beziehungen zuständigen Büros der *Federation of Indian Chambers of Commerce and Industry* (FICCI) noch darauf bestanden, dass »Indiens Arbeitsrecht hauptsächlich zu britischen Zeiten gestaltet wurde, als die Bedingungen recht anders waren und Arbeiter Schutz benötigten«. Im Umkehrschluss besteht dieses Schutzerfordernis im gegenwärtigen Indien also nicht mehr, und entsprechend forderte er umfassende Änderungen der Gesetze, die die Registrierung von Gewerkschaften, das Engagement von Belegschaftsfremden in Gewerkschaften, Beschränkungen von Fabrikschließungen, »contract labour« und das Streikrecht regeln. Öffentlich die Abschaffung angeblich »archaischer« oder »obsoleter« Schutzgesetze zu fordern und zugleich ebendiese Gesetze faktisch zu unterlaufen – diese Doppelstrategie hat Indiens Unternehmern seit den 1980ern gute Dienste

---

2 *The Economic Times*, 28. September 2012.

geleistet, gerade auch, weil Gerichte und »wirtschaftsfreundliche« Regierungen nicht auf der Einhaltung der Gesetze bestanden.

Hochrangigen Repräsentant/innen der Unternehmerverbände zufolge löste der Zwischenfall in Manesar »Schockwellen in den Vorstandsetagen von Unternehmen im In- und Ausland aus« und »gibt der Industrie sowie anderen Interessengruppen (»stakeholders«) Gelegenheit, nach langfristigen Lösungen zu suchen, die dabei helfen werden, derartige Ausbrüche in Zukunft zu verhindern«.[3] In Unternehmerkreisen gewann das Argument an Bedeutung, dass die Untergrabung der Koalitionsfreiheit, das Umgehen gültiger Arbeitsgesetze und das Etablieren von Zwei-Klassen-Belegschaften, in der die Unterklasse der Leiharbeiter nur ein Bruchteil der Vergütungen der regulär Beschäftigten erhält, sich als riskante Optionen herausgestellt hatten – Optionen, die Produktionsstätten in Schauplätze erbitterter gewalttätiger Konfrontationen verwandeln und Indiens Investitionsklima gefährden konnten. Spitzenfunktionäre von FICCI und der *Employers' Federation of India* kündigten in einer gemeinsamen Presseerklärung im September 2012 eine vorsichtige und begrenzte Korrektur der Politik ihrer Verbände im Bereich industrieller Beziehungen an, indem sie direkt Bezug auf die Ereignisse bei Maruti nahmen: Sie bestanden auf der Notwendigkeit einer »Vereinfachung« der Arbeitsgesetzgebung (ein Euphemismus für die Abschaffung gesetzlichen Arbeitsschutzes), während sie ein wenig vage einräumten, dass auch »contract labour« einen Anspruch auf soziale Sicherung und Weiterqualifizierungsmaßnahmen habe. Neu war, dass sie Wert darauf legten, alle Interessengruppen (»all stakeholders«) an diesem Prozess zu beteiligen, um einen gemeinsam vereinbarten Verhaltenskodex für alle Interessengruppen (»code of understanding and behaviour for all stakeholders«) zu entwickeln. Eine bessere Verständigung und »Harmonie« zwischen den Interessengruppen sei erforderlich, damit die Bedeutung der Arbeitsgesetze erkannt werde.

In einer längeren historischen Perspektive scheinen solche Aussagen darauf hinzudeuten, dass ein neoliberales Regime zur Regulierung der Arbeitswelt, das in Indien seit den 1980ern wirksam wurde, an seine Grenzen stößt, weil in den industriellen Beziehungen Probleme zum Vorschein kommen, die man überwunden geglaubt hatte. Wenngleich die neoliberale Wende in Indien (deren Beginn üblicherweise auf 1991 datiert wird) nicht in einer Aufhebung der Arbeitsgesetzgebung der 1940er bis 1970er Jahre

3 Presseerklärung von FICCI, 11. September 2012, http://www.ficci.com/press-releases.asp#, Zugriff am 29. März 2013.

resultierte, ist diese jedoch im politischen Diskurs zunehmend als ökonomisch schädliche, weil Investitionen und Beschäftigung hemmende »Arbeitsmarktrigidität« eingestuft worden. Auf der Grundlage dieses hegemonialen Konsenses, den nicht nur ein Großteil der politischen Akteure, sondern auch der Administratoren und des Justizpersonals mittrugen, wurde die Verletzung von Arbeitsgesetzen zum Regelfall. Vom früheren Regime zur Regulierung der indischen Arbeitswelt ist nur die Schale der Gesetzestexte geblieben, die mit der zunehmend informalisierten Praxis der Arbeitsbeziehungen in immer loserer Verbindung steht. Frustration unter abhängig Beschäftigten über die Unrealisierbarkeit verbriefter Rechte scheint dazu beizutragen, dass Formen des Arbeitskampfes wieder aufleben, die »den indischen Arbeiter« aus kolonialer Sichtweise als kulturell »andersartig« kennzeichneten: Während die Anzahl der Arbeitskämpfe in Indien trotz einer stark angewachsenen industriellen Arbeiterschaft auf das vor dem Zweiten Weltkrieg übliche Maß zurückfiel, wird in Unternehmerkreisen heute dennoch von wachsenden »Arbeiterunruhen« gesprochen. Solche unvorhersehbaren, sich jeder Kontrolle entziehenden und gefährlich gewaltsamen Formen des Arbeitskampfes waren vor den 1950er Jahren häufiger vorgekommen (Chandavarkar 1998: Kap. 5). Deshalb ähneln die heutigen warnenden Erklärungen indischer Unternehmerverbandsvertreter frappierend Stellungnahmen aus der Mitte des 20. Jahrhunderts. So beklagte Sir Ardeshir Dalal, ein einflussreicher politischer Administrator und Spitzenmanager des Tata-Konzerns bereits 1948, dass seit einiger Zeit eine Tendenz feststellbar sei, persönliche Gewalt gegen Vorgesetzte einzusetzen. Solche Bedenken hatten dazu beigetragen, dass Unternehmer damals widerwillig einer umfassenderen Sozialpolitik und einem staatlich streng kontrollierten Regiment industrieller Beziehungen zustimmten. Die oben zitierte Presseerklärung der Unternehmerverbände spiegelt damit wohl die Befürchtung wider, zu einem problematischen Ausgangsniveau in den Arbeitsbeziehungen zurückzukehren, das Wirtschaftsklima und Auslandsinvestitionen negativ beeinflussen könnte.

II.

Um das neoliberale Regulierungsregime der indischen Arbeitswelt zu begreifen, das gegenwärtig an seine Grenzen zu stoßen scheint, und um (in einem hier nicht versuchten nächsten Schritt) Entwicklungstendenzen zu erkennen, die diese Regulierungskrise eröffnen kann, benötigen wir eine weitere analytische Perspektive. Wir müssen sozusagen einen Schritt zurücktreten, um den Wandel der Regulierungsregime über einen längeren historischen Zeitraum in wechselnden globalen Kontexten erfassen zu können. So lässt sich die Entstehung einer besonderen arbeitszentrierten Sozialpolitik in Indien in der Mitte des 20. Jahrhunderts, die dem postkolonialen Staat eine ungewöhnlich dominante Rolle bei der Regulierung der Arbeitsbeziehungen zuwies, nur erklären, wenn der im engeren Sinne *globale* Kontext verstanden wird, in den dieser Prozess eingebettet war. Dieser Kontext wurde abgesteckt durch Ereignisse, die insofern »global« waren, als sie ihren Schatten in der einen oder anderen Weise auf *alle* Kontinente warfen. Die beiden Weltkriege des 20. Jahrhunderts und die sich seit 1929 entfaltende Weltwirtschaftskrise waren die globalen Schlüsselereignisse des »Zeitalters der Katastrophe«, die zu verknüpften, interdependenten oder sogar ähnlichen sozialen Erfahrungen führten. Sie bereiteten den Boden für politische Veränderungen, die trotz gravierender struktureller Unterschiede zwischen den betroffenen Gesellschaften eine gewisse »Familienähnlichkeit« aufwiesen. Eine dieser politischen Veränderungen war eine in vielen Teilen der Welt feststellbare, wenngleich divergierend artikulierte Präferenz für eine aktivere arbeitszentrierte Sozialpolitik.

Zunächst führten, wie Beverly Silver (2003) überzeugend dargestellt hat, die sozialen und politischen Krisen, die auf beide Weltkriege folgten, jeweils zu einem globalen Aufschwung von Arbeitskämpfen. Die Verschlechterung der Lebensbedingungen der industriellen Arbeiterschaft während der Kriegsjahre sowie Entlassungswellen und Demobilisierung nach Kriegsende schufen dafür Voraussetzungen. Nach dem Zweiten Weltkrieg war dieser Aufschwung interessanterweise *außerhalb* der nordatlantischen Region noch ausgeprägter. Silvers Befunde bestätigen sich im indischen Fall. Nach dem Ersten Weltkrieg sind ein Anstieg von Streikbewegungen und die Gründung zahlreicher Gewerkschaften feststellbar – ein Prozess, der sich in der Zwischenkriegsperiode durch zyklisch wiederkehrende Arbeitskampfwellen konsolidierte. Die extreme Bitterkeit und Intensität dieser Kämpfe äußerte sich in außergewöhnlich hohen Ausfalltagen (»mandays lost«) trotz der geringen Größe und lokalen Begrenztheit der indischen Industrie und ihrer Belegschaften (u.a.: Bhattacharya 1988; Chandavarkar 1998; Das Gupta 1994): Den offiziellen Statistiken zufolge fielen allein im Jahr 1928 nahezu 32 Millionen Arbeitstage im Zuge von industriellen Konflikten aus, wobei mehr als ein halbe Million Arbeiter an diesen Konflikten beteiligt waren. Dies würde bedeuten, dass die betroffenen Arbeiter während dieses Jahres im Durchschnitt 64 Tage lang gestreikt haben (oder ausgesperrt wurden).

Weniger Beachtung haben die Historiker bislang der bis dahin größten indischen Streikbewegung gewidmet, die nach Ende des Zweiten Weltkrieges begann und sich bis in die ersten Jahre der Unabhängigkeit hineinzog (1946 bis 1950). Regierungsoffiziell wurde damals ein »phänomenaler Anstieg« von Arbeitskämpfen registriert[4] und V.V. Giri (1965: 85) betrachtet die Nachkriegsjahre rückblickend als eine in Indien historisch beispiellose Periode industriellen Konflikts. Auf ihrem Höhepunkt war diese Streikbewegung weit weniger intensiv als die der späten 1920er (mit 16,5 Millionen Ausfalltagen 1947, das heißt etwa der Hälfte der Ziffer für 1928), bezog aber – immer den offiziellen Statistiken zufolge – fast viermal so viele Arbeiter ein (ungefähr zwei Millionen im Jahre 1946). Wenngleich sich immer noch 57 Prozent dieser Konflikte in den Provinzen Bengalen und Bombay ereignet haben sollen, also in den frühen Zentren der indischen Industrialisierung und Arbeiterbewegung, dehnte sich diese Streikbewegung doch in neuer Breite über Beschäftigungssektoren und den Subkontinent aus, wie die bis dahin unerreichte Gesamtzahl der industriellen Konflikte verdeutlicht. Während die Gesamtzahl der statistisch erfassten Streiks und Aussperrungen in der Zwischenkriegsperiode einen jährlichen Höchstwert von 400 erreichten (mit Spitzenwerten in den Jahren 1921 und 1937–1939), und im Jahr der über Dekaden intensivsten Streikbewegungen (1928) nicht mehr als 203 betrug, erreichte sie 1946 und 1947 einen Jahresdurchschnitt von fast 1.900 Streikbewegungen. Damit waren sie, in anderen Worten, von intensiven, höchst sichtbaren aber örtlich begrenzten Konflikten in ortsübergreifende, sogar überregionale Ereignisse verwandelt worden, denen von politischen Entscheidungsträgern zunehmend gesamtstaatliche bzw. nationale Bedeutung zugemessen wurde.

Jede dieser Streikbewegungen hatte besondere soziale Inhalte; in ihrer Gesamtheit hatten sie jedoch zur Folge, dass »Arbeit« im Laufe der drei Jahrzehnte vor der Unabhängigkeit Indiens als wichtige und legitime *politische Kategorie* etabliert wurde. Dies hatte nicht nur zur Folge, dass die sozialistische und kommunistische Linke in Indien in dieser Periode ihr dynamischstes Wachstum erfuhr, sondern führte darüber hinaus dazu, dass die

4 *Indian Labour Gazette*, 5. 11. 1948, S. 763.

Problematik »Arbeit« von einem weitaus breiteren Spektrum politischer Kräfte aufgegriffen und angeeignet wurde. Entsprechend befassten sich zahlreiche führende Politiker zu einem gewissen Grad mit der Arbeitsfrage, auch wenn Gandhi selbst es vermied, die städtische Arbeiterschaft zu mobilisieren, weil er ihre politische Unkontrollierbarkeit fürchtete. Die aufkeimende Bewegung der ehemals »Unberührbaren« oder *Dalit*, ihr prominentester Vordenker und politischer Repräsentant B.R. Ambedkar eingeschlossen, experimentierte in den 1920ern und 1930ern damit, sich öffentlich als Bewegung von Arbeitern zu präsentieren (zum Beispiel in Gestalt einer *Independent Labour Party*) und dadurch eine »moderne« Legitimität zu gewinnen. In den ersten Jahrzehnten nach der Unabhängigkeit waren Arbeitsminister wie Jagjivan Ram, V.V. Giri oder Gulzarilal Nanda politische Schwergewichte, die als Premierminister fungieren oder sogar in das Präsidentenamt aufsteigen konnten. Arbeit wurde zu einem Thema umfangreicher offizieller und inoffizieller Berichte, ein Feld, das von einer wachsenden Zahl spezialisierter Staatsdiener vermessen und in gewissem Umfang auch verwaltet wurde. »Arbeit« wurde zu einem Fokus liberaler Reformaktivitäten von Vereinigungen, die heutigen Nichtregierungsorganisationen ähnlich sind, zum Thema von Doktorarbeiten und wissenschaftlichen Studien (u.a.: Burnett-Hurst 1925; Das 1941), von gesellschaftskritischen Romanen in verschiedenen indischen Sprachen und von populären Sachbüchern. Insgesamt wurde die Industriearbeiterschaft zunehmend als derjenige Teil der indischen Gesellschaft verstanden, der am dringendsten Wohlfahrtsmaßnahmen benötigte: eine Sozialpolitik, die sich von älteren Formen philanthropischer Wohltätigkeit unterschied.

Der zweite entscheidende Wendepunkt war die 1929 einsetzende Weltwirtschaftskrise. In Indien, wie in vielen anderen Teilen der Welt, löste sie bald eine Krise der an klassisch-liberalen Dogmen orientierten Wirtschaftspolitik aus und führte zu einer Neubewertung der Rolle des Staates im Allgemeinen und der Erfordernis nach Planungsprozessen im Besonderen. Ab den 1930er Jahren, verstärkt aber während des Zweiten Weltkriegs, als Nationalisten, Industriekapitäne und weitere politische Akteure sich auf die nun in greifbare Nähe rückende Zeit nach Ende der britischen Herrschaft vorbereiteten, wurden zahlreiche Pläne für die »Entwicklung« der indischen Wirtschaft und Gesellschaft öffentlich zur Diskussion gestellt (Zachariah 2005: Kap. 5, 2010). Im Rahmen des Planungsdiskurses wurden gesellschaftspolitische Entwicklungsziele formuliert, die in zweierlei Hinsicht auf Industriearbeit fokussiert waren. Zum einen wurden »soziale Sicherheit« und »Wohlfahrt« als Mittel der Produktivitätssteigerung propagiert: Sozialversicherung, medizinische Versorgung, Bildungspolitik und sozialer Wohnungsbau wurden als ökonomisch rationale Instrumente des »social engineering« konzipiert, die zur Reduzierung der Abwesenheitsrate und der Fluktuation unter industriellen Belegschaften sowie zur Steigerung der körperlichen Konstitution und der Arbeitsqualifikationen der Beschäftigten beitragen sollten. Zweitens wurde unter Verweis auf Entwicklungen in anderen Teilen der Welt »Sozialpolitik« als wirkungsvollstes Instrument zur Eindämmung und Regulierung industrieller Konflikte befürwortet. Die Internationale Arbeitsorganisation (ILO), zu deren Gründungsmitgliedern »Britisch-Indien« 1919 gehört hatte, und das von ihr verfochtene Konzept des »Tripartismus«, also von institutionalisierten Verhandlungsstrukturen unter Einbeziehung von Repräsentanten der Arbeiterschaft, der Kapitaleigner und des Staats, spielten in den indischen Debatten eine prominente Rolle. Sowjetischer Planung wurde ebenfalls Interesse entgegengebracht, obgleich die Abschaffung des Privateigentums von Produktionsmitteln einem Großteil des politischen Spektrums nicht als gangbare Option erschien. Parallel zum entschiedenen Antifaschismus Nehrus und anderer Vertreter der nationalistischen Linken, stieß in den 1930er Jahren gerade auch Mussolinis autoritäre Politik des »Korporatismus« als »dritter Weg« zwischen liberalem Kapitalismus und Kommunismus auf ebenso viel Interesse und Zustimmung in Indiens intellektuellen und politischen Zirkeln wie in jenen westlicher Demokratien wie den USA oder Großbritannien.

Den dritten Ereigniskomplex, der zentrale Wendepunkte definierte, bildeten die Weltkriege selbst. Wie Schivelbusch und andere hervorgehoben haben, dienten »Bellizismus« oder der »warfare state« in vielerlei Hinsicht als Startrampe für den Wohlfahrtsstaat (Schivelbusch 2005): Staatlich geplante und gelenkte Produktion und Distribution während der Kriege und die damit einhergehende fast explosionsartige Ausweitung des Staatsapparates erzeugten Mittel und Anreize für eine breiter angelegte Sozialpolitik. Diese Tendenz war bereits während des Ersten Weltkrieges weltweit zu beobachten, noch weitaus stärker trat sie jedoch im Verlauf der nächsten globalen Konfrontation hervor. Entsprechend nahm »Sozialpolitik« während des Zweiten Weltkriegs sowohl in Großbritannien als auch in Indien neue Bedeutungen an und wurde um neue Dimensionen erweitert. Befürworter sowie Gegner dieser Entwicklung nahmen das transformative Potential der Kriege schon in dieser Zeit wahr. William Beveridge, dessen berühmtes Memorandum von 1942 (»Beveridge Report«) die Serie britischer Sozialreformen zwischen 1944 und 1948 beeinflusste, betrachtete den Krieg als »einen revolutionären Moment in der Geschichte«, während die *British Employers' Federation* sich gegenüber der Regierung beschwerte, dass man nicht Krieg gegen Deutschland führe, um die sozialen Dienste zu verbessern. In ähnlicher Weise äußerte sich auch B.R. Ambedkar, der zwischen 1942 und 1945 dem britisch-indischen Kriegskabinett als Arbeitsminister angehörte. Ihm erschien es als fraglich, ob Wohlfahrtsmaßnahmen zugunsten der Arbeiterschaft und insbesondere die Etablierung des Prinzips des Tripartismus in den industriellen Beziehungen so schnell konkrete Form hätten annehmen können, hätte der Krieg nicht die Aufrechterhaltung der »Arbeitsmoral« (»labour morale«) zu einer dringenden und unmittelbaren Notwendigkeit gemacht. Und er fügte hinzu, dass der Tripartismus den Krieg überdauern und als Institution »einen dauerhaften Platz in der ökonomischen Struktur des Landes« einnehmen werde.[5] Diese Prognose sollte sich mehrere Jahrzehnte lang bewahrheiten – ein weiterer Beleg für die Beobachtung, dass viele der während des Zweiten Weltkrieges eingerichteten staatlichen Regulierungsmechanismen, Kerninstrumente ökonomischer und gesellschaftlicher Entwicklungsplanung mit eingeschlossen, nahtlos in die Verwaltungsstrukturen des postkolonialen Staates eingingen (Rothermund 1983).

Zusammenfassend lässt sich festhalten, dass *dieselben* globalen Schlüsselereignisse des »Zeitalters der Katastrophe« in Regionen der Welt *ähnliche* Erfahrungen hervorbrachten und *ähnliche* politische Reaktionen hervorriefen, die ansonsten sehr unterschiedlichen und eigenen historischen Entwicklungsbahnen folgten. Der Aufstieg von »Arbeit« als legitimer und wirkmächtiger politischer Kategorie, die zunehmende Akzeptanz von staatlicher Planung als ökonomischer Notwendigkeit sowie die verstärkten administrativen Anstrengungen zur Schaffung eines auf Industrie und Öffentlichen Dienst fokussierten Wohlfahrtsregimes waren die wichtigsten dieser in vielen Teilen der Welt und eben auch in Indien feststellbaren Reaktionen. Auf der internationalen Ebene spiegelte die *Declaration of Philadelphia* der ILO aus dem Jahr 1944 diese globale Tendenz wider: Sie formulierte als Ziel die schrittweise Einführung (»progressive application«) internationaler Arbeitsstandards in allen Teilen der Welt, die »abhängigen« Staa-

5 B.R. Ambedkar, »Presidential Address to the 2nd Plenary Session of the Tripartite Labour Conference«, New Delhi, 6./7. September 1942, in: *Monthly Report of the Delhi Branch Office of the International Labour Organization for August 1943*, S. 4f., http://www.uni-goettingen.de/en/324221.html.

ten bzw. Kolonien explizit eingeschlossen, wiewohl bei der Umsetzung die Notwendigkeit unterschiedlicher Zeitpläne zugestanden wurde. Der Historiker Daniel Maul hat dies als »Quantensprung« in der politischen Strategie der ILO bezeichnet, weil die zuvor dominante zweistufige Konzeption der Arbeitswelt überwunden wurde, der zufolge die europäischen Kolonialimperien weitgehend außerhalb des Geltungsbereichs sozialpolitischer Normen blieben (Maul 2007).

III.

Wenn globale Ereignisse großer Tragweite in vielen Weltregionen ähnliche Erfahrungen und Reaktionen hervorbrachten, so wurden zugleich auf mindestens drei Ebenen divergierende Tendenzen erzeugt und gefördert:

(a) auf der Ebene der regional stark voneinander abweichenden strukturellen Voraussetzungen für die Erfahrung und Verarbeitung dieser Ereignisse,
(b) auf der Ebene regional differenzierter Auswirkungen der Ereignisse selbst und
(c) auf der Ebene der Praxis politischer Akteure, die sich in regional unterschiedlicher Weise mit von den Ereignissen begrenzten Handlungsoptionen konfrontiert sahen.

Was die strukturellen Voraussetzungen für die Erfahrung und politische Verarbeitung globaler Ereignisse betrifft, muss es für unsere Zwecke genügen, auf zwei wesentliche Differenzen zu verweisen. Während zum einen in der nordatlantischen Weltregion nach dem Ersten Weltkrieg die Einführung des allgemeinen Wahlrechts den Machteliten als unvermeidlich erschien, besaßen auch nach der Verfassungsreform von 1935 (statt vorher sieben) nur ca. 35 Millionen oder knapp ein Drittel der volljährigen Inder das Wahlrecht, wobei die gewählten Volksvertreter in Bezug auf strategische Politikbereiche, deren Kontrolle sich die Kolonialadministration vorbehielt, keine Entscheidungsbefugnisse besaßen. Obwohl einige wenige Parlamentssitze als »labour seats« reserviert wurden, bedeutete dies, dass die abhängig Beschäftigten auf die konstitutionell geregelten politischen Prozesse nur geringen Einfluss ausüben und ihren kollektiven Erfahrungen Geltung verschaffen konnten: Ihr Druckpotential war gering, und die verfügbaren politischen Artikulationsformen blieben weitgehend außerparlamentarisch. Zum anderen unterschieden sich die Implikationen globaler sozio-ökonomischer Krisen und der zu ihrer Bewältigung entwickelten Politiken industriezentrierter wirtschaftlicher und sozialer Planung grundlegend, je nachdem, ob sie in einem kolonial dominierten nur punktuell industrialisierten Land wie Indien oder ob sie in imperialen Zentren oder unabhängigen Nationalstaaten der nordatlantischen Weltregion wirksam wurden, wo bereits größere Teile der Erwerbsbevölkerung industriellen Beschäftigungen nachgingen (Rothermund 1993).

Die Tatsache, dass sich die globalen Schlüsselereignisse unterschiedlich auswirkten, ist besonders augenscheinlich für die Weltkriege des 20. Jahrhunderts. Indien war in beide in hohem Maß verwickelt: zum einen als Rekrutierungsgebiet für Soldaten und unbewaffnete militärische Arbeiter (1,5 Millionen im Ersten Weltkrieg und drei Millionen im Zweiten), zum anderen als ein abhängiges Hinterland, das Ressourcen für die britische Kriegswirtschaft bereitzustellen hatte (Bhattacharya 2000). In Indien, ebenso wie in anderen Teilen der außereuropäischen Welt, spannten die Weltkriege und die mit ihnen verbundenen Unterbrechungen des Welthandels eine Art protektionistischen Schirm, der ein schnelles Wachstum und eine Diversifikation der Industrielandschaft begünstigte und vorantrieb. Infolgedessen stieg die Beschäftigungszahl in ganzjährigen indischen Fabriken von 1939 bis 1945 um 62 Prozent (von 1,46 Millionen auf 2,37 Millionen). Der Zweite Weltkrieg erwies sich als äußerst einträgliche Periode für das indische Kapital, während die Reallöhne inflationsbedingt sanken. Industrielle Spannungen steigerten sich und Arbeitsniederlegungen waren keineswegs selten, obwohl Streiks durch das Kriegsrecht (*Defence of India Rules*) massiv eingedämmt wurden. Der Anstieg industrieller Konflikte nach Ende des Krieges war daher alles andere als unerwartet. Auf diesem Hintergrund erhoben die scheidende Kolonialregierung und ihre nationalistischen Nachfolger die Regulierung der Arbeitswelt zu einem politischen Kernthema.

Die Auswirkungen der Weltkriege auf verschiedene gesellschaftliche Gruppen und Klassen divergierten in Indien weitaus drastischer als in europäischen Ländern, wie Indivar Kamtekar (2002) aufgezeigt hat. Trotz der beeindruckenden Zahlen nach Übersee entsandter Kampf- und Arbeitstruppen war unmittelbare Weltkriegserfahrung weitaus weniger verbreitet als in europäischen Gesellschaften, in denen die allgemeine Wehrpflicht eingeführt wurde. In Indien wurden nämlich nur bestimmte soziale und regionale Bevölkerungsgruppen für rekrutierungstauglich befunden: Während im Punjab viele Bauernhaushalte männliche Mitglieder – im besten Fall »nur« für einige Jahre – an den Krieg verloren, war die Zahl der Kriegsteilnehmer etwa aus bürgerlichen Schichten oder aus Südindien weitaus geringer. Darüber hinaus waren die sozioökonomischen Folgen des Krieges ungleichmäßiger zwischen den verschiedenen sozialen Klassen verteilt. Die Kriege wurden sowohl von städtischen Geschäftsleuten als von landbesitzenden Bauern als eine Zeit wachsenden Wohlstandes genossen, wohingegen Inflation und Krankheiten städtische Lohnempfänger, Industriearbeiter eingeschlossen, schwer trafen. Noch weitaus schlimmer erging es landlosen Bauern und abhängigen Kleinpächtern, wie die schwere Hungersnot von 1943 im Osten Indiens in furchtbarer Weise aufdeckte. Somit trug der Zweite Weltkrieg in Indien nicht einmal den Anschein des in England beschworenen »people's war« – ein Anschein, der in den europäischen Kriegsgebieten hinlänglich in der Realität verwurzelt war, um die Erfahrungen von Angehörigen unterschiedlicher sozialer Klassen ähnlicher oder zumindest vergleichbar erscheinen zu lassen. In Großbritannien bereitete dies den ideologischen Boden für umfassende Wohlfahrtsreformen, die *nationale Mindeststandards* definierten und absicherten – Reformen, die auch von widerstrebenden konservativen Kräften nicht blockiert werden konnten.

In Indien, wo der Krieg von der Mehrheit der Bevölkerung nicht als der eigene Krieg akzeptiert worden war und wo Kriegserfahrungen stärker voneinander abwichen, war dies nicht der Fall. Dies wurde nur zum Teil wettgemacht durch die mit der indischen Unabhängigkeit verbundenen »heroischen Illusion«: Viele glaubten, an einem weit in die Zukunft geöffneten Tor zu stehen, das allen Indern, die Armen ausdrücklich eingeschlossen, Wohlstand und sozialen Fortschritt verhieß. Wenn diese Illusion auch spätestens in den 1970ern zerschellte, so sollte deshalb nicht vergessen werden, dass begrenzte aber wichtige Fortschritte, wie etwa die Verlängerung der durchschnittlichen Lebenserwartung oder ein erweiterter Zugang zu Schulbildung, sie für einige Zeit am Leben hielt. Auch in Indien wurden also in den Folgejahren des Zweiten Weltkriegs die Ankündigungen von Wohlfahrtsreformen ambitionierter und umfassender, auch wenn sie in der Regel, also mit signifikanten Ausnahmen, auf bestimmte soziale Gruppen und insbesondere auf die industrielle Arbeiterschaft fokussiert waren. Die Etablierung einklagbarer sozialer Mindeststandards für die gesamte Bevölkerung vertagten diese Reformen auf eine wohlhabendere Zukunft und verbannten auf diese Weise die enorme »informelle« Ökonomie und die überwältigende Mehrheit der abhängig Beschäftigten aus ihrem Geltungsbereich.

Vor dem Ersten Weltkrieg beschränkte sich die Arbeitsgesetzgebung in Indien hauptsächlich auf die Regulierung des Arbeitsvertrages, insbesondere auf die Durchsetzung seiner Einhaltung durch die Beschäftigten, sowie auf Fabrikgesetze, die Arbeitszeiten und andere Modalitäten von Fabrikarbeit regelten. Dagegen blieben Probleme der sozialen Reproduktion außerhalb der Reichweite der Gesetzgebung – lediglich die Plantagenarbeiter bildeten hier eine gewisse Ausnahme. In den 1920er Jahren wuchs der Druck auf die Kolonialregierung, Fragen sozialer Reproduktion als politische Aufgabe anzuerkennen und zum Gegenstand staatlicher Gestaltung und Planung zu erheben. Ein wesentlicher Schritt in diese Richtung war ein Gesetz aus dem Jahre 1923, das Entschädigungsansprüche im Falle von Arbeitsunfällen regelte, während der Mangel an adäquatem und bezahlbarem Wohnraum für die städtische Arbeiterschaft zu einem Dauerthema wurde. Diese Tendenz war zunächst eher schwach und brüchig, konsolidierte sich aber in gewissem Maße, als der Indische Nationalkongress 1937 bis zum Kriegsbeginn in den meisten Provinzen die Regierung übernahm.

Arbeitspolitik wurde so zunehmend zur *Sozialpolitik* erweitert, ein Prozess, der während des Zweiten Weltkrieges weiter vorangetriebenen wurde und der in weitschweifenden politischen Debatten und einer Flut von Gesetzen in den späten 1940er und in den 1950er Jahren mündete. Rund ein Jahrzehnt nach der Unabhängigkeit waren die Stützpfeiler indischer Arbeits- und Sozialpolitik etabliert – ein Fundament, das erst mit Einsetzen der neoliberalen Wende untergraben werden sollte. Eine vergleichende Analyse der relevanten politischen Debatten jener Zeit legt nahe, dass die Agenda der in anderen Teilen der Welt und insbesondere in Großbritannien ähnelte. Öffentlicher Wohnungsbau und Mietpreiskontrolle, die Einrichtung von Kranken- und Pensionskassen, die Bereitstellung kostenloser Grundschulbildung und industrieller Ausbildung, oder, kurz gesagt: Beveridges berühmte fünf »böse Riesen« (die »evil giants« Mangel, Krankheit, Unwissenheit, Schmutz und Untätigkeit) wurden als Gegenstände der Sozialpolitik identifiziert. N.M. Joshi, ein bedeutender Gewerkschafter, Parlamentarier und Sozialreformer, forderte 1944 einen Beveridge-Plan für Indien, und im selben Jahr wurde im berühmten Bombay-Plan führender indischer Industrieller Beveridge mit der Aussage zitiert, dass alle anderen Ziele des »Wiederaufbaus« in greifbare Nähe rückten, wenn nur der Riese

»Untätigkeit«, also der Mangel an Arbeitsplätzen besiegt werde (Thakurdas 1945: 71). B.P. Adarkar, Autor des *Report on Health Insurance for Industrial Workers*, eines 1944 im Regierungsauftrag erstellten Gutachtens zur Einrichtung einer Krankenversicherung, wurde von Vallabhbhai Patel, dem Protagonisten eines indischen Nationalkonservatismus vielleicht etwas abschätzig als »chhota Beveridge« (kleiner Beveridge) bezeichnet (Joshi 2011 [1978]). William Beveridge selbst wurde ein Jahr später von offizieller Seite gebeten, einen »Social Security Plan for India« zu entwerfen – ein Angebot, das er aufgrund anderer Verpflichtungen ausschlug.[6] Den Debatten der letzten Jahre britischer Herrschaft und der folgenden ersten Jahre der Unabhängigkeit zufolge, zielten die Entwürfe einer neuen indischen »Sozialpolitik« auf die Gesellschaft in ihrer Gesamtheit ab und nicht bloß auf einen kleinen Teil der Erwerbsbevölkerung.

Die später geläufige Unterscheidung zwischen dem »organisierten« oder »formellen Sektor« und dem »unorganisierten« oder »informellen Sektor« scheint zudem auch auf der Ebene der anschwellenden sozialen Bewegungen der Nachkriegsjahre kaum eine Bedeutung gehabt zu haben. Indische Gewerkschaften erscheinen aus heutiger Sicht als eine weitestgehend auf die überwiegend männlichen Belegschaften größerer Betriebe des »organisierten Sektors« beschränkte Organisationsform. Die Analyse von Streikbewegungen der 1930er und 1940er Jahre legt jedoch ein Szenario frei, das sich von dem der folgenden Jahrzenten stark abhebt. So vermerkte die Zeitschrift *Eastern Economist* etwa im Juli 1946, die jüngsten Streiks verdeutlichten klar, dass der Streik nicht länger ausschließlich eine Waffe der Fabrikarbeiter sei, und wies darauf hin, dass sogar Straßenkehrer, Büroangestellte und Landarbeiter sich dieses Mittels bedienten. Neue Forschungsergebnisse zu Arbeiterbewegungen der 1930er und 1940er untermauern diesen Eindruck, indem sie auf die gewerkschaftliche Mobilisierung von Beschäftigten verweisen, die in Kleinstbetrieben oder Heimarbeitsarrangements tätig waren oder Beschäftigungen nachgingen, die heute üblicherweise dem »informellen Sektor« zugeschrieben werden. Zu dieser Zeit sahen indische Gewerkschaften diese Gruppen abhängig Beschäftigter offenbar nicht als Elemente eines separaten Arbeitsmarktes und engagierten sich in der Vertretung ihrer Interessen (Ahuja, im Erscheinen).

An dieser Stelle ist es wichtig klarzustellen, dass »Informalität« hier nicht als vormodernes, traditionelles, außereuropäischen Ökonomien quasi

---

6 *Monthly Report of the Delhi Branch Office of the International Labour Organization for September 1945*, S. 16; ebd., *Oktober 1945*, S. 30f.

eingeborenes Charakteristikum, sondern als ein verhältnismäßig neues, in durchaus unterschiedlichen sozialen Kontexten historisch erzeugtes Phänomen begriffen wird. Der Terminus »informeller Sektor« selbst wurde bekanntlich nicht vor den frühen 1970er Jahren verwendet, als er erstmals in Bezug auf afrikanische Ökonomien angewandt wurde. Prabhu Mohapatra verweist darauf, dass der »informelle Sektor« seither regelmäßig als *Restkategorie* für alle Erwerbstätigen, die außerhalb des »organisierten Sektors« beschäftigt sind, verwendet wird: Sie bezeichnet unterschiedlichste Arbeitsverhältnisse und soziale Gruppen, deren einziges gemeinsames Merkmal darin besteht, *nicht* der »formellen Ökonomie« anzugehören. Diese Nicht-Zugehörigkeit, dieser Exklusionsstatus ist wiederum in unterschiedlichen Weltregionen und zu verschiedenen Zeiten durchaus abweichend definiert worden: in Indien etwa als nicht vom Arbeitsrecht reguliertes Arbeitsmarktsegment oder, in jüngerer Zeit, als der Teil der Erwerbsbevölkerung, der keine Sozialleistungen erhält (Mohapatra 2005, 2012). Insofern beschreibt der Begriff »informeller Sektor« also nicht mehr als die begrenzte Reichweite und Ungleichmäßigkeit staatlicher Arbeitsmarkt- und Sozialpolitik und ist somit sozusagen ein terminologisches Abfallprodukt jener staatlichen Regulierungspraktiken, die auf dem Wege der Gesetzgebung eine »formelle« Ökonomie schufen. »Formelle« Beschäftigung wird also in erster Linie durch Gesetze geregelt, »informelle« vor allem durch ein breites Spektrum außergesetzlicher Mittel, das informelle Verschuldung oder auf Verwandtschaftsbeziehungen basierende Autorität mit einschließt. In der gesellschaftlichen Praxis erlangte diese Unterscheidung allmählich Wirksamkeit, nachdem in den 1920er Jahren damit begonnen wurde, gesetzliche Instrumente sozialpolitischer Regulierung zu schaffen. Eine Analyse der zeitgenössischen Debatten über Sozial- und Arbeitsrecht ergibt, dass oftmals mehr Energie in die Definition des Geltungsbereiches eines Gesetzes als in die Diskussion seines Inhalts einging. Unternehmerverbände und Kolonialadministratoren waren sich in der Regel darüber einig, dass der Geltungsbereich von Arbeitsrecht und anderen sozialpolitischen Gesetzen so eng wie möglich gehalten werden solle. Sozialgesetzgebung wurde somit gleich zu ihrem Beginn zu einem Instrumentarium sozialer Exklusion. Debatten in den 1930er und 1940er Jahren, und insbesondere nationalistische Beiträge zu ihnen, betonten indes stets, dass die Verbesserung der Lebensbedingungen der vergleichsweise kleinen Industriearbeiterschaft (nie mehr als fünf Prozent der Erwerbsbevölkerung) lediglich ein erster Schritt sein sollte. Immer mehr Lohnabhängige, so die Prognose, würden von einem kräftig wachsenden »formellen« Sektor absorbiert werden, und ein wirtschaftlich aufblühendes unabhängiges Indien werde zudem in der Lage sein, immer größere Teile der Gesellschaft, die zahlreiche Landarbeiterschaft eingeschlossen, in sozialen Sicherungssystemen zu erfassen.

Doch trotz aller Absichtserklärungen und Projektionen einer sozial inklusiven Nation entfaltete sich die historische Dynamik tatsächlich in eine ganz andere Richtung. Diese Richtung erwuchs aus einem sozialen Kraftfeld, das durch wachsende ländliche und städtische Mittelschichten und zunehmend selbstbewusstere Kapitalinteressen dominiert wurde. Sozialpolitische Maßnahmen waren häufig, selbst wenn sie nicht über die Arbeiterschaft des »formellen Sektors« hinausgingen, mit zu knappen Finanzmitteln ausgestattet, wurden widerstrebend umgesetzt und versandeten häufig, kaum dass sie beschlossen worden waren. Der soziale Wohnungsbau, dessen besondere Bedeutung für die Verbesserung der Lage der Arbeiterschaft seit den 1920er Jahren immer wieder hervorgehoben worden war, ist hierfür ein gutes Beispiel. Im Jahre 1947 einigten sich Regierung, Unternehmervertreter und gemäßigte Gewerkschaften in einer sogenannten »industriellen Waffenstillstandserklärung« (»industrial truce resolution«) auf ein umfassendes Wohnungsbauprogramm für Industriearbeiter. Im Folgejahr kündigte die Regierung an, im Laufe eines Jahrzehnts eine Million Arbeiterwohnungen bereitzustellen. Nur zwei Jahre später wurde dieses Programm allerdings durch ein weitaus bescheideneres ersetzt, das seinerseits nur in geringem Maße umgesetzt wurde. In Bombay, wo der Wohnungsmangel am schärfsten hervortrat, wurden mit dem *Bombay Rent Control Act* von 1947 zudem die Mieten für Arbeiterwohnungen gedeckelt und die Gewinne aus Vermietung von Wohnraum beschränkt. Da dieses Gesetz jedoch nicht ausreichend durch öffentliche Investitionen in preiswerten Wohnraum flankiert wurde, verschärfte es lediglich den allgemeinen Wohnungsmangel und gab stattdessen der Gründung von Wohnungsbaugenossenschaften Auftrieb, die hauptsächlich den städtischen Mittelschichten zu Gute kamen. Der *Employees' State Insurance Act* von 1948, der von seinem Architekten Adarkar als erster Schritt auf dem Wege zu einer allgemeinen Sozialversicherung konzipiert und von Arbeitsminister Jagjivan Ram ebenso propagiert wurde, ist tatsächlich bis heute auf den »formellen Sektor« beschränkt geblieben. Der *Minimum Wages Act* desselben Jahres bezog sich ausdrücklich auf alle Formen von Lohnarbeit, blieb in der informellen Ökonomie jedoch weitgehend wirkungslos. Abweichend von dem keynesianisch inspirierten Modell von Sozialpolitik, wurden Vollbeschäftigung und die Gewährleistung nationaler Mindeststandards nie Grundlage indischer Wohlfahrtspolitik, trotz zahlreicher gegenteiliger programmatischer Aussagen, Bekenntnisse und Prognosen, die die öffentliche Debatte in den 1940ern und 1950ern prägten.

Des Weiteren wurde im Rahmen des erwähnten Aufschwungs von Streikbewegungen seit dem Jahr 1946 die Unterbindung von »Arbeiterunruhen« und die Errichtung einer »Schlichtungsmaschinerie« für industrielle Konflikte trotz der gleichzeitigen heftigen Verwerfungen im Zuge der neu gewonnen Unabhängigkeit und der katastrophalen Teilung zu einem zentralen politischen Thema. Nehru selbst hielt am 18. Januar 1948 im staatlichen *All India Radio* in der Sendereihe »Produzieren oder Untergehen« (»Produce or Perish«) eine Rundfunkansprache, in der er die Position der Regierung mit deutlich autoritären Untertönen darlegte:

»Produktion heißt harte Arbeit, unnachlässige Arbeit; Produktion heißt kein Arbeitsstillstand, kein Streik, keine Aussperrung. Ich bin der Letzte, der sagen würde, dass den Arbeitern [labour] das Streikrecht verweigert werden sollte; allmählich hat die Arbeit [labour] in den meisten Ländern eine Position der Stärke und des Ansehens gewonnen. Dennoch, es gibt Zeiten, in denen Streiks gefährlich sind, in denen Streiks nicht nur die nationale Sache gefährden, sondern letztendlich auch die Sache des Arbeiters selbst. Dies ist eine jener Zeiten, und aus diesem Grund haben kürzlich auf einer Konferenz in Delhi die Repräsentanten der Regierung, der Arbeit und der Industrie fast einmütig beschlossen, dass wir eine dreijährige Waffenruhe haben sollten, während derer weder Streiks noch Aussperrungen stattfinden sollen«.

Die Argumentation, dass Arbeitskämpfe als Illoyalität gegenüber der Nation aus niedrigen, selbstsüchtigen Beweggründen zu bewerten seien, wurde in den späten 1940ern zu einem festen Bestandteil offizieller und medialer Polemik gegen militante Gewerkschaften und Streikbewegungen. Die juristischen Instrumente zur Eindämmung militanter Arbeiterbewegungen wurden bereits Anfang 1947 von der Übergangsregierung weiter geschärft. Der *Industrial Disputes Act* von 1947, der auf der Gesetzgebung nationalistischer Provinzregierungen in den späten 1930ern sowie auf kolonialen Erlassen während des Weltkrieges basierte und noch vor der formalen Unabhängigkeit verabschiedet wurde, gab dem Staat weitreichende Befugnisse, Zwangsschlichtungsverfahren durchzusetzen, das Streikrecht zu beschränken und Gewerkschaften das Recht zur Vertretung von Belegschaften an- und abzuerkennen. Kritische Stimmen an diesem autoritären Kurs waren auch unter führenden Politikern des Nationalkongresses vernehmbar, insbesondere diejenige V.V. Giris, der anmerkte, dass die »Tendenz nach Erlangung der Unabhängigkeit Indiens darin besteht, die Beilegung industrieller Konflikte mehr durch Mittel der Zwangsschlichtung oder Regierungsintervention als durch die Mechanismen von Tarifvereinbarungen und freiwilligen Verhandlungen [collective bargaining and voluntary negotiations] sicherzustellen« (Giri 1965: 504). Das im unabhängigen Indien eingerichtete System industrieller Beziehungen wurde in der Öffentlichkeit als indische Anwendungsform des tripartistischen ILO-Modells dargestellt, ähnelte in mancher Hinsicht aber eher autoritären Formen des Korporativismus durch seine extreme Betonung staatlicher Regulierungskompetenzen und auch dadurch, dass die Verhandlungsmacht von Gewerkschaften faktisch von ihren Beziehungen mit der Regierungspartei abhängig gemacht wurde. Der Versuch, militante Arbeiterproteste einzudämmen, war jedoch nur begrenzt erfolgreich – der Zeitraum zwischen 1966 und 1984 war in Wirklichkeit von anwachsenden Streikbewegungen und insbesondere in den älteren Industrie- und Arbeiterbewegungshochburgen Maharashtra und Westbengalen von militanten, nichtlegalen Formen des Arbeiterprotests geprägt (Adarkar 2004). Dennoch zeitigte das postkoloniale System industrieller Beziehungen eine durchaus erhebliche Wirkung: Eine tiefgreifende Folge bestand darin, dass Gewerkschaftsaktivitäten stärker auf den »organisierten Sektor« begrenzt wurden und damit die in den 1930ern und 1940ern zu bemerkende Tendenz einer Verbreiterung von Streikbewegungen auf Teile der »informellen Ökonomie« umgekehrt wurde.

Wie Jan Breman seit Jahrzenten beharrlich betont (Breman 1976), waren die Grenzen zwischen informeller und formeller Beschäftigung nie so absolut, als dass sie eine »duale Ökonomie«, das heißt zwei strikt voneinander abgesonderte Wirtschaftssektoren begründet hätten. Dies zeigt sich auch in der Tatsache, dass der sogenannte »formelle Sektor«, der seit Mitte des 20. Jahrhunderts anhaltend etwa fünf bis sieben Prozent der Erwerbsbevölkerung umfasst, von Anfang an signifikante Lecks aufwies: Ebenjene Gesetze, die Arbeitsverhältnisse formalisierten, enthielten relativierende Klauseln, die fließende Übergänge in die Informalität eröffneten. Sogenannte *badlis*, das heißt temporär beschäftigte und minder entlohnte Leiharbeiter wurden in kapitalistischen Unternehmungen seit Beginn der kolonialen Industrialisierung neben den »regulären« Beschäftigten eingesetzt, um die hohe Fluktuation unter den Stammbelegschaften auszugleichen. Diese Leiharbeiter wurden von Mittelsleuten, sogenannten *sardars* oder *mukaddams*, angeheuert und beaufsichtigt. Der Prozess der Formalisierung von Arbeitsverhältnissen, der in den 1940er und 1950er Jahren zu beobachten war, beseitigte diese bestehenden Statusunterschiede zwischen Leiharbeitern und regulär Beschäftigten keineswegs – er zementierte sie sogar, indem er sie rechtlich verankerte (Chandavarkar 2008). So ermöglichte der *Industrial Employment (Standing Orders) Act* aus dem Jahr 1946 eine weit aufgefächerte Differenzierung zwischen verschiedenen Kategorien von Beschäftigten (»permanent, temporary, apprentices, probationers or badlis«), die jeweils mit unterschiedlichen Ansprüchen auf Vergütung, Kündigungsschutz und sozialen Schutzrechten ausgestattet waren. Seit Jahrzehnten ist dies ein zentrales politisches und juristisches Streitthema geblieben, bei dem die indischen Gewerkschaften in der Regel den Kürzeren gezogen haben: Im Berichtsjahr 2009/10 sollen 58 Prozent der Belegschaften des »organisierten« oder »formellen« Sektors Leiharbeiter, das heißt *informell* beschäftigte, mit minderen Ansprüchen ausgestattete Lohnabhängige gewesen sein (Mohapatra 2012). Der formelle »Sektor« ging also nicht nur unmittelbar in die informelle Ökonomie über, sondern war auch in seinem Inneren von Informalisierungsprozessen weitgehend ausgehöhlt worden.

Die Sozialpolitik, die zwischen den 1930er und 1950er Jahren mit deutlichem Fokus auf das verhältnismäßig kleine Beschäftigungssegment »formell« oder regulär beschäftigter Industriearbeiter entwickelt wurde, war insofern für größere Teile der Bevölkerung relevant, wie sie zumindest für kleine Segmente ansonsten von sozialer Mobilität ausgeschlossener sozialer Gruppen wie der ehemals »unberührbaren« *Dalits* über mehrere Generationen hinweg soziale Aufstiegsmöglichkeiten schuf und somit auch bei den übrigen Angehörigen diskriminierter Unterschichten neue Erwartungshorizonte eröffnete. Diese Erwartungen erfüllten sich jedoch auch Jahrzehnte nach der indischen Unabhängigkeit nur für eine kleine Minderheit der Erwerbsbevölkerung. Das erleichterte es, im zunehmend neoliberal gefärbten, von deutlich besser gestellten Mittelschichten dominierten öffentlichen Diskurs seit den 1980er Jahren die betrieblichen und sozialen Rechte der formell Beschäftigten als ungerechtfertigtes »Minderheitenprivileg« zu verdammen. Diese »Privilegien«, so wurde argumentiert, legten dem Arbeitsmarkt ein enges Korsett an, indem sie Investitionen unattraktiv machten und somit Arbeitsplätze kosteten. Bei den Beschäftigten hat die heutige weitgehende Uneinlösbarkeit jener sozialen Erwartungen und Normen, die im Zeitalter des postkolonialen Aufbruchs in der Mitte des 20. Jahrhunderts gesetzt worden waren und seither nachwirken, zu erheblichen Frustrationen und gesellschaftlichen Spannungen geführt, die sich auf explosive Weise entladen können. Die gewaltsame Eskalation von zunächst alltäglichen industriellen Konflikten in Yanam und Manesar wie auch die Reaktionen alarmierter indischer Unternehmerkreise verweisen auf die Möglichkeit einer neuen Periode intensivierter, politisch ambivalenter, in den Formen oft hässlicher und für alle Beteiligten gefährlicher Arbeitskämpfe.

Ein sozialpolitischer Diskurs, der Mitte des 20. Jahrhunderts in vielen Teilen der Welt durchaus ähnliche Inhalte transportierte und dabei gesellschaftliche Erwartungen und Normen formte, gerann, so habe ich in diesem Beitrag argumentiert, im politischen und ökonomischen Kontext Indiens zu einer sozialpolitischen Praxis, die von den realgesellschaftlichen Entwicklungen im nordatlantischen Raum stark abwich. Eine weitgehend minoritäre Sozialpolitik, die einen »formellen Sektor« erzeugte und von einem damit gleichzeitig definierten »informellen Sektor« abgrenzte, erhöhte die sozialen Mobilitätschancen lediglich einer kleinen Minderheit der abhängig Beschäftigten, erweiterte aber zugleich die Erwartungshorizonte eines größeren Teils der Erwerbsbevölkerung. Während sich die Schere zwischen südasiatischen und nordatlantischen Gesellschaften hinsichtlich der Lebensbedingungen von abhängig Beschäftigten seit der Mitte des 20. Jahrhunderts keineswegs geschlossen hat, so wurden die sozialen Erwartungshorizonte, die Hoffnungen, die Lohnarbeiter zumindest für die Zukunft ihrer Kinder hegen konnten, in beiden Kontexten geweitet. Umgekehrt werden auch die gegenwärtige Verengung von Erwartungshorizonten und die daraus resultierende Verschärfung sozialer Spannungen global erfahren. Wenn wechselnde sozialpolitische Diskurse (»regulierend« in der Jahrhundertmitte, »deregulierend« seit den späten 1970ern) einander weltweit ähnelten, aber divergierende Arbeitswelten speisten, so bringen diese unterschiedlichen Arbeitswelten umgekehrt weltweit recht ähnliche politische Legitimationskrisen hervor. Die divergierenden sozialpolitischen »Regime« bewegen sich also in übergreifenden Regulierungszyklen und sind miteinander verflochten geblieben. Derzeit scheinen wir uns dem Ende eines Zyklus anzunähern – welche Rolle gewaltsame Konfliktführung, von unten oder von oben, bei der Eröffnung des neuen Zyklus spielen wird, ist derzeit noch nicht abzusehen.

Literatur

Adarkar, Neera/Menon, Meena (2004), *One Hundred Years, One Hundred Voices. The Millworkers of Girangaon*, Kolkata.

Ahuja, Ravi (im Erscheinen) (Hg.), *Working Lives and Worker Militancy. The Politics of Labour in Colonial India*, Delhi.

Bhattacharya, Sabyasachi (1988), »Swaraj and the Kamgar: The Indian National Congress and the Bombay Working Class, 1919–1931«, in: Sisson, Richard/ Wolpert, Stanley (Hg.), *Congress and Indian Nationalism: The Pre-Independence Phase*, Berkeley/Los Angeles, S. 223–249.

Bhattacharya, Sanjoy (2002), »Colonial India: Conflict, Shortage and Discontent«, in: Liddle, Peter u.a. (Hg.), *The Great World War, 1914–45*, Bd. 2 (The People's experiences), London, S. 182–196.

Breman, Jan (1976), »A Dualistic Labour System? A Critique of the Informal Sector Concept«, in: *Economic and Political Weekly*, I, 11 (48), S. 1870–1876; II, 11 (49), S. 1905–1908; III, 11 (50), S. 1939–1944.

Burnett-Hurst, Alexander R. (1925), *Labour and Housing in Bombay. A Study in the Economic Conditions of the Wage-earning Classes in Bombay*, London.

Chandavarkar, Rajnarayan (1998), *Imperial Power and Popular Politics. Class, Resistance and the State in India, c. 1850–1950*, Cambridge.

Chandavarkar, Raj (2008), »The Decline and Fall of the Jobber System in the Bombay Cotton Textile Industry, 1870–1955«, in: *Modern Asian Studies*, 42 (1), S. 117–210.

Das, Rajani Kanta (1941), *History of Indian Labour Legislation*, Calcutta.

Das Gupta, Ranajit (1994), *Labour and Working Class in Eastern India: Studies in Colonial History*, Calcutta.

Giri, Varahagiri Venkata (1965), *Labour Problems in Indian Industry*, (Nachdruck der 2. erweiterten Aufl. von 1959), Bombay.

Hobsbawm, Eric (1994), *The Age of Extremes. The Short Twentieth Century 1914–1991*, London.

Joshi, S.P. (2011) ([1]1978), »Social Security Legislation in India«, in: Gangrade, Kesharichand D., *Social Legislation in India*, Bd. II, Delhi, S. 221.

Kamtekar, Indivar (2001), »A Different War Dance: State and Class in India 1939–1945«, in: *Past and Present*, 176 (1), S. 187–221.

Maul, Daniel (2007), *Menschenrechte, Sozialpolitik und Dekolonisation. Die Internationale Arbeitsorganisation (IAO) 1940–1970*, Essen.

Mohapatra, Prabhu (2012), *Shifting Boundaries of Freedom: Genealogies of Informalisation and Informal Labor in India*, unveröffentlichtes Vortragsmanuskript für den Workshop »Boundaries of ›Free Labor‹: XIX and XX Century Perspectives«, IGK Work and Human Lifecycle in Global History, 21./22. Juni, Berlin.

— (2005), »Regulated Informality: Legal Construction of Labour Relations in Colonial India 1814–1926«, in: Bhattacharya, Sabyasachi/Lucassen, Jan (Hg.), *Workers in the Informal Sector: Studies in Labour History 1800–2000*, London.

Purshotamdas Thakurdas/Tata, Jehangir Ratanji Dadabhoy/Birla, Ghanshyam Das u.a. (1945), *Memorandum Outlining a Plan of Economic Development for India*, I und II, Harmondsworth.

Rothermund, Dietmar (1993), *Die Welt in der Wirtschaftskrise 1929–1939*, Münster/Hamburg.

— (1983), »Die Anfänge der indischen Wirtschaftsplanung im Zweiten Weltkrieg«, in: Hablützel, Peter u.a. (Hg.), *Dritte Welt: historische Prägung und politische Herausforderung: Festschrift zum 60. Geburtstag von Rudolf von Albertini*, Wiesbaden, S. 81–94.

Schivelbusch, Wolfgang (2005), *Entfernte Verwandtschaft: Faschismus, Nationalsozialismus, New Deal 1933–1939*, München/Wien.

Shiva Rao, Benegal (1939), *The Industrial Worker in India*, London.

Silver, Beverly (2003), *Forces of Labor. Workers' Movements and Globalization since 1870*, Cambridge.

Zachariah, Benjamin (2010), »The Creativity of Destruction. Wartime Imaginings of Development and Social Policy, c. 1942–1946«, in: Liebau, Heike/Bromber, Katrin u.a. (Hg.), *The World in World Wars. Experiences, Perceptions and Perspectives from Africa and Asia*, Leiden/Boston, S. 547–578.

— (2005), *Developing India. An Intellectual and Social History*, Delhi.

Informalität, Geschlecht und die globalen Auswirkungen der großen Rezession

Martha Alter Chen

In der Forschung besteht ein breiter Konsens über zwei Zusammenhänge: Wirtschaftskrisen führen erstens in der regulären Ökonomie zu einem Anstieg der Arbeitslosigkeit, da viele Menschen ihre Jobs verlieren; und zweitens haben Wirtschaftskrisen eine Zunahme der Beschäftigung im informellen Sektor zur Folge – denn Arbeitslose weichen oft in diese Bereiche aus. So schätzte zum Beispiel die Internationale Arbeitsorganisation (ILO) im Jahr 2009, dass die durch die globale Finanzkrise ausgelöste weltweite Rezession die Zahl der Arbeitslosen weltweit auf 38 Millionen und die der *working poor* (das heißt Erwerbstätige, die weniger als zwei US-Dollar am Tag verdienen) auf 200 Millionen gestiegen ist (ILO 2009). Mit anderen Worten: Die ILO geht davon aus, dass die Unterbeschäftigung (Erwerbsarbeit, die es nicht erlaubt, über dem Armutsniveau zu leben) wesentlich stärker zunimmt als die offene Erwerbslosigkeit. Diese Unterbeschäftigung konzentriert sich vor allem im Bereich der informellen Ökonomie.

Mit diesem Befund sind zwei Vorannahmen verbunden: Erstens, dass die informelle Ökonomie ein Auffangbecken für jene darstellt, die in der regulären Ökonomie arbeitslos werden. Und zweitens, dass die informelle Ökonomie in der Lage ist, die Schocks der Wirtschaftsflaute und der Krise abzufedern (Cunningham/Maloney 2000). Zwar ist für diesen Bereich immer noch eine breite Forschungslücke zu konstatieren, dennoch stellen alle vorliegenden Belege diese Annahmen in Frage. Die Erfahrungen früherer Krisen zeigen, dass Lohnarbeiter in deregulierten und informellen Arbeitsverhältnissen den Löwenanteil des Arbeitsplatzverlusts und der Unterbeschäftigung tragen (OECD 2009). Häufig verlieren sie während einer Krise als erste ihre Arbeit. So entlassen die meisten Firmen zuerst ihre Randbelegschaften (das heißt Arbeiter, die bei Subunternehmen, als Leiharbeiter oder mit Zeitverträgen angestellt sind), bevor sie Stellen im Bereich der Kernbelegschaft abbauen. Erfahrungen aus Lateinamerika während der Krise von 2009 verdeutlichen zum Beispiel, dass »der Personalabbau als

Reaktion auf die wirtschaftliche Flaute in formellen Unternehmen sich durch Entlassungen irregulär und atypisch beschäftigter Arbeiter vollzog« (ebd.: 50f.).

Aber was passiert mit denjenigen, die bereits in der informellen Ökonomie beschäftigt sind? Welche Form von Puffer bietet die informelle Ökonomie in der Krise und für wen? Der vorliegende Beitrag stellt sich diesen Fragen. Er basiert auf aktuellen Forschungsergebnissen einer Studie, die das Netzwerk *Women in Informal Employment Globalizing and Organizing* (WIEGO) und seine Partner im globalen Projekt *Inclusive Cities for the Working Poor* Anfang 2009 initiiert haben. Die Erhebungen konzentrieren sich auf die Auswirkungen der globalen Wirtschaftskrise auf Arbeiter in der städtischen informellen Ökonomie in zehn Ländern: Chile, Kolumbien und Peru (Lateinamerika), Kenia, Malawi und Südafrika (in Afrika) und Indien, Indonesien, Pakistan und Thailand (in Asien). Dabei stehen drei Kategorien städtischer informeller Arbeiter – Kleinstproduzenten und Heimarbeiter[1], Straßenhändler und Müllsammler – im Vordergrund der Untersuchung.[2]

---

1 Im englischen Original *home-based producers*; gemeint sind damit einerseits Kleinproduzenten, die von zu Hause aus Waren fertigen, die sie dann selbst verkaufen sowie andererseits Heimarbeiter, die für Industriebetriebe auf der Basis eines Stücklohns produzieren (Anmerkung der Übersetzerin).

2 Zum Forschungssample und den Kategorien informeller Arbeit: 1. Haushaltsbasierte Arbeiter – sie fertigen, verkaufen oder bieten Dienstleistungen von zu Hause aus an. Die überwiegende Mehrheit von ihnen sind Frauen, die in ihrem Haushalt bezahlte und unbezahlte Arbeit kombinieren. Es existieren zwei Kategorien haushaltsbasierter Arbeiter: ausgelagerte Industriearbeiter (auch Heimarbeiter genannt), die für Firmen oder Zwischenhändler Arbeiten ausführen, in der Regel auf der Basis von Stückpreisen sowie selbstständige haushaltsbasierte Arbeiter (wenn sie keine Angestellten haben, als ›Arbeiter auf eigene Rechnung‹ bezeichnet), die unabhängig Waren produzieren, verkaufen oder von zu Hause aus Dienstleistungen anbieten. Das Studiensample umfasst beide Gruppen haushaltsbasierter Arbeiter, wobei alle in der Fertigung arbeiteten. Alle befragten Heimarbeiter lebten in Asien. 2. Straßenhändler – sie verkaufen Waren oder Dienstleistungen in offenen oder öffentlichen Räumen. Viele Straßenhändler arbeiten alleine, manche verwenden unbezahlte Familienarbeit, andere beschäftigen Angestellte und einige wenige arbeiten für Dritte auf Kommission. Manche verkaufen in Kiosken oder an Ständen, andere sind mobil und verkaufen von Wagen oder Fahrrädern und wieder andere am Straßenrand. 3. Müllsammler – sie verdienen ihren Lebensunterhalt indem sie Abfall sammeln, sortieren und recyclebare Materialien verkaufen. Man findet sie in fast jeder Stadt weltweit, wo sie Müll und Abfallstoffe von Haushalten, Unternehmen oder der Industrie auf Straßen, Müllhalden, städtischen Wasserwegen, Baustellen, Containern und von Privathaushalten sammeln. Insgesamt wurden 164 informelle Arbeiter interviewt: 59 haushaltsbasierte Arbeiter, 52 Straßenhändler und 53 Müllsammler.

Der Artikel gliedert sich in fünf Abschnitte. Er beginnt mit einer kurzen Vorstellung der offiziellen statistischen Definition »informeller Beschäftigung« und neueren Schätzungen über Größe, Zusammensetzung und Ertrags- und Einkommensprofil der so definierten informellen Beschäftigung, inklusive ihrer Segmentierung nach Beschäftigungsstatus und Geschlecht. Die Abschnitte zwei und drei fassen die ersten Erhebungsergebnisse aus dem Jahr 2009 sowie die Auswirkungen der Krise auf die drei genannten Berufsgruppen der städtischen informellen Ökonomie zusammen und gehen auf die Implikationen dieser Auswirkungen für einzelne Arbeiter und ihre Familien ein. Abschnitt vier stellt Ergebnisse der zweiten Forschungsphase im Jahr 2010 vor, die auf deutlich verzögerte Auswirkungen der Krise auf die informelle Ökonomie verweisen. Abschnitt fünf thematisiert die zentralen geschlechtsspezifischen Unterschiede indirekter Auswirkungen der Krise. Der Artikel endet mit einer Diskussion möglicher Antworten auf die Krise aus Sicht der informellen Arbeiter.

Informelle Beschäftigung: Eine erweiterte Definition und aktuelle Schätzungen

In Entwicklungsländern wird der Begriff »Informeller Sektor« für Arbeitsverhältnisse in informellen Unternehmen verwendet (kleine und unregulierte Unternehmen).[3] In jüngerer Zeit führten die ILO und WIEGO den

Die Forschungsmethodologie beinhaltete drei Instrumente, die von Studienbetreuern in Rücksprache mit den Forschungspartnern entwickelt wurden: *Fokusgruppendiskussionen* mit Arbeitern jeder Berufsgruppe oder jedes Sektors; standardisierte Befragungen mit *Fragebögen* derer, die an den Fokusgruppendiskussionen teilgenommen hatten und *Informanteninterviews* mit zentralen Organizern informeller Arbeiter sowie mit den Leitern der Fokusgruppendiskussionen und standardisierte Befragungen mit Fragebögen. Insgesamt wurden in der ersten Forschungsrunde 12 Fokusgruppendiskussionen, 164 Befragungen mit Fragebögen und 13 Informanteninterviews durchgeführt. Eine zweite Untersuchungsrunde wurde in der ersten Hälfte des Jahres 2010 durchgeführt. Die Studie umfasste zehn Länder in den drei Entwicklungsregionen der Welt – Afrika, Asien und Lateinamerika. Tabelle 1 im Anhang listet die Partnerorganisationen auf, die in den jeweiligen Städten Befragungen durchführten.

3 Das Folgende ist eine Zusammenfassung neuerer Analysen offizieller Daten, die vom globalen Forschungs- und Politikberatungsnetzwerk *Women in Informal Employment: Globalizing and Organizing* (WIEGO) erhoben wurden: über die informelle Beschäftigung in 25 Ländern im allgemeinen (ILO 2002) und über die Segmentierung von Arbeitsverhält-

Begriff der »informellen Beschäftigung« ein, der sich in weiterem Sinn auf alle Formen informeller Arbeitsverhältnisse (das heißt unregulierte und ungeschützte Arbeitsverhältnisse) innerhalb und außerhalb formeller Unternehmen bezieht. Informelle Beschäftigung umfasst allgemein definiert Selbstständige in informellen Unternehmen (das heißt kleine und unregulierte) ebenso wie Lohnarbeiter in informellen Arbeitsverhältnissen (das heißt unregulierte und ungeschützte) sowohl in urbanen als auch in ländlichen Räumen (ILO 2002; Chen u.a. 2005).

Vor der globalen Rezession umfasste die informelle Beschäftigung in den Entwicklungsländern grob geschätzt die Hälfte bis drei Viertel aller nicht-landwirtschaftlichen Beschäftigungsverhältnisse. Dabei lassen sich bedeutende regionale Unterschiede feststellen: Im Nahen Osten und Nordafrika waren es 47 Prozent, 51 Prozent in Lateinamerika, 71 Prozent in Asien und 72 Prozent in Afrika südlich der Sahara. Klammert man Südafrika aus, steigt die Zahl für das subsaharische Afrika auf 78 Prozent. Würden für weitere südasiatische Länder neben Indien vergleichbare Daten vorliegen, läge der regionale Durchschnittsanteil für Asien vermutlich deutlich höher. Einige Länder nehmen informelle Beschäftigung in der Landwirtschaft in ihre Schätzungen auf. Dadurch erhöht sich der Anteil der informellen Beschäftigungsverhältnisse wie folgt: von 83 Prozent in der nicht-landwirtschaftlichen Beschäftigung auf 93 Prozent aller Beschäftigungsverhältnisse in Indien sowie von 55 auf 62 Prozent in Mexiko und von 28 auf 34 Prozent in Südafrika (ILO 2002).

Innerhalb der informellen Beschäftigung finden sich weitere Unterscheidungen nach Beschäftigungsstatus und der Kontrolle über Arbeit und Arbeitsprodukt. Hieraus ergeben sich folgende Klassifizierungen:

Selbstständige:

- *Arbeitgeber*: Selbstständige Betreiber informeller Unternehmen mit Angestellten;
- *auf eigene Rechnung arbeitende Beschäftigte*: Solo-Selbstständige oder Familienbetriebe/landwirtschaftliche Betriebe ohne Angestellte;
- *unbezahlt mitarbeitende Familienarbeiter*: Familienangehörige, die in Familienbetrieben oder landwirtschaftlichen Betrieben unbezahlt arbeiten.

---

nissen, Durchschnittseinkommen und Armutsrisiken in sieben Ländern (Chen u.a. 2004, 2005).

Lohnarbeiter:

- *informell Angestellte*: ungeschützte Arbeiter mit bekanntem Arbeitgeber, in Form eines formellen oder informellen Unternehmens, einer Zeit- bzw. Vertragsarbeitsagentur oder eines Haushalts;
- *Gelegenheitsarbeiter*: Lohnarbeiter ohne festen Arbeitgeber, die ihre Arbeit tageweise oder saisonal verkaufen;
- *Ausgelagerte Industriearbeiter*: bei Subunternehmen beschäftigte Arbeiter, die in kleinen Werkstätten oder in Heimarbeit nach Stückzahl produzieren.

In Entwicklungsländern sind Frauen in der informellen Beschäftigung allgemein überproportional stark vertreten. Außer im Nahen Osten und Nordafrika, wo 42 Prozent der Arbeiter Frauen sind, liegt der Anteil informell beschäftigter Frauen außerhalb der Landwirtschaft bei 60 Prozent. Der Anteil informell Beschäftigter außerhalb der Landwirtschaft stellt sich für die einzelnen Weltregionen wie folgt dar: im subsaharischen Afrika sind 84 Prozent der Arbeiterinnen (und 63 Prozent der männlichen Arbeiter), in Lateinamerika 58 Prozent der Arbeiterinnen (48 Prozent der Männer) und in Asien 73 Prozent der Arbeiterinnen (70 Prozent der Männer) informell beschäftigt (ILO 2002).

Die vorliegenden Daten aus mehreren Entwicklungsländern zeigen zudem, dass Männer unter den Arbeitergebern in der informellen Ökonomie und Frauen im Bereich der ausgelagerten Industriearbeiter überproportional stark vertreten sind. In Indien beträgt zum Beispiel der Frauenanteil unter den informellen Arbeitgebern sechs Prozent, bei auf eigene Rechnung arbeitenden Beschäftigten 19 Prozent, bei den informellen Lohnarbeitern 16 Prozent, aber unter den ausgelagerten Industriearbeitern 59 Prozent.[4] Männer sind also kurz gesagt in den höheren und Frauen tendenziell in den unteren Segmenten der informellen Ökonomie überrepräsentiert. In den mittleren Segmenten variieren die relativen Anteile von Männern und Frauen je nach Sektor und Land.

Während die durchschnittlichen Einkommen in regulären Arbeitsverhältnissen höher liegen als in der informellen Beschäftigung, veranschaulichen unsere Daten die Einkommenshierarchie innerhalb der informellen Ökonomie. Die höchsten Einkünfte haben informelle Arbeitgeber, gefolgt

4 Diese Zahlen wurden von Jeemol Unni auf Grundlage der Einzelnachweise des *Employment and Unemployment Survey* 1999–2000 der 55th Round (55. Ausgabe) der *National Sample Survey Organisation*, New Delhi, errechnet.

von ihren Angestellten und den informell Angestellten regulärer Firmen. Auf eigene Rechnung arbeitende Solo-Selbständige, Gelegenheitsarbeiter und ausgelagerte Industriearbeiter folgen in dieser Reihenfolge. In Kolumbien verdienten zum Beispiel informelle Arbeitgeber um das Jahr 2000 das Vier- bis Fünffache des gesetzlichen Mindestlohns, Solo-Selbstständige aber nur das 1,5-fache (nationale Angaben analysiert von Jacques Charmes, zitiert in Chen u.a. 2004).

Die vorliegenden Daten über das Armutsrisiko – also die Wahrscheinlichkeit, dass ein Arbeiter eines bestimmten Segments des Arbeitsmarktes in einem armen Haushalt lebt – verweisen auf eine ähnliche Hierarchie. Arbeiter in der formellen Ökonomie, insbesondere in regulären Beschäftigungsverhältnissen im öffentlichen Sektor, leben seltener in armen Haushalten als informell beschäftigte. Innerhalb der informellen Ökonomie tragen die Angestellten informeller Betriebe ein höheres Armutsrisiko als ihre Arbeitgeber; Solo-Selbstständige sind häufig ärmer als Angestellte informeller Unternehmen, etc. Erneut zeigt sich die Existenz einer Segmentierungspyramide innerhalb der informellen Ökonomie (Chen u.a. 2005). Das Armutsrisiko ist zudem mit der Frage verbunden, ob ein Arbeiter innerhalb eines Haushaltes Alleinverdiener, Haupternährer oder Nebenverdiener ist. Aufgrund ihrer sehr geringen Einkommen sind zum Beispiel die meisten ausgelagerten Industriearbeiterinnen Nebenverdienerinnen in Haushalten mit männlichen Haupternährern. Ob eine solche Heimarbeiterin in einem armen Haushalt lebt, hängt statistisch davon ab, ob das Einkommen des gesamten Haushalts mit ihrem Einkommen unter oder über der Armutsgrenze liegt. Ist sie jedoch Allein- oder Hauptverdienerin, ist die Wahrscheinlichkeit sehr hoch, dass ihr Haushalt arm ist (ebd.).

Zusammenfassend lässt sich festhalten, dass die informelle Ökonomie stark segmentiert ist. Sowohl zwischen den Durchschnittseinkommen als auch bezüglich des Armutsrisikos existiert eine Hierarchie zwischen den verschiedenen Beschäftigungskategorien mit einer kleinen Unternehmerklasse (die vor allem aus informellen Betrieben und einigen wenigen Solo-Selbstständigen besteht) und einer großen Arbeiterklasse (die sich aus informell beschäftigten Angestellten, den meisten Solo-Selbstständigen sowie den Gelegenheitsarbeitern und ausgelagerten Industriearbeitern zusammensetzt). Darüber hinaus existiert auf den informellen Arbeitsmärkten eine geschlechtsspezifische Segmentierung, die zu einer Lücke zwischen den Einkommen von Frauen, die einerseits in den am niedrigsten bezahlten Segmenten überrepräsentiert sind und andererseits auch innerhalb der meisten Segmente jeweils weniger als das durchschnittliche Einkommen männlicher Arbeiter verdienen (Chen u.a. 2004, 2005).

WIEGO Modell informeller Beschäftigung: Hierarchische Segmentierung entlang des Einkommens und des Armutsrisikos in Bezug auf Beschäftigungsstatus und Geschlecht

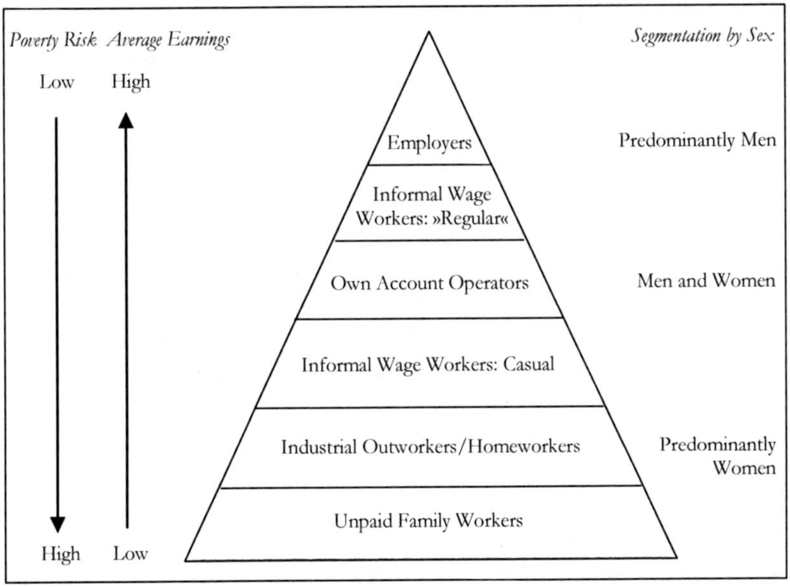

Quelle: Chen u.a. 2004, 2005.

Die Auswirkungen der großen Rezession auf informell Beschäftigte in den Städten

Dieses Kapitel fasst Ergebnisse der ersten zwei Phasen einer von uns durchgeführten Studie über die Auswirkungen der globalen Rezession auf die Lebensbedingungen und den Lebensunterhalt informell Beschäftigter im urbanen Raum zusammen. Unser Sample umfasste drei Berufsgruppen: selbstständige und angestellte Heimarbeiter, Straßenhändler, und Müllsammler. Die Studie untersucht die Auswirkungen der krisenbedingten Schwankungen von Nachfrage und Preisen auf die informelle Ökonomie und möchte herausfinden, ob, wie und mit welchen Folgen für die Arbeiter sich die Zunahme der informellen Beschäftigung auf den Wettbewerb innerhalb der informellen Ökonomie auswirkte.

Generell ist die informelle Ökonomie – unabhängig von bestimmten Konjunkturen – besonders empfindlich gegenüber Nachfrage- und Preisschwankungen und den Dynamiken des Wettbewerbs. Die krisenbedingten Veränderungen von Nachfrage, Preisen und Wettbewerb innerhalb der informellen Ökonomie werden dennoch von Ansätzen, die die informelle Ökonomie als Puffer sehen, nicht ausreichend berücksichtigt. Sie gehen stattdessen schlicht davon aus, dass diese krisenbedingten Veränderungen die formelle Ökonomie betreffen, die informelle Ökonomie jedoch irgendwie umgehen. Dies ist ein Grund dafür, dass nur sehr wenig (wenn überhaupt) Informationen über die Auswirkungen früherer Krisen auf die informelle Ökonomie existieren, ausgenommen die prognostizierte Zunahme der Beschäftigung.

In Bezug auf die Geschlechterverhältnisse ist es wichtig darauf hinzuweisen, dass die Mehrheit unseres Samples in allen drei Sektoren (jedoch vor allem bei den Heimarbeiterinnen) und in beiden Studienphasen Frauen waren. In der zweiten Phase lag der Prozentsatz der Frauen unter den Befragten mit 82 Prozent etwas höher als in der ersten Phase (79 Prozent), da unter den bereits in Runde eins Befragten mehr Frauen als Männer sich bereit erklärten, erneut an der Studie teilzunehmen. Die Untersuchungsergebnisse zeigen, dass die direkten Folgen der Wirtschaftskrise auf die Lebensgrundlage in den Städten sich stärker je nach Sektor, Beschäftigungsstatus und Arbeitsort unterschieden als nach dem Geschlecht. Geschlechtsspezifische Auswirkungen ließen sich vor allem in den indirekten Folgen der Krise auf die Haushalte feststellen.

Im Folgenden werden erst die Ergebnisse der ersten Forschungsrunde vorgestellt, die in der ersten Jahreshälfte 2009 durchgeführt wurde.[5] Abschnitt vier präsentiert dann die Ergebnisse der zweiten Studienphase aus der zweiten Jahreshälfte 2010.[6]

---

5 Für detailliertere Ergebnisse dieser ersten Befragungsrunde, siehe der 2010 erschienene Bericht von Zoe Horn mit dem Titel *No Cushion to Fall Back On: The Global Economic Crisis and Informal Workers*. [*Ohne Puffer: Die Globale Wirtschaftskrise und Informelle ArbeiterInnen*].

6 Für detailliertere Ergebnisse aus der zweiten Studienrunde, siehe der 2011 erschienene Bericht von Zoe Horn mit dem Titel *Coping With Crisis: Lingering Recession, Rising Inflation, and the Informal Workforce*. Beide Berichte können unter www.wiego.org und www.Inclusivecities.org heruntergeladen werden.

Nachlassende Nachfrage

Nahezu zwei Drittel (65 Prozent) des Studiensamples berichteten, dass ihr Handels- oder Arbeitsvolumen zwischen Januar und Juni 2009 rückläufig war, fast ein Viertel (23 Prozent) gaben an, keine Veränderung bemerkt zu haben und 10 Prozent berichteten von einem Anstieg der Nachfrage (Tabelle 1).

Tabelle 1: Veränderungen im Arbeitsvolumen/Arbeit, Januar–Juni 2009

	Müllsammler	*Straßenhändler*	*Heimarbeiter*	*alle*
			Selbstständige	*ausgelagerte Industriearbeiter*
abgenommen	85%	62%	47%	55%
gleich	11%	29%	13%	45%
angestiegen	6%	10%	27%	3%

Wie die Zahlen in Tabelle 1 verdeutlichen, variierten die Auswirkungen der Krise auf die Nachfrage zwischen unterschiedlichen Gruppen von Heimarbeitern. Alle ausgelagerten Industriearbeiter, die für den Exportmarkt produzierten, und fast alle für den inländischen Markt produzierenden Selbstständigen berichteten von einem Rückgang ihrer Produktionsvolumen. Einige der Selbstständigen gaben an, dass sie ihre Arbeitszeit ausdehnten, um mehr zu produzieren und damit die sinkenden Preise zu kompensieren. Eine Gruppe von Heimarbeitern, die für den lokalen indonesischen Markt Badmintonschläger und Federbälle produzieren, berichtete währenddessen, dass in ihrem Fall Auftragslage und Produktionsoutput relativ stabil geblieben seien.

Ein zu erwartendes Ergebnis der Studie ist, dass die industrielle Heimarbeit für Exportmärkte gegenüber Schwankungen am Weltmarkt besonders anfällig ist. Als Antwort auf die nachlassende Nachfrage versuchen Arbeitgeber und Subunternehmen in exportabhängigen Sektoren die Arbeitskosten zu reduzieren: Im Fall der ausgelagerten Industriearbeiter bedeutet dies, die Zahl der Arbeiter, das Volumen der Arbeitsaufträge und/oder die Stückraten (oder Löhne) der Heimarbeiter zu reduzieren. Mehr als die Hälfte (55 Prozent) der industriellen Heimarbeiter in unserer Studie berichteten von einem deutlichen Rückgang ihrer Aufträge in den vorangegangenen sechs Monaten: Sie gaben an, weniger Arbeitsaufträge von kleinerem Umfang zu erhalten; teilweise würden Aufträge auch storniert.

Zusätzlich erhielten einige Heimarbeiter ihren Lohn nicht pünktlich ausgezahlt, während andere in den vorherigen sechs Monaten gar nicht bezahlt wurden. Ein weiteres Studienergebnis besteht darin, dass der Straßenhandel sehr empfindlich auf Veränderungen in der lokalen Nachfrage reagiert. Fast zwei Drittel (62 Prozent) der Straßenhändler in unserem Sample berichteten von einem rückläufigen Verkaufsvolumen zwischen Januar und Juni 2009.

Schließlich legen die Forschungsergebnisse nahe, dass die Preise des Recyclingmülls sehr empfindlich auf die globale Nachfrage reagieren. Bereits im Oktober 2008 schlug sich der Nachfragerückgang für Exportgüter auf die Nachfrage nach Abfallstoffen, die für die Herstellung und/oder Verpackung von Exportgütern verwendet werden, nieder. Besonders deutlich zeigte sich dieser Effekt in China (Branigan 2009). Der massive Rückgang der Nachfrage nach Abfallstoffen wirkte sich auf die Verkaufsoptionen lokaler Müllsammler aus. Die Händler, die den Müllsammlern die Abfallstoffe abkaufen (um sie entlang der Verwertungskette weiterzuverkaufen), stellten entweder den Ankauf ein und/oder boten ihnen für manche Materialien geringere Preise. Abfallkäufer in Bogotá (Kolumbien) kauften beispielsweise zuvor Plastik aller Sorten und Farben. Mitte des Jahres 2009 erwarben sie nur noch ausgewählte Sorten Plastik. Indirekt wirkte sich die Krise aber auch auf die Sammelmöglichkeiten der Müllsammler aus. Der Rückgang im Konsum bedeutete für die Müllsammler weniger zu sammelnden Abfall. Die Befragten berichteten, dass sowohl die Quantität als auch die Qualität des Abfalls zwischen Januar und Juni 2009 dramatisch zurückgegangen waren. Wie eine der Müllsammlerinnen in Punia (Indien) berichtete: »Vor sechs Monaten füllten wir vier Fahrzeuge mit Abfallmaterial, jetzt gerade mal eines oder vielleicht ein wenig mehr«.

Weniger Müll wirkt sich nicht nur auf das Sammelvolumen aus, sondern bewirkt auch einen Rückgang der Preise, denn diese steigen meist bei größeren Mengen zu verkaufenden Abfallmaterials. Wenn nur wenig Abfall zur Verfügung steht, steigen Zeitaufwand und Kosten, um ausreichend Müll für den Großverkauf zu sammeln. Wie eine andere Müllsammlerin in Bogotá erklärte: »[W]enn du keinen Lagerplatz hast, musst du es fast so hergeben«. Ein anderer Müllsammler erzählte, dass er anfing den Müll in seinem Haus zu sammeln, dies schließlich aber aus Sorge um Hygiene und Gesundheit seiner Familie aufgab.

Preisinstabilität und steigende Kosten

Um die Auswirkungen der globalen Wirtschaftskrise auf informelle Unternehmen zu verstehen, wurden Heimarbeiter und Straßenhändler gebeten, ihre Geschäftskosten und Verkaufspreise zwischen Januar und Juni 2009 zu vergleichen. Die große Mehrheit der Heimarbeiter (91 Prozent) und eine deutliche Mehrheit (83 Prozent) der Straßenhändler gaben an, dass ihre Betriebskosten gestiegen seien. In vielen Fällen verteuerten sich sowohl Herstellungskosten und Rohmaterialien als auch andere Betriebskosten (wie Transport, Energie und Marktgebühren).

Garküchenbetreiber und Lebensmittelverkäufer berichteten von steigenden Kosten für Rohmaterialien zwischen Januar und Juni 2009. Obwohl die Lebensmittelpreise nach dem Rekordhoch von 2008 wieder sanken, waren die Preise für Grundnahrungsmittel in einigen Entwicklungsländern Mitte 2009 immer noch relativ hoch (FAO 2009).[7] Auch für Produzent und Verkäufer unverderblicher Güter stiegen die Preise für Rohmaterialien und konfektionierte Waren.

Die meisten für Industriebetriebe arbeitenden Heimarbeiter kaufen ihre Rohmaterialien nicht selbst, sondern erhalten diese von ihren Auftraggebern. Da sie zu Hause arbeiten, fallen ebenfalls keine zusätzlichen Mietkosten an. Ihre Geschäftskosten bestehen vor allem aus Energiekosten sowie aus den Kosten für die Instandhaltung und Beschaffung von Werkzeugen und Geräten. Viele Heimarbeiter berichteten, dass die Strom- und Gaskosten zwischen Januar und Juni 2009 gestiegen waren. In einigen Fällen wurde zur aktuellen Nebenkostenrechnung sogar eine zusätzliche Gebühr für Elektrizität erhoben.

Durch die Krise und verstärkt durch die Dezentralisierung in vielen Ländern liegt der Druck, zusätzliche Einnahmen zu erwirtschaften, vor allem auf den lokalen Verwaltungen. Der von Regierung oder privaten Unternehmen verursachte Anstieg der Marktgebühren, Energiepreise und Transportkosten ist für viele Straßenhändler und andere informell Beschäftigte untragbar. Mehrere Händler, die zuvor auf Märkten verkauft hatten, konnten sich die erhöhten Standgebühren nicht leisten und boten ihre Waren deshalb wieder auf der Straße an. Die steigenden Benzinpreise wirkten sich auch auf die öffentlichen und privaten Transportkosten aus. Viele Be-

7 Die UN Ernährungs- und Landwirtschaftsorganisation (FAO) berichtete, dass die durchschnittlichen Nahrungsmittelpreise im Mai 2009 etwa 24 Prozent höher lagen als noch im Jahr 2006 (FAO 2009).

fragte berichteten von höheren Preisen für Busfahrkarten; einige Straßenhändler erzählten, dass es für sie schwierig sei, ihre Waren mit öffentlichen Bussen zu transportieren (vor allem bei weiten Entfernungen), sie sich aber den Warentransport mit dem Taxi nicht mehr leisten könnten.

Nur relativ wenigen der befragten Straßenhändlern und Kleinproduzenten war es möglich, die gestiegenen Geschäftskosten auszugleichen, indem sie ihre Verkaufspreise erhöhten. Während bei 83 Prozent der Straßenhändler die Geschäftskosten zwischen Januar und Juni 2009 zunahmen, gaben nur 58 Prozent an, dass sie im gleichen Zeitraum die Preise der von ihnen verkauften Waren anhoben. Besonders extrem war die Lage für Kleinproduzenten: 91 Prozent von ihnen gaben an, ihre Kosten seien gestiegen während die Verkaufspreise in 80 Prozent der Fälle zwischen Januar und Juni 2009 sanken.

In Zeiten von Wirtschaftskrisen geraten informelle Arbeiter beim Festlegen ihrer Verkaufspreise in ein grundlegendes Dilemma. Sie können versuchen ihre Preise anzuheben, um angesichts nachlassender Verkäufe ihr Einkommen aufrechtzuerhalten. Damit laufen sie aber Gefahr, ihre Konkurrenzfähigkeit auf den sehr wettbewerbsorientierten informellen Märkten zu verlieren. Andererseits können sie ihre Preise reduzieren, um Käufer anzulocken. Einige der Befragten berichteten, dass sie ihre Preise für Stammkunden sehr stark reduzierten oder Waren gegen Kredit verkauften. In einigen Fällen erzählten die Befragten, dass sie ihre Preise so stark senkten, dass sie nur einen (wenn überhaupt) sehr kleinen Profit oder sogar Verluste erwirtschafteten.

Die Situation der industriellen Heimarbeiter unterscheidet sich von der selbstständiger Produzenten. Sie leiden unter sinkenden Löhnen (oder Stückraten) für ihre Produktion und verfügen über nur geringe Verhandlungsmacht, um bessere Stückpreise auszuhandeln. Andererseits müssen sie sich, im Gegensatz zu den selbstständigen Produzenten, nicht um die Kosten der Rohmaterialien sorgen. Auch Müllsammler haben nur geringe Geschäftskosten. Dagegen sind ihre Einkommen stark von den Verkaufspreisen der recyclebaren Abfallstoffe abhängig. Aufgrund der nachlassenden Nachfrage fielen die Preise dieser Materialien zusammen mit den allgemein sinkenden Preisen für Konsumgüter im letzten Quartal 2008 stark (Branigan 2009).

In einigen Fällen waren die Müllsammler sogar gezwungen, für Abfallstoffe zu bezahlen »Die gleichen Leute, die uns früher die Wertstoffe für das Recycling abgaben, verkaufen sie uns jetzt«. Ein Müllsammler in Bogotá erzählte, dass ein Lagerhausbesitzer ihm zuvor für die Entsorgung alter Zeitungen ein kleines Entgelt (10 Pesos) zahlte, während er nun dem gleichen Besitzer für die gleichen Materialien 500 Pesos bezahlen müsse. Einige Müllsammler waren gezwungen mit nur kleinem oder gar keinem Gewinn zu verkaufen in der Hoffnung, »dass du dieses Mal keinen Peso verdienst aber dann beim nächsten Mal vielleicht schon«, wie eine der Müllsammlerinnen aus Bogotá erklärte.

Verstärkter Wettbewerb

Der Beschäftigungsanstieg in der informellen Ökonomie kommt während einer Wirtschaftskrise nicht unerwartet. Während der Krise in Lateinamerika in den 1980er Jahren wuchs der Anteil der informellen Beschäftigung im Verhältnis zur Gesamtbeschäftigung (Tokman 1992); ebenso in der Asienkrise der späten 1990er Jahren (Lee 1998). Aber wie wirkt sich dieser Beschäftigungsanstieg im informellen Sektor auf diejenigen aus, die bereits informell beschäftigt sind? Mehr als die Hälfte der Befragten unserer Studie berichteten von neuen Arbeitern in ihren Berufsgruppen (siehe Tabelle 2). Fast zwei Drittel (65 Prozent) der Kleinproduzenten spürten eine verstärkte Konkurrenz von Personen, die die gleichen oder ähnliche Produkte herstellen und dabei häufig die Preise nach unten drücken. Vor allem Straßenhändler (85 Prozent) berichteten von einer starken Zunahme der Konkurrenz, denn für viele neu informell Tätige bietet der Straßenhandel den Einstieg in die informelle Ökonomie.[8]

Tabelle 2: Zunahme des lokalen Wettbewerbs in informellen Berufen, Januar–Juni 2009

Sektor	*mehr ArbeiterInnen*
HeimarbeiterInnen	34%
StraßenhändlerInnen	85%
MüllsammlerInnen	49%
Gesamt	*55%*

8 Interview mit Pat Horn, Koordinator von StreetNet International, im Mai 2009.

Trotz des allgemeinen Preisrückgangs im Recyclingsektor berichtete fast die Hälfte aller Müllsammler von einer Zunahme lokaler Sammler.[9] Diese neuen Müllsammler seien überwiegend unorganisiert, das heißt keine Mitglieder einer der lokalen Recyclingkooperativen oder Assoziation. Diese »Flyer«, wie sie in Chile genannt werden, werden als für den Recyclingsektor schädlich erachtet, nicht nur weil sie den Wettbewerb um den vorhandenen Abfall verschärfen, sondern auch, weil sie den Ruf haben, den Müll rücksichtslos zu durchwühlen und Unrat auf den Straßen zu hinterlassen. Deshalb wird befürchtet, dass sie das Ansehen der traditionellen Müllsammler beschädigen und das ohnehin sensible Verhältnis zwischen Müllsammlern, lokalen Behörden und Öffentlichkeit gefährden.

Implikationen für die Arbeiter in der städtischen informellen Ökonomie und ihre Haushalte

Welche Folgen haben die oben dargestellten Auswirkungen der Krise auf die Löhne und Arbeitsbelastung einzelner informeller Arbeiter und ihre Familien?

Einkommen oder Gewinne

Eine große Mehrheit (fast 80 Prozent) der Befragten berichteten von einem Rückgang ihrer Gewinne zwischen Januar und Juni 2009. Wie einer der Müllsammler in Bogotá erzählte: »Ich verdiente früher siebentausend Pesos am Tag, heute drei bis fünftausend«. Trotzdem sollte auch festgehalten werden, dass 18 Prozent der Befragten nur geringe oder keine Einkommensveränderung verzeichnete und eine Minderheit (4 Prozent) sogar von einem Zuwachs berichtete.

9 In Lateinamerika berichteten sogar 84 Prozent der Befragten von einem Anstieg der Zahl der Müllsammler zwischen Januar und Juni 2009.

Ergänzende Einkommensquellen

Die gängige Meinung behauptet, dass die informelle Ökonomie in ihrer Größe und Kapazität grenzenlos und informelle Arbeiter und Unternehmen sich Rezessionsphasen leicht anpassen und neue Arbeitsfelder finden können. Innerhalb unseres Sample verfügten mehr als ein Viertel (27 Prozent) der Befragten über eine zusätzliche Einkommensquelle; nur sechs Personen (4 Prozent) waren jedoch in der Lage, in den vorangegangenen sechs Monaten einen Zusatzjob zu finden, obwohl sie sich ein zusätzliches Einkommen wünschten und dies auch benötigten. Einige der Befragten führten dies darauf zurück, dass sie zu alt seien, um sich noch einmal neue Kenntnisse anzueignen oder eine alternative Beschäftigung zu finden, sogar innerhalb der informellen Ökonomie. So beispielsweise im Fall einer 55-jährigen Müllsammlerin aus Bogotá, die sich als Straßenfegerin zertifizieren ließ, um ihre Einkünfte aufzustocken. Seit ihrer Zertifizierung gelang es ihr nicht, als Straßenkehrerin eine Arbeitsstelle zu bekommen. »Ich versuche, einen anderen Job zu finden«, sagte sie, »und sie sagen ›Nein, Du bist schon zu alt, bist schon zu alt‹. Was soll ich also machen?«

Ökonomische Abhängigkeit

Viele der Befragten waren aufgrund ihrer zunehmenden Abhängigkeit gegenüber Dritten und ihrer Verwundbarkeit in der Krise beunruhigt. Die meisten informellen Arbeiter befinden sich am unteren Ende globaler Wertschöpfungsketten. In Krisen werden Risiken und mögliche Verluste entlang dieser Wertschöpfungsketten von oben nach unten verschoben. Durch ihre Abhängigkeit von Zwischenhändlern und Subunternehmen und ihrem Mangel an Wissen über den Marktwert ihrer Waren glaubten viele industrielle Heimarbeiter, keine andere Wahl zu haben als mit den gesunkenen Stückpreisen und verkleinerten Aufträgen zurechtzukommen.

Ebenso sahen viele Müllsammler keine andere Möglichkeit, als die niedrigen Preise für Abfallstoffe zu akzeptieren, die ihnen die Abfallhändler boten. In Santiago de Chile erzählten viele Müllsammler, dass sie den Händlern nicht trauten und sie verdächtigten, ihre eigenen Verluste auf sie abzuwälzen. Die organisierten Müllsammler verständigten sich deshalb darauf, einem verdächtigen Händler nichts mehr zu verkaufen bis er seine Preise erhöhte, was tatsächlich in Folge des Boykotts auch geschah. Generell gilt, dass organisierte Müllsammler besser in der Lage sind, Preise auszuhandeln als unorganisierte (Wilson u.a. 2006). Im Vergleich zu den anderen beiden Gruppen gelang es den Straßenhändlern besser, sich an die Preisfluktuationen anzupassen: über ein Drittel (36 Prozent) der Straßenhändler berichteten, dass sie ihre Bezugsquellen auf der Suche nach den günstigsten Angebotspreisen wechseln konnten.

Zusammenfassend kann folgendes festgestellt werden: Der deutliche Rückgang der Preise im Recyclinghandel, der bereits im Oktober 2008 einsetzte, gefährdete die Existenzen der Müllsammler weltweit. Im Straßenhandel ist der größte Zustrom neuer Arbeiter zu verzeichnen, während die lokale Nachfrage in diesem Sektor am stärksten schrumpfte. Im Gegensatz dazu wirkte sich die Krise auf Heimarbeiter ganz unterschiedlich aus. Heimarbeiter, die für global vernetzte Industriebetriebe arbeiten, erhielten weniger und kleinere Arbeitsaufträge. Teilweise wurden Aufträge auch storniert, die Stückzahl oder der Lohn pro Stück gesenkt und die Bezahlung erfolgte verspätet. Den Heimarbeitern, die für lokale Industriebetriebe und den inländischen Markt produzierten, erging es im Gegensatz dazu meist besser. Selbstständige Kleinproduzenten waren gezwungen, ihre Preise zu senken. Alle drei Gruppen von Heimarbeitern litten unter dem Anstieg der lokalen Versorgungskosten.

Unsere Forschungsergebnisse deuten also darauf hin, dass die Wirtschaftskrise nicht nur in der formalen Ökonomie, sondern auch im informellen Sektor zu einer Rezession führte, und dass die Zunahme der Beschäftigung und das Überangebot an Arbeitskräften in der Krise dazu beitrugen, dass sich die ohnehin bereits starke Konkurrenz im informellen Sektor weiter intensivierte. So kämpfen in der Krise immer mehr Arbeiter um ein »Stückchen« des schrumpfenden »Kuchens informeller Ökonomie«. Diejenigen, die im informellen Sektor miteinander konkurrieren, haben keinen »Puffer«, der ihre Situation abfedern könnte und keine andere Wahl als weiterzuarbeiten, ganz gleich, wie wenig sie dabei verdienen. Das Nettoergebnis ist (wie von der ILO bereits Anfang des Jahres 2009 prognostiziert) die Zunahme der *Working Poor* und die weitere Verarmung vieler dieser arbeitenden Armen.

Die anhaltende Rezession in der städtischen informellen Ökonomie

Nach einer Krise erholen sich die Beschäftigungszahlen in der formellen Ökonomie langsamer als die Produktion. Über die wirtschaftliche Erholung in der informellen Ökonomie wissen wir hingegen sowohl für die Produktion als auch für die Beschäftigung nur wenig. Untersuchungsergebnisse aus der zweiten Phase unserer Studie Anfang des Jahres 2010 geben Hinweise auf die verzögerten Effekte der Krise und ihre wahrscheinlichen, langfristigen Auswirkungen. Anfang des Jahres 2010 hatte sich innerhalb des Studiensamples die wirtschaftliche Lage im Vergleich zur Jahresmitte 2009 nur geringfügig und ungleich erholt. Die anhaltende Erwerbslosigkeit in der formellen Ökonomie und die beharrliche Unterbeschäftigung in der informellen Ökonomie sowie andere Faktoren (wie die Inflation) führten nach wie vor zu einem verschärften Wettbewerb innerhalb der informellen Ökonomie. Ebenso wie zur Jahresmitte 2009 berichteten Anfang des Jahres 2010 etwa 60 Prozent der Befragten von einer gesteigerten Konkurrenz in den vergangenen sechs Monaten. Auch berichteten Anfang 2010 ebenso wie im Jahr 2009 mehr Straßenhändler (85 Prozent) als Arbeiter der beiden anderen Gruppen von einem verstärkten Wettbewerbsdruck.

Andere mögliche Hinweise auf verzögerte Krisenauswirkungen in der informellen Ökonomie war die Tatsache, dass im Vergleich zur ersten Erhebungsphase in der zweiten Phase weniger Befragte zu ihrem Haupteinkommen eine zusätzliche Erwerbsquelle angegeben haben und viele berichteten, dass ihr Arbeitsvolumen im vergangenen Jahr rückläufig war. Zusätzlich zu diesen verzögerten Effekten auf die Beschäftigung waren viele über den Druck der Inflation auf ihr Auskommen und ihr Haushaltsbudget besorgt. Trotz dieses Drucks berichten beinahe ein Drittel aller Befragten in der zweiten Studienphase von einem bescheidenen Zuwachs ihres Einkommens. Jedoch gaben sie auch an, dass sie aufgrund des Inflationsdrucks mehr für Essen und andere Grundbedürfnisse – sowie für Geschäftskosten – ausgeben und ihre Lebenshaltungskosten schneller anwuchsen als ihre Nettoverdienste.

Unter den drei Berufsgruppen berichteten die für globale Unternehmen arbeitenden Heimarbeiter von den größten Zuwächsen im Bereich Beschäftigung/Arbeitsvolumen und (nominellen) Einkommen. Im Gegensatz dazu blieb die Nachfrage für Kleinproduzenten bei steigenden Kosten für Rohmaterialien und Strom schwach. Die meisten Straßenhändler gaben an, dass sie die Preise ihrer Waren trotz weiterhin schwacher Nachfrage angehoben haben, da sie es sich nicht weiter leisten konnten, zu einem niedrigeren Preis zu verkaufen. Die Müllsammler berichteten, dass die Preise für Recyclingmaterialien zwar wieder angestiegen seien, das Volumen an Müll zum Sammeln und Sortieren jedoch weiterhin gering sei.[10] In Bogotá lagen die Preise für Recyclingmüll Anfang des Jahres 2010 unter den Preisen zu Jahresanfang 2009, jedoch über dem Preisniveau der Jahresmitte 2009. Das gesammelte Müllvolumen lag durchschnittlich bei der Hälfte dessen, was in der Jahresmitte 2009 gesammelt wurde.[11] Von allen drei Gruppen gestaltete sich der Zugang zu alternativen Einkommensquellen für Müllsammler am schwierigsten und meist arbeiteten auch andere Familienangehörige, inklusive Kinder, gemeinsam im selben Beruf.

Zusammenfassend verbesserten sich zwar die Einkommen im Zeitraum zwischen der Jahresmitte 2009 und Anfang 2010. Dies galt jedoch nicht für die Arbeitsbedingungen, die sich teilweise sogar verschlechterten. Im Vergleich zur ersten Untersuchungsrunde hatten in der zweiten Forschungsphase weniger Befragte Zugang zu alternativen Einkommensquellen oder den Spielraum, ihre Arbeitsgewohnheiten oder Praktiken an die Krise anzupassen. Viele Straßenhändler konnten es sich im Jahr 2010 nicht mehr leisten, ihre Preise zu senken oder auch nur auf dem Niveau von 2009 zu belassen, und viele Müllsammler waren nicht mehr in der Lage, länger zu arbeiten, um nach mehr Müll zu suchen, da die zugängliche Menge an Abfall insgesamt knapp geworden war.

10 Nach Angaben des *Secondary Commodity Composite Index*, der die Marktpreise in der Recyclingbranche aufzeichnet, erreichten die Preise für Altmetall, Altpapier, Plastik, Autoteile und Elektroschrott Anfang des Jahres 2009 einen Tiefpunkt, stiegen seitdem aber wieder an und erreichten teilweise wieder nahezu ihren Höchststand von 2008. Siehe http://www.secondarycommodity.com/cgi-bin/composite-prices.cgi?id=100009&num=4.
Auch Interviewpartner aus informellen Recyclingkooperativen bzw. Recyclingfirmen in Brasilien und Puerto Rico stellten fest, dass die Marktpreise für Abfallstoffe im Großen und Ganzen wieder auf dem Niveau von Januar 2009 lagen (Interview mit Sonia Dias, Nicia Mafra und Mariny Vázquez).

11 Von diesem Rückgang des Volumens des zugänglichen Abfalls berichteten auch Repräsentanten verschiedener informeller Recyclingkooperativen in Brasilien während eines Interviews über Trends im Recyclingsektor im gleichen Zeitraum (Interview mit Nicia Mafra und Mariny Vázquez).

Unterschiede zwischen Frauen und Männern

Frauen stellten innerhalb unseres Samples die Mehrheit der Befragten: Die Forschungsergebnisse zeigen, dass die direkten Krisenauswirkungen auf Existenzen in der städtischen informellen Ökonomie vor allem nach Beschäftigungssektor, Beschäftigungsstatus und Arbeitsort variierten – nicht nach dem Geschlecht der Arbeiter. Unsere Hauptbeobachtungen geschlechtsspezifischer Unterschiede werden im Folgenden zusammengefasst:

Neue informelle Arbeiter

In allen drei Sektoren berichteten uns Arbeiter von einem Anstieg der informellen Arbeiter zwischen Januar 2009 und Anfang 2010: 85 Prozent der Straßenhändler, 49 und 65 Prozent der Müllsammler im ersten bzw. zweiten Untersuchungszeitraum sowie 34 bzw. 41 Prozent der Heimarbeiter. In allen drei Gruppen bestand die Mehrheit der neuen Arbeiter aus Frauen. Zum Beispiel beobachteten Heimarbeiterinnen in Thailand, dass ehemals in der formellen Ökonomie in Fabriken oder Unternehmen beschäftigte Nachbarinnen begannen, als Heimarbeiterinnen zu arbeiten. Eine Heimarbeiterin in Thailand erzählte uns: »Etwa zwanzig Frauen, die aus den Fabriken entlassen wurden, darunter eine Frau mit einem neugeborenen Baby, kamen und fragten mich nach Stücklohnarbeit, aber ich hatte keine Arbeit; ich hatte keine Arbeit, die ich ihnen geben konnte«.

Reduzierte Haushaltsausgaben

Aufgrund der sinkenden Einkommen mussten viele der Befragten die Ausgaben für Essen, Gesundheitsversorgung und Bildung kürzen. Zwischen der Jahresmitte 2009 und Anfang des Jahres 2010 mussten 19 Prozent der Heimarbeiter, 15 Prozent der Müllsammler und 13 Prozent der Straßenhändler eines oder mehrere Kinder von der Schule abmelden. Von diesen Kindern waren die Mehrheit Mädchen und über die Hälfte von ihnen arbeitete zum Zeitpunkt der zweiten Forschungsrunde. Eine Straßenhändlerin aus Ahmedabad (Indien) sagte uns: »Ich bin Witwe. Meine jüngste Tochter besuchte die vierte Klasse, aber durch die Krise war ich gezwungen, ihre Schulausbildung abzubrechen. Jetzt arbeitet sie als Küchenhilfe und verdient 5 Rupien am Tag«. Viele Heimarbeiter nehmen ihre Kinder aus der Schule, um durch ihre Mitarbeit ihre Arbeitsleistung zu steigern. Die meisten entschieden sich für diesen Schritt widerstrebend und aus der Not heraus. Sie sorgten sich um die Folgen für die späteren Beschäftigungschancen ihrer Kinder.

Unbezahlte Hausarbeit

Mehr Frauen als Männern verwendeten Anfang 2010 den gleichen Zeitaufwand für unbezahlte Hausarbeit wie in der Jahresmitte 2009. Mehr Männer als Frauen gaben andererseits an, dass sie mehr Zeit als zuvor für unbezahlte Hausarbeit, inklusive der Betreuung von Kindern und Alten, der Zubereitung von Mahlzeiten und für andere Tätigkeiten aufwendeten.

Zusammenfassend verweisen die Forschungsergebnisse auf ein komplexes Zusammenspiel von Geschlecht und anderen vermittelnden Faktoren in den Auswirkungen der Wirtschaftskrise. Dies fängt damit an, dass Geschlechterrollen und Beziehungen oft den Beschäftigungssektor, Beschäftigungsstatus und Arbeitsort von Frauen und Männern bestimmen: Heimarbeit ist in den meisten Ländern überwiegend Frauenarbeit, während der Straßenhandel, je nach Land, entweder von Männern oder Frauen dominiert ist und das Müllsammeln sowohl Männer- als auch Frauenarbeit ist. Innerhalb nach Geschlecht segmentierter Arbeitsmärkte unterschieden sich die Auswirkungen der Wirtschaftskrise auf das individuelle Auskommen vor allem entlang Beschäftigungssektoren, Beschäftigungsstatus und Arbeitsort – nicht nach dem Geschlecht der Arbeiter. Auf der Ebene der Haushalte zeigten sich schließlich dennoch geschlechtsspezifische Unterschiede: mehr Frauen als Männer suchten im informellen Sektor nach Arbeit, mehr Mädchen als Jungen wurden aus der Schule abgemeldet und Frauen verrichteten nach wie vor den Großteil der unbezahlten Hausarbeit, während die Männer ihren Anteil an unbezahlter Hausarbeit erhöhten.

Unterstützung für Arbeiter in der informellen Ökonomie: Während der Krise und darüber hinaus

Während es in vielen Ländern Anzeichen für eine wirtschaftliche Erholung gibt, verbessert sich die Lage am Arbeitsmarkt wesentlich langsamer. In vielen Entwicklungsländern bleibt die Erwerbslosigkeit auf einem hohen Niveau und es gibt keine Anzeichen für einen schnellen Rückgang. Die Unterbeschäftigungsquote (definiert als Erwerbsarbeit, die kein Einkommen oberhalb der Armutsgrenze ermöglicht) war in diesen Ländern bereits vor der Krise sehr hoch, stieg während der Krise weiter an und wird vermutlich auf einem hohen Niveau bleiben (wie die Untersuchungsergebnisse der zweiten Forschungsphase ebenso wie Ergebnisse aus Mexiko zeigen). Politische Entscheidungsträger sollten angesichts dessen anerkennen, dass mehr getan werden muss, um eine Erholung des Arbeitsmarktes zu fördern: nicht nur für die Erwerbslosen, sondern auch für die Unterbeschäftigten, vor allem in den Entwicklungsländern.

Auf die Frage danach, was unternommen werden könnte, um ihnen angesichts der Krise zu helfen und ihre wirtschaftliche Erholung zu unterstützen, fiel es vielen Arbeitern – sowohl in Einzelinterviews wie auch in den Fokusgruppendiskussionen – schwer, ihre Vorschläge auf kurzfristige Entlastungs- und Erholungsmaßnahmen zu beschränken. Ihr Auskommen befand sich bereits vor der globalen Wirtschaftskrise in der »Krise«. Aus ihrer Sicht unterminierten auch Regierungspolitiken und Unternehmenspraktiken – und nicht nur wirtschaftliche Trends – ihre Existenz.

In Bezug auf Nothilfemaßnahmen schlugen die informellen Arbeiter Bargeldtransfers, Suppenküchen und öffentliche Arbeitsaufträge für die *working poor* vor. Zudem nannten sie Darlehen mit niedrigen Zinsen, um in ihre Unternehmen zu investieren oder sich während der Krise Ausgaben wie Schulgebühren oder medizinische Versorgung leisten zu können. Um eine wirtschaftliche Erholung zu unterstützen, empfehlen sie sektorspezifische Konjunkturprogramme, die im Dialog mit spezifischen Gruppen der *working poor* entwickelt werden sollten, wie etwa betriebswirtschaftliche und handwerkliche Weiterbildungen für Heimarbeiter, staatliche Beschaffungsprogramme, die den Verkauf der Straßenhändler fördern würden, und Zugang zu Abfall, Räume zum Lagern und Sortieren des Mülls und Abfallmanagementaufträge für Müllsammler.

Ihr dringendstes Anliegen aber betraf ein umgehendes Ende von Gesetzen, Regulierungen, Politiken und Praktiken, die das Auskommen der *working poor* verhindern oder unterminieren, wie etwa die starken Erhöhungen der Versorgungs- und Transportkosten, die vor allem die Existenz der Kleinproduzenten bedroht; Unternehmenspraktiken, die die wirtschaftlichen Risiken auf industrielle Heimarbeiter verlagern (in Form weniger, seltener oder stornierter Arbeitsaufträge und verspäteter Zahlungen); städtische Verordnungen, die den Straßenhandel verbieten und die Standgebühren auf Märkten erhöhen; und lokale Vorschriften und Beschaffungssysteme, die es Müllsammlern erschweren – oder es ihnen unmöglich machen – Abfall zu sammeln oder sich für öffentliche Aufträge im Müllmanagement zu bewerben. Das heißt, sie forderten Staat und Unternehmen auf, ihnen während der Krise keinen Schaden zuzufügen.

Schließlich hofften die informellen Arbeiter ganz grundsätzlich, dass die Krise sich zu einer Chance entwickeln könnte, dass die Aufmerksamkeit für die informelle Ökonomie während der Krise über diese hinaus aufrechterhalten bleibt und, dass die informelle Ökonomie dadurch für ihren Beitrag in guten – und nicht nur schlechten – wirtschaftlichen Zeiten anerkannt wird. Was sie fordern ist eine grundsätzlich neue Vorstellung von Wirtschaft, die das Kontinuum ökonomischer Arrangements von formell bis informell und den wirtschaftlichen Beitrag an jedem Punkt dieses Kontinuums anerkennt.

Literatur

Branigan, Tania (2009), »From east to west, a chain collapses« in: *The Guardian*, 9 Januar 2009, http://www.guardian.co.uk/environment/2009/jan/09/recycling-global-recession-china, 16.07.2013.

Chen, Martha Alter/Vanek, Joann/Carr, Marilyn (2004), *Mainstreaming Informal Employment and Gender in Poverty Reduction: A Handbook for Policymakers and Other Stakeholders*, London.

Chen, Martha Alter/Vanek, Joann/Lund, Francie/Heintz, James/Bonner, Christine/Jhabvala, Renana (2005), *The Progress of the World's Women 2005: Women, Work and Poverty*, New York.

Cunningham, Wendy/Maloney, William F. (2000), *Measuring Vulnerability: Who Suffered in the 1995 Mexican Crisis?*, IBRD LAC.

Food and Agricultural Organization of the United Nations (FAO) (2009), *Food prices in many countries remain very high*, Press Release, 16 July 2009, www.fao.org/news/story/en/28797/icode, 16.07.2013.

Horn, Zoe (2011), *Coping with Crises: Lingering Recession, Rising Inflation, and the Informal Workforce. Synthesis report*, Cambridge (USA)/Manchester (UK).
— (2009), *No Cushion to Fall Back On: The Global Economic Crisis and Informal Workers. Synthesis Report*, Cambridge (USA)/Manchester (UK).
International Labour Organization (ILO) (2010), *Global Employment Trends Report*, Geneva.
— (2009), *Global Employment Trends Report*, Geneva.
— (2002), *Women and Men in the Informal Economy: A Statistical Picture,* Geneva, Written by Marty Chen and Joann Vanek using multi-country data analyzed by Jacques Charmes and country studies by Debbie Budlender, Peter Buwembo, Nozipho Shabala, Jeemol Unni, Marge Guerrero, Rodrigo Negrete, Françoise Carré, and Joaquin Herranz, Jr.
International Monetary Fund (IMF) (2009), *World Economic Outlook*, Washington.
Lee, Eddy (1998), *The Asian Financial Crisis: The Challenge for Social Policy*, Geneva.
National Sample Survey Organisation, *Employment and Unemployment Survey, 1999–2000, 55th Round of the National Sample Survey Organisation*, New Delhi.
Organization for Economic Cooperation and Development (OECD) (2009), *The Jobs Crisis: What Are the Implications for Employment and Social Policy?*, Background document for the OECD Labour and Employment Ministerial Meeting, 28.–29. September, Paris.
Tokman, Victor E. (1992), *The Informal Sector in Latin America*, Boulder.
Wilson, David C./Velis, Costas/Cheeseman, Chris (2006), »Role of Informal Sector Recycling in Waste Management in Developing Countries«, in: *Habitat International*, 30 (4), S. 797–808.

Anhang

Tabelle 1: Partnerorganisation und Sample pro Stadt/Land

Sektor	*Partner*
Haushaltsbasierte Arbeit	HomeNet Thailand HomeNet Indonesia HomeNet Pakistan
Straßenhandel	Die internationalen Verbundpartner von StreetNet MUFIS KENSAVIT FEDEVAL Asiye eTafuleni
Müllsammeln	KKPKP AVINA

Globalisierung und Arbeitsbeziehungen in Lateinamerika zwischen Prekarisierung und der Utopie der »employability«

Juan Pablo Pérez Sáinz

Im Kapitalismus finden die Konflikte über die Verteilung wirtschaftlicher Überschüsse auf Arbeits-, Boden- und Kapitalmärkten statt. Diese Märkte – verstanden als Basismärkte – sind von Macht und Asymmetrien durchzogene Arenen der Auseinandersetzung zwischen verschiedenen sozialen Gruppen. In erster Linie sind hier Klassenkonflikte relevant, da diese sich über den Kampf um die Aneignung wirtschaftlicher Überschüsse konstituieren. Allerdings können diese Klassengegensätze durch Individualisierungsdynamiken relativiert werden. Ob dies geschieht, hängt von der Entwicklung sozialer Bürgerrechte ab. Sind jene fest verankert, können die Individualisierungsmechanismen dazu führen, dass Ungleichheiten legitim erscheinen und Klassengegensätze relativiert werden. In einem Kontext unzureichend entwickelter sozialer Bürgerrechte und geringer sozialer Kohäsion bilden sich hingegen weitere sozial konstruierte Konfliktlinien um Kategorien wie Gender, Ethnie, Rasse und Territorialität heraus, die auf die Basismärkte durch Prozesse wie Segregation und Diskriminierung wirken und Klassenkonflikte verstärken.

Solche Tendenzen der Verfestigung sozialer Ungleichheiten durch die Aneignung wirtschaftlicher Überschüsse sind ein immer wiederkehrendes Phänomen der Geschichte Lateinamerikas (Pérez Sáinz 2012a). Dabei sind zwei Grundmechanismen der Aneignung von wirtschaftlichen Überschüssen zu unterscheiden: Zum einen die Ausbeutung und Monopolisierung von Chancen (»hoarding of opportunities«, Tilly 1999), die sich auf dem Arbeitsmarkt in der Dichotomie zwischen Arbeit (ohne rechtliche Absicherung) und regulärer Beschäftigung mit nicht marktbestimmten Garantien manifestiert (Castel 1997) und bei der eine deutliche Asymmetrie zugunsten des Kapitals einen entsprechend tieferen Ausbeutungsgrad erwarten lässt. Zum anderen die Monopolisierung von Chancen auf anderen Basismärkten (vor allem Land und Kapital), wobei geschlossene Märkte mit starken Monopolisierungs- und Oligopolisierungstrends große Kapitalhalter und somit Exklusion begünstigen, während offenere Märkte Möglichkeiten für Kleineigentümer bieten und Inklusion fördern können (Pérez Sáinz 2012a).

Die Globalisierung hat vier Ausbeutungsprozesse akzentuiert, die im Folgenden vorgestellt und analysiert werden: der Rückgang öffentlicher Beschäftigung; die Prekarisierung der Arbeitsbeziehungen; die *employability* als neue Arbeitsutopie des Neoliberalismus; und das Auftreten struktureller Arbeitslosigkeit. Die folgende Analyse fokussiert sich bei der Betrachtung dieser Phänomene auf solche Klassengegensätze, die bei Auseinandersetzungen über die Aneignung des wirtschaftlichen Überschusses von besonderer Bedeutung sind. Anschließend wird argumentiert, dass von diesen vier Tendenzen der Prekarisierung der Arbeitsbeziehungen – nicht nur quantitativ, sondern auch wegen ihrer starken Verschränkung mit Geschlechterverhältnissen – die höchste Bedeutung zukommt. Der Artikel schließt mit kurzen Überlegungen zur historischen Einordnung der aktuellen Veränderungen der Arbeitsbeziehungen in Lateinamerika.

Krise der formellen Beschäftigung und Generalisierung der Prekarität

Die Krise der 1980er Jahre führte in Lateinamerika zum historischen Bruch mit der bis dahin vorherrschenden Form der nationalen Modernisierung.[1] Dieser Wandel ging einher mit einer Krise der formellen Beschäftigung, der Informalisierung der Arbeitsmärkte und einer steigenden Arbeitslosigkeit (PREALC 1991). Auf symbolischer Ebene hatte diese Transformation ihr Pendant im Wandel der so genannten Arbeitsutopie: Während vormals die Utopie formeller Beschäftigung als Synonym der modernen Arbeitswelt galt, wurde nun die informelle Arbeit unter dem Begriff des Mikro-Unternehmens als ein zentraler Weg zur Überwindung der Krise glorifiziert (Pérez Sáinz, 2012a).

Diese Veränderungen verstärkten sich durch die Umsetzung von neoliberalen Strukturanpassungsprogrammen, die als Prozess der ursprünglichen Akkumulation des neuen Modells verstanden werden können. Es kam zu einer Neudefinition der ungleichen Aneignung des wirtschaftlichen

---

1 Zur Unterscheidung der Modernisierungsphasen vgl. Pérez Sáinz/Mora Salas (2006): Die erste Phase war durch den staatlichen Versuch des *Nation-Buildings* gekennzeichnet, während die zweite Phase durch die Auswirkungen der Globalisierung geprägt ist.

Überschusses, die letztendlich zur Basis des neoliberalen Modells wurde. Lateinamerika eignet sich besonders gut für eine Analyse dieser Transformation, da die neoliberale Politik hier am intensivsten und längsten umgesetzt wurde. Dieser Umstand ist zugleich Ursache und Folge der Ungleichheiten, da dominante gesellschaftliche Gruppen besonders in ungleichen Gesellschaften genügend Macht haben, eine Politik durchzusetzen, die Ungleichheiten vergrößert (Reygadas 2004).

Die neoliberale Ordnung hat die ungleiche Verteilung des wirtschaftlichen Überschusses neu justiert, das vorher auf Formalität beruhende Geflecht an Ungleichheiten[2] aufgeknüpft und anhand der genannten vier Prozesse des relativen Rückgangs öffentlicher Beschäftigung, der Prekarisierung der Lohnbeziehungen, der *employability* als neue neoliberale Arbeits-Utopie sowie der Entstehung struktureller Arbeitslosigkeit in ein neues Netz von Ungleichheiten übertragen (Pérez Sáinz 2012a). Im Folgenden werden diese Prozesse einzeln beleuchtet, um zu verdeutlichen, wie sich der Gegensatz zwischen Arbeit (ohne rechtliche Absicherung) und (regulierter) Beschäftigung, der die ungleiche Verteilung des wirtschaftlichen Überschusses bestimmt, jeweils manifestiert und welche Auswirkungen er auf spezifische soziale Konstellationen hat.

Rückgang öffentlicher Beschäftigung und Prekarisierung der Arbeitsbeziehungen

Der Rückgang der Beschäftigung im öffentlichen Dienst hat sich nicht nur materiell,[3] sondern auch symbolisch auf den formellen Sektor ausgewirkt: Sie wurde als zentraler Referenzpunkt für Arbeitsstandards geschwächt und – schlimmer noch – als unproduktiv und korrupt stigmatisiert. Letzteres stelle auch die Funktion des Staates als Garant und Regulierungsinstanz

2 Gemeint sind hier die Ungleichheiten zwischen Kapital und formell Beschäftigten, die Ungleichheiten bei den Beschäftigungschancen zwischen formell Angestellten und informellen Arbeitern und die ungleichen Akkumulationsmöglichkeiten von Großkapital und Kleineigentümern. Diese miteinander verbundenen Dynamiken bilden das Geflecht der Ungleichheiten, das um das Phänomen der Formalität herum gewoben wurde, wobei der Staat eine zentrale Rolle spielte (Pérez Sáinz 2012a).

3 Zwischen 1990 und 2008 ist die Beschäftigung im öffentlichen Dienst regional meist gesunken und nur in Brasilien und Chile gestiegen; im Jahr 2008 variierte ihr Anteil zwischen 18,1% in Panama und Venezuela und 7,2% in Kolumbien (OIT 2000: Schaubild 6-A; 2009: Schaubild 6).

für (nicht nur marktbestimmte) Beschäftigungsverhältnisse – insbesondere der Arbeit mit Sozialversicherungsanspruch – prinzipiell in Frage (Oliveira/Roberts 1997).

Die Prekarisierung der Arbeitsbeziehungen gestaltete sich vielfältig und komplex.[4] Durch das neoliberale Akkumulationsmodell der internationalen Marktöffnung war erstens die Praxis protektionistischer Industrialisierung, in der Lohnkosten auf die Verbraucher abgewälzt wurden, nicht länger möglich (Murillo 2001) sowie die bisherigen Mechanismen der Lohnpolitik im formellen Sektor nicht mehr haltbar.[5] Der zentrale Baustein der auf Formalität basierenden Ungleichheiten wurde so infrage gestellt und begann zu erodieren. Zweitens hatte die neue neoliberale Unternehmenspolitik prekarisierende Effekte: Die Arbeiterschaft wurde durch die Externalisierung von Arbeitsbereichen mit Hilfe von Subunternehmen in einen kleinen Kern mit noch bestehendem Arbeitsschutz und einen breiten Anteil von Arbeitskräften in prekären Konditionen gespalten (Iranzo/Leite 2006).[6] Zwar führen Flexibilisierungsprozesse (mit Ausnahme der Verkleinerung der Belegschaften) nicht notwendigerweise zu Prekarisierung; für Lateinamerika wird eine solche Tendenz allerdings von verschiedenen Studien bestätigt (Abramo 2001; Carrillo 1995; De la Garza Toledo 2000).

Dies geschah drittens im Kontext einer Schwächung der Gewerkschaftsbewegungen sowie der staatlichen Handlungsfähigkeit. Ersteres lässt sich am deutlichsten anhand des abrupten Rückgangs der Organisationsquote zeigen. Roberts (2012: Tabelle 1) zeigt, dass der Organisationsgrad in der Region im Durchschnitt von einem Höchststand von 22,9 Prozent auf

4 Prekarisierung ist ein Thema, das in der Region in der letzten Zeit viel Aufmerksamkeit erhalten hat und unterschiedlich interpretiert wird (Arellano u.a. 2009; Castillo Fernández 2009; Guadarrama Olivera u.a. 2012; Lindenboim/Pérez 2004; Mora Salas, 2010; Pacheco u.a. 2012). Hier wird dem von Mora Salas (2010) vorgeschlagenen Ansatz gefolgt, der drei Dimensionen der Prekarisierung unterscheidet: Arbeitsmarktderegulierung, Restrukturierung der Produktion und Arbeitsmarktflexibilität sowie Schwächung gewerkschaftlicher Akteure.

5 Diese basierten auf einem bilateralen Monopol von Unternehmern und formellen Angestellten, die sich um die Früchte des technischen Fortschritts stritten, was zu einer durch institutionelle und nicht-ökonomische Prozesse bestimmten Lohnstruktur führte (Mezzera 1985).

6 Tatsächlich ist die Leiharbeit wahrscheinlich das deutlichste Zeichen für die Abschaffung des alten Fabrikregimes und seine Ablösung durch ein neues Akkumulationsmodell (Agacino 1994). Dies hatte auch eine Schwächung der Arbeiter als soziales Subjekt zur Folge, da der Kampf um ihre Interessen abstrakter wurde.

durchschnittlich nur noch 10,7 Prozent im Jahr 2005[7] zurückgegangen ist. Die stärksten Rückgänge gab es in Argentinien (-29,1 Prozent), Chile (-25 Prozent), Nicaragua (-22,3 Prozent)[8] und in Peru (-21 Prozent). Der Verlust gewerkschaftlichen Einflusses als organisierender Kraft innerhalb der lateinamerikanischen Arbeitswelt ist angesichts solcher Zahlen offensichtlich, auch wenn diese Entwicklung nicht notwendigerweise in einem linearen Prozess verlaufen ist und spezifische nationale Besonderheiten berücksichtigt werden müssen. Die Schwächung der staatlichen Handlungsfähigkeit wiederum zeigte sich in der Deregulierung des Arbeitsmarktes: Entgegen bestimmter Diskurse – insbesondere der Weltbank – in denen argumentiert wurde, dass die lateinamerikanischen Arbeitsmärkte besonders verkrustet seien (Burki/Perry 1997), wurden in den meisten Ländern Reformen zur Flexibilisierung der Arbeit durchgeführt, von denen schätzungsweise 70 Prozent der Lohnarbeiter der Region betroffen waren (Vega Ruíz 2001: 14).[9] Da der globale Wettbewerb die Senkung der Lohnkosten und ihre Anpassung an die Produktivitätsentwicklung zu verlangen schien, kam es in Folge dieser Prekarisierung der Arbeitsbeziehungen zu einem Wandel von einer relativen Asymmetrie, in der die formell Angestellten um die Früchte des technischen Fortschritts kämpfen konnten, hin zu einer deutlichen Asymmetrie zu Gunsten des Kapitals. Die Prekarisierung kann in der Phase der globalisierten Modernisierung somit als ein Hauptmerkmal der lateinamerikanischen Lohnbeziehungen betrachtet werden.

Als logische Folge dieser Trends kam es zu einer generellen Re-Kommodifizierung der Arbeitswelt, also einem Bruch der Konvergenz zwischen Lohnarbeit und sozialen Bürgerrechten. Dieser historische Rückschritt im Bereich von Arbeits- und Sozialpolitik (Mora Salas 2010) betrifft beide Seiten der alten Gleichung aus formaler Lohnarbeit und sozialer Teilhabe: Auf der einen Seite haben die Lohnarbeitsverhältnisse stetig ihren formellen Charakter eingebüßt und an Prekarität gewonnen. Auf der anderen

---

7 Der Organisationsgrad der nicht landwirtschaftlichen Arbeitskräfte variierte in den 1990er Jahren zwischen 32,1% in Brasilien und 7,5% in Peru (Cook 2007: Tabelle I.2).

8 Im Falle Nicaraguas ist der Referenzpunkt nicht die nationale Modernisierung, sondern die Zeit des Sandinimus in den 1980er Jahren, als die meisten Gewerkschaften entstanden (Pérez Sáinz 1999).

9 Wie Barrientos (1998) treffend anmerkte, muss bei der Analyse dieser Dynamiken zwischen faktischen und juristischen Veränderungen unterschieden werden. Nur letztere zu betrachten, würde die wahre Dimension der Marktliberalisierung verschleiern. Zusätzlich ist zu berücksichtigen, dass sich diese Reformen in ein historisches Muster der Nichterfüllung von geltenden Arbeitsstandards einfügten (Bensusán 2009).

Seite definiert sich die soziale Teilhabe nicht länger durch formelle Arbeit, sondern orientiert sich am Haushaltseinkommen bzw. Existenzminimum, da die neoliberale Doktrin soziale Bürgerrechte auf Armut als Referenz reduzierte (Pérez Sáinz 2012b).

Viertens ist die Generalisierung der Prekarisierung jedoch nicht mit ihrer Universalisierung gleichzusetzen. Denjenigen Gruppen von Lohnempfängern, die individuell oder kollektiv auf Betriebsebene so genannte neo-korporatistische Pakte aushandeln konnten, ist es gelungen, dem generellen Prozess der Entmachtung zu entkommen (De la Garza Toledo 2000). Folglich kann man in der globalisierten Modernisierung eine Spaltung der lateinamerikanischen Lohnarbeiterschaft in zwei Pole beobachten: Eine Minderheit ist der Prekarisierung entkommen, während die Mehrheit unter ihr leidet. Aber diese neue Dualisierung ist weder im Fall der Leiharbeit noch bei der Flexibilisierung der Arbeit als Neuauflage der Trennung zwischen formeller und informeller Arbeit zu fassen. Im Fall der Leiharbeit handelt es sich aus zwei Gründen um eine andere Situation: Zum einen führt die Spaltung der Arbeiterschaft in Folge der Ausgliederung zu einer anderen Form beruflicher Heterogenität. Sie verläuft nicht wie früher horizontal zwischen verschiedenen Arbeitsbereichen, sondern es handelt sich um eine neue vertikale Heterogenität.[10] Zum anderen finden sich bei hoch qualifizierten Arbeitskräften auch Formen nicht-prekärer Leiharbeit, deren Arbeitsbedingungen sich nicht von denen der Festangestellten unterscheiden (Iranzo/Leite 2006). Anders ausgedrückt: Obwohl es sich hier auch um Leiharbeit handelt, sind die Arbeitsbedingungen dennoch nicht prekär. Deshalb ist die Unterscheidung zwischen Kern- und Randbelegschaft nicht immer gleichzusetzen mit der zwischen prekär und nicht-prekär.

In Bezug auf die Flexibilisierung der Arbeit und neo-korporatistische Bündnisse sind ebenfalls zwei Aspekte hervorzuheben: Erstens ist die Reichweite dieser Bündnisse beschränkt (De la Garza Toledo 2000). Im Gegensatz zum vorherigen Ideal der formellen Beschäftigung haben die neo-korporatistischen Bündnisse keinen systemischen Charakter. Zwar können die Angestellten in neo-korporatistischen Kontexten ein gewisses Lohnniveau erreichen; dies bedeutet gleichwohl nicht, dass die Trennung zwischen formell und informell durch einen neuen Gegensatz der Inklusion bzw. Exklusion in neo-korporatistische Bündnisse abgelöst wurde. Außerdem unterliegen die in neo-korporatistischen Abkommen ausgehan-

---

10 Dies hat schon vor längerer Zeit Galín (1991) scharfsinnig erkannt.

delten Löhne der Volatilität der Märkte. Deshalb greifen hier weder formale Lohnabkommen noch das Arbeitsrecht (Abramo 2001). Die Einkommen hängen vielmehr von den Unwägbarkeiten der Privatwirtschaft ab. Deshalb kann die Arbeitsflexibilisierung nicht – wie dies in der Vergangenheit beim Phänomen der formellen Beschäftigung der Fall war – ein neues Arrangement von Ungleichheiten etablieren.

»Employability« als Utopie und strukturelle Arbeitslosigkeit

In Bezug auf die dritte Entwicklung, der *employability*, sind insbesondere drei Aspekte hervorzuheben.[11] Es handelt sich hierbei erstens um eine individuelle Dynamik, die zur Verstärkung der Konkurrenzsituation beiträgt. In diesem Sinne steht die Fokussierung auf die *employability* ebenso im Einklang mit der neoliberalen Akzentuierung des so genannten ›Humankapitals‹ wie mit der Tendenz zur konsumbasierten Individualisierung (Pérez Sáinz 2012a).

Zweitens erscheint die Sicherung der *employability* im neoliberalen Diskurs als Mittel gegen prekäre Löhne. Dies hat bedeutende Konsequenzen: Auf der einen Seite entwickelt sich eine Risikokultur, die in letzter Instanz einer Naturalisierung prekärer Löhne Vorschub leistet und somit ihre Genese als soziales Phänomen verschleiert.[12] Auf der anderen Seite wurde die gesellschaftliche Aufgabe der Sicherstellung von Beschäftigungsfähigkeit auf die Individuen übertragen. Statt die Risiken kollektiv aufzufangen, wird die Vulnerabilität des Einzelnen durch individuelles Handeln minimiert. Auf diese Weise wird die prekäre Situation als natürlich und nicht veränderbar angesehen. Dies führt dazu, dass der Gegensatz zwischen Arbeit (ohne rechtliche Absicherung) und regulärer Beschäftigung sich tendenziell verflüchtigt und durch die Frage nach der *employability* ersetzt wird. Das neoliberale Konzept sozialer Teilhabe bedeutet, dass es in der Verantwortung des Einzelnen liegt, beschäftigungsfähig zu bleiben und prekäre Löh-

11 Zum Thema der *employability* existieren meines Wissens nur wenige Analysen zu Lateinamerika. Insbesondere sind zu nennen die Studie über junge Berufstätige in Mexiko von Mora Salas und Oliviera (2012) – obwohl diese Autoren nicht explizit diese Kategorie nutzen – und die Studie von Lemus Barahona (2011) auf dem Gebiet des Wirtschaftsingenieurwesens in Costa Rica.

12 Diese »Naturalisierung« dient dazu, den zerstörerischen Charakter des Marktes in Bezug auf fiktive Güter (Natur, Arbeit und Geld) zu negieren und damit entgegen der klassischen Analyse von Polanyi (1992) seine Selbstregulierung zu rechtfertigen.

ne zu überwinden. Es hat also eine bedeutende Verschiebung stattgefunden: Aus formeller Beschäftigung werden nicht mehr Rechte, sondern vor allem Pflichten abgeleitet.

Drittens verstärkt die *employability* die Kommodifizierung von Arbeitsbeziehungen, die mit der Prekarisierung einsetzte: Die Rückkehr zur Arbeit ohne damit verbundene soziale Rechte hat mit der Krise formeller Beschäftigung begonnen und stellte den Zusammenhang zwischen Arbeit und sozialen Bürgerrechten in Frage. Nunmehr erscheint das beschäftigungsfähige Individuum als weiteres Unternehmen (Lucena 2006), das mit seinem »Humankapital« echten Unternehmen gegenübertritt.

Im Kontext der Globalisierung erreichte die registrierte Arbeitslosigkeit, die in Lateinamerika lange keine auffällige Größe war, eine strukturelle Dimension. Diese neue Dynamik resultierte nicht nur aus der Politik auf den Arbeitsmärkten, sondern hatte weitergehende Gründe. Der erste betrifft den Charakter des neuen Akkumulationsmodells und seine Unfähigkeit, ausreichend Arbeit zu schaffen (Tokman 1998), im Grunde das beklagenswerteste Resultat der Arbeitsmarktentwicklungen der 1990er Jahre (Stallings/Peres 2000). Hierzu sind zwei Aspekte hervorzuheben: Die Deregulierung der Arbeitsbeziehungen hatte bereits vor dem Anstieg der Arbeitslosigkeit begonnen, die zunehmende Arbeitslosigkeit kann also nicht der Starre der Arbeitsmärkte angelastet werden, sondern ist eher als Folge von unternehmerischen Reorganisationsprozessen zu verstehen; zu nennen ist hier zum Beispiel der Personalabbau aus Wettbewerbsgründen. Außerdem erschweren die Dynamiken der globalisierten Modernisierung die Bedingungen für informelle Selbständigkeit. Diese Form informeller Arbeit kann überschüssige Arbeitskraft nicht mehr im gleichen Maße wie in früheren Jahrzehnten absorbieren.

Der zweite Aspekt ist der Verlust von sozialem Kapital, insbesondere der Netzwerke zum Arbeitsmarktzugang. Der strukturelle Charakter der Arbeitslosigkeit unterstreicht die neuen Grenzen dieser Netzwerke und erinnert daran, dass die Ressourcen, die von den einfachen Haushalten zur Problemlösung mobilisiert werden, nicht gegen signifikante soziale Veränderungen immun sind. Mit González de la Rocha (1999) kann von einem Wandel von den »Armutsressourcen« zur »Ressourcenarmut« gesprochen werden.

Der dritte Punkt umfasst Fragen der Identität. Bekanntlich ist Lohnarbeit eine zentrale Quelle von Identität; dem von Dubar (1991) vorgeschlagenen Modell der Identitätsbildung folgend, führt Arbeitslosigkeit für die interne Transaktion[13] der Betroffenen zu einem Bruch, einer Nicht-Anerkennung, der die externe Transaktion verunmöglicht. Eine solche Schwächung und Schädigung der Identitätsbildung der Arbeiter hat entmachtende Wirkung. Dieses Phänomen wird im Falle arbeitsloser Männer dadurch verschärft, dass auch ihre Geschlechtsidentität in Frage gestellt wird, und weiter verstärkt, wenn sich die traditionell auf Hausarbeit beschränkenden Frauen in den Arbeitsmarkt integrieren müssen, um genug Einkommen für die Familie zu generieren.

Unterbrochene und blockierte Karriereverläufe stellen eine vierte Problematik der strukturellen Arbeitslosigkeit dar, auf die Guimarães (2009) bereits hingewiesen hat: Danach gibt es keine scharfe Grenze zwischen Beschäftigung und Beschäftigungslosigkeit mehr, vielmehr hat die Flexibilisierung der Arbeitsbeziehungen dazu geführt, dass eher von einer lang anhaltenden, wiederkehrenden Arbeitslosigkeit gesprochen werden muss, die mittlerweile zum zentralen Merkmal des neoliberalen Akkumulationsmodells geworden ist.

Schließlich ist die Arbeitslosigkeit nicht direkt mit sozialer Exklusion, sondern eher mit Vulnerabilität verbunden. In Lateinamerika ist das Arbeitslosengeld sehr begrenzt,[14] weshalb die ärmsten Haushalte sich Arbeitslosigkeit schlichtweg nicht leisten können. Für sie ist *self-employement* bestimmend, auch wenn diese Strategie nur zur Subsistenzsicherung dient und keine Möglichkeit einer dynamischen Entwicklung bietet. Andere Haushalte können die Kosten der Arbeitslosigkeit zwar kompensieren, allerdings wird die Arbeitslosigkeit dann zum größten Risiko für soziale Exklusion. Das heißt, letztlich ist die Familie, die sich auf Solidaritätsnetzwerke wie

13 Dubar geht davon aus, dass es bei der Formation von Arbeitsidentitäten zwei Transaktionstypen gibt. Ersterer hat einen internen Charakter und damit zu tun, wie die Person ihren aktuellen beruflichen Status gemessen an gemachten Erfahrungen und Zukunftszielen bewertet. Diese Transaktion wird durch den Gegensatz von Kontinuität und Bruch geregelt. Die zweite Transaktion ist von externem Charakter. Hier geht es um das Einwirken einer internen Transaktion auf die »Anderen«. In diesem Fall ist das Gegensatzpaar jenes von Anerkennung und Verleugnung.

14 In Lateinamerika haben nur sechs Länder eine Arbeitslosenversicherung: Argentinien, Brasilien, Chile, Venezuela, Ecuador und Uruguay. Die zuletzt genannten waren die regionalen Pioniere, Ecuador 1951 und Uruguay 1934. Derzeit sind die bestehenden Versicherungen beitragsbasiert und beschränken sich auf jene mit Arbeitsverträgen und relativ kontinuierlicher Beschäftigung (CEPAL 2003). Wegen seiner Dimension ist der Plan *de Jefes y Jefas de Hogar* für Arbeitslose in Argentinien historisch einmalig. Von dieser Maßnahme profitierten im September 2002 1,32 Millionen Menschen (Neffa 2009: Abbildung 1).

Großfamilie, Nachbarschaft und religiöse Gruppen erstreckt, die Basis zur Bewältigung von Arbeitslosigkeit (Guimarães u.a. 2010).

Die strukturelle Arbeitslosigkeit stellt sich somit als ein – in Lateinamerika bisher in dieser Form nicht vorhandenes – Schlüsselelement der Unternehmermacht dar. Zentral ist weniger der Druck auf das Lohnniveau, der durch ein Überangebot an Arbeitskraft verursacht wird, als vielmehr die Austauschbarkeit der Arbeitskraft. Diese schafft eine tiefgehende Asymmetrie in den Ausbeutungsbedingungen, da die Arbeiter unter dem ständigen Risiko stehen, ausgetauscht zu werden und deshalb extrem vulnerabel sind. Solche Situationen führen zu Angst, die die Arbeitnehmer dazu bringt, sich mit den Konsequenzen der genannten Asymmetrie abzufinden. Die Austauschbarkeit der Arbeitskräfte ergibt sich wiederum aus der generellen Prekarisierung der Arbeitswelt. Diese Austauschbarkeit war früher durch gewerkschaftlich kontrollierte Zugangsbarrieren zu formaler Beschäftigung eingeschränkt. Solche Abwehrmechanismen wurden geschwächt oder sind nicht mehr existent, so dass die strukturelle Arbeitslosigkeit zur weiteren Intensivierung der Ausbeutung beitragen kann.

Zur Überwindung der Arbeitslosigkeit erscheint hingegen die Förderung der *employability* als der beste Weg. Wie oben beschrieben, handelt es sich hier um die gleichen Legitimationseffekte wie bei der Prekarisierung der Löhne: Die Arbeitslosigkeit tendiert dazu, als natürliches Phänomen wahrgenommen zu werden, wodurch ihre gesellschaftlichen Ursachen verdeckt werden. Schuld an der Arbeitslosigkeit ist der Einzelne, nicht die Arbeitsmarktdynamik (Pérez Sáinz 2012a).

Von diesen vier Dynamiken (dem relativen Rückgang der öffentlichen Beschäftigung, der *employability* als neuer Utopie des Neoliberalismus, dem Entstehen struktureller Arbeitslosigkeit und der Prekarisierung der Lohnbeziehungen), die die Ausbeutungsbedingungen im Rahmen der globalisierten Modernisierung in Lateinamerika kennzeichnen, scheint mir die Prekarisierung der Lohnbeziehungen sowohl wegen ihrer quantitativen Bedeutung als auch ihrer Auswirkungen auf die Geschlechterverhältnisse die Prägendste zu sein.

Prekarisierung und Feminisierung der Arbeit: zwei Seiten derselben Medaille

Bei den neuen Unternehmensstrategien haben *Outsourcing*-Prozesse die stärksten Auswirkungen auf die Veränderung der Geschlechterverhältnisse, denn in der durch *Outsourcing* erzeugten geschlechtsspezifischen Arbeitsteilung in Wertschöpfungsketten befinden sich Frauen in der Regel auf den unteren Ebenen (Abramo 1998; Iranzo/Leite 2006). Ähnliche Entwicklungen lassen sich in der Neudefinition von Arbeitsverträgen beobachten: Frauen erhalten eher befristete als unbefristete Arbeitsverhältnisse (De la O/Guadarrama 2006). Es findet also eine dynamische Verkopplung von Klasse und Geschlecht statt, die sich auch in der Frage der geschlechtsspezifischen Lohndiskriminierungen niederschlägt: Nach Ansicht vieler Experten sind in Lateinamerika im Gegensatz zu schichtspezifischen Ungleichheiten die Genderdisparitäten gesunken. Studien zeigen hierbei, dass die wahrnehmbare Angleichung der Löhne und Beschäftigungsverhältnisse von Männern und Frauen während der 1990er Jahre als eine Nivellierung nach unten verstanden werden muss, die im Rahmen signifikanter Einkommenskonzentrationen stattfand (Escobar Latapí 1999; Galvez 2001; Tello 1989). Ursachen für diesen Trend lagen einerseits in der höheren Erwerbsquote von Frauen und ihres im Vergleich mit den Männern längeren Schulbesuchs sowie andererseits an der Feminisierung der Arbeitsplätze durch die Dynamisierung des Dienstleistungssektors. Zusätzlich wurde die Einbeziehung der Frauen in den Arbeitsmarkt für Lohnsenkungen genutzt.

Mit anderen Worten: Feminisierung und Prekarisierung der Gehälter sind zwei Seiten derselben Medaille. Dies ist ein Schlüsselelement des neuen, durch Handelsliberalisierung gekennzeichneten Akkumulationsregimes, das steigende Lohnkosten nicht länger auf die Konsumenten abwälzen kann und Wettbewerbsfähigkeit stattdessen durch Lohnsenkungen erreicht. Während sich die geschlechtsspezifischen Ungleichheiten eher relativieren, schließt sich die soziale Schere nach unten, die schichtbasierten Ungleichheiten steigen.[15]

15 Die Frage, ob sich die Lohnspreizung nach unten oder nach oben schließt, ist zentral, da sie den Ansatz von López-Calva und Lustig (2010, 2012) eines Abbaus von Ungleichheit (Rückgang des Gini-Koeffizienten bei den Haushaltseinkommen) im ersten Jahrzehnt des jetzigen Jahrhunderts hinterfragt. Bei der Ermittlung der Ursachen durch das Aufgliedern der Veränderung des Gini-Koeffizienten in seine Bestandteile argumentieren

Wir stehen daher vor einer eigenartigen Verbindung zwischen abnehmender geschlechterspezifischer Lohndiskriminierung und zunehmender Ungleichheit der Vergütung zwischen verschiedenen Arbeitsplätzen. Zu einem gewissen Grad erinnert diese Situation an die Charakteristika des 19. Jahrhunderts, wo die Arbeitgeber die Mehrheit der Arbeiter »indianisiert« oder »afrikanisiert« haben, sie also als ›Barbaren‹ betrachteten, um Lohnsenkungen zu legitimieren. Dementsprechend könnte man heute von einer ›Feminisierung‹ – nicht der Arbeitskraft als solcher – sondern der Arbeitsplätze und somit des Lohnarbeitsverhältnisses sprechen. Die neuen prekären Arbeitsplätze sind feminisiert, haben aber die Eigenart, dass sie nicht allein Frauen vorbehalten sind. Unterschieden die Arbeitgeber damals zwischen weißen, bevorzugten Arbeitsmigranten und heimischen, »rassifizierten« Arbeitern, würde heute wohl zwischen *employability* und feminisierter Arbeit unterschieden. Erstere basiert auf der Jugend, die fast unbegrenzte – ausnutzbare – Energie garantiert und der Maskulinität. Letztere ist weiter in vielfältige häusliche Pflichten eingebunden, die eine volle Flexibilität verhindern. Die Feminisierung der Arbeitswelt und konkret der Arbeitnehmer ist somit weit mehr als die Präsenz von Frauen auf dem Arbeitsmarkt. Sie ist eine Strategie zur Entmachtung der Mehrheit der Arbeitnehmer sowie deren Legitimierung durch die Konstruktion eines neuen Ideals der Arbeitswelt (Pérez Sáinz 2012a).

Allerdings könnte man die zentrale Bedeutung der Prekarisierung für die ungleiche Verteilung des wirtschaftlichen Überschusses vor dem Hintergrund der wohl wichtigsten Veränderung in Lateinamerika seit Anfang des 21. Jahrhunderts hinterfragen: Die so genannte »Linkswende« hat eine Reihe von Regierungen an die Macht geführt, die versuchen, Maßnahmen zu ergreifen, die sich gegen die beschriebene neoliberale Ordnung wenden. Im Bereich der Arbeitspolitik erscheint der brasilianische Fall – insbesondere seit 2004 – paradigmatisch: Hier wurde in der letzten Dekade mehr sozialversicherungspflichtige Beschäftigung geschaffen als Beschäftigung ohne sozialen Schutz, was als eine Rückkehr zur »Formalisierung der Ar-

die Autoren, dass die Schließung der Lohnunterschiede zwischen Qualifizierten und weniger Qualifizierten der wichtigste erklärende Faktor sei. Aber es ist nicht gleichgültig, ob sich die Schere nach oben oder nach unten schließt. Im ersten Fall würde dies bedeuten, dass sowohl qualifizierte als auch unqualifizierte Arbeiter gewinnen würden, während im zweiten Fall das Kapital an Macht gewinnen würde. Es ist genau der fehlende Hinweis auf das Kapital als zentralem Akteur, der es diesen Autoren ermöglicht zu argumentieren, dass es einen Rückgang der Ungleichheit gibt, wobei sie gleichzeitig mystifizieren, was wirklich auf dem Arbeitsmarkt geschieht.

beit« gedeutet werden könnte (Dedecca 2012; Guimarães 2011; Krein/ Santos 2012).

Die Debatten zu diesem Phänomen sehen hier entweder ein Wiedererstarken der formellen Beschäftigung, einen wichtigen Prozess der Entprekarisierung oder gar einen historischen Präzedenzfall für die Region. Während es der dritten Option an einer ausreichenden historischen Perspektive fehlt, wende ich mich aus historischen und theoretischen Gründen – dem Verlust der heuristischen Stärke der Kategorien formell/informell – besonders gegen die erste Erklärung: Das Beschäftigungsprogramm für Lateinamerika und die Karibik PREALC hat aus strukturalistischer Perspektive argumentiert, dass die Trennung von formell und informell die Verbindung von Produktivitätsniveaus und Betriebsgröße reflektiert, also hohe Produktivität in den großen Unternehmen des formellen Sektors und niedrige Produktivität in den kleinen Betrieben des informellen Sektors zu finden ist. Die technologische Revolution hat diese dem Fordismus eigene Verbindung allerdings in Frage gestellt. Heute können auch kleine Unternehmen höchst produktiv sein. Außerdem beschränkte sich das vorherige Akkumulationsmodell auf die Industrialisierung und war auf den Binnenmarkt ausgerichtet. Es handelt sich somit um einen historisch begrenzten Ansatz, der zudem davon ausgeht, dass die Trennlinie der Arbeitsbeziehungen zwischen Regulierung (Formalität) und Deregulierung (Informalität) verläuft. Tatsächlich hat die Prekarisierung aber zu einer Informalisierung der formellen Beschäftigung geführt, die den Bruch zwischen formeller und informeller Arbeit relativiert (Pérez Sáinz 1998). Gleichzeitig muss berücksichtigt werden, dass die aktuelle Ausdehnung der Sozialversicherung auf prekäre Arbeitskräfte durch post-neoliberale Regierungen nicht zu einer grundsätzlichen Veränderung der prekären Arbeitsbedingungen führte (Burchardt/Weinmann 2012).

Fazit

Mit der globalen Modernisierung kam es im Bereich der Ausbeutungsbedingungen der Arbeitskraft zu einem Rückschritt im Vergleich zu den durch formelle Beschäftigung erreichten – limitierten – Erfolgen, die eine Verbindung zwischen Arbeit und *Citizenship* hergestellt hat. Die generelle Prekarisierung hat zur Folge, dass aus der Arbeit keine vollwertige Beschäftigung hervorgeht. Auch für die Zukunft ist hier keine positive Veränderung in Sicht. Zwei relativ neue, aber zentrale Elemente stehen einer Verbesserung der Situation entgegen. Die strukturelle Arbeitslosigkeit schwebt wie ein Damoklesschwert über den Köpfen der Mehrheit der Arbeitnehmer und erinnert sie stets an ihre Austauschbarkeit. Außerdem verschiebt die *employability* die Erklärung von Arbeitsmarktdynamiken vom Arbeitsplatz zur Arbeitskraft und ihren Entscheidungen. Auf diese Weise werden die Ursachen und Gründe des beschriebenen arbeits- und sozialpolitischen Rückschritts durch das neue Akkumulationsmodell verschleiert. Alte Rechte werden zu neuen Pflichten, und es ist eine durch die neoliberale Ordnung auferlegte Zunahme des Individualismus zu beobachten.

Es kann also keine Relativierung der Asymmetrien durch die globale Modernisierung festgestellt werden. Die Prekarisierung der Löhne als wichtigste Dynamik der Ausbeutungsbedingungen verdeutlicht das Primat der Arbeit (ohne rechtliche Absicherung). Daher ist – trotz optimistischer Diagnosen über den Rückgang der Ungleichheiten in der Region – anzunehmen, dass die ungleiche Verteilung des wirtschaftlichen Überschusses in Lateinamerika bestehen bleibt.

Literatur

Abramo, Lais (2001), »Mercado de trabajo, flexibilización y nuevas formas de regulación«, in: *Trabajo*, 2 (4).

— (1998), »Um olhar de gênero. Visibilizando precarizaçoes ao longo das cadeias produtivas«, in: ders./Abreu, Alice R.P. (Hg.), *Gênero e trabalho na sociologia latinoamericana*, Sao Paulo/Rio de Janeiro.

Agacino, Rafael (1994), *Acumulación, Distribución y Consenso en Chile*, documento en Archivo Chile, Centro de Estudios Miguel Enríquez, Santiago de Chile.

Arellano, Karina/Bacarelli, Diego/De Gennaro, Lucía/Giradles, Soraya/Sadier, Emilio/Dallacia, Cecilia/Gómez, Ana/Arancibia, Inés (2009), »Construcción del sujeto de trabajo en la condición de precariedad«, in: Neffa, Julio César/De la Garza Toledo, Enrique/Muñiz Terra, Leticia (Hg.), *Trabajo, empleo, calificaciones profesionales, relaciones de trabajo e identidades laborales*, Bd. 1, Buenos Aires.

Barrientos, Armando (1998), *Pension Reform in Latin America*, Aldershot.

Bensusán, Graciela (2009), »Estándares laborales y calidad de los empleos en América Latina«, in: *Perfiles Latinoamericanos*, 17 (34).

Burchardt, Hans-Jürgen/Weinmann, Nico (2012), »Social Inequality and Social Policy outside the OECD. A New Research Perspective on Latin America«, in: *ICDD Working Papers*, 51, Kassel.

Burki, Shahid J./Perry, Guillermo E. (1997), *The Long March: A Reform Agenda for Latin America and the Caribbean in the Next Decade*, The World Bank, Washington.

Carrillo, Jorge (1995), »La experiencia latinoamericana del Justo a Tiempo y del Control Total de Calidad«, in: *Revista Latinoamericana de Estudios del Trabajo*, 1.

Castel, Robert (1997), *La metamorfosis de la cuestión social: una crónica del salariado*, Buenos Aires.

Castillo Fernández, Didimo (2009), *Los nuevos trabajadores precarios*, México.

CEPAL (2010), *La hora de la igualdad. Brechas por cerrar, caminos por seguir*, documento presentado al trigésimo tercer período de sesiones de la CEPAL, Santiago de Chile.

— (2003), *Panorama social de América Latina. 2002–2003*, Santiago de Chile.

Cook, Maria Lorena (2007), *The Politics of Labor Reform in Latin America. Between Flexibility and Rigths*, University Park, Pennsylvania.

De la Garza Toledo, Enrique (2006), *Restructuración productiva, empresas y trabajadores en México*, México.

— (2000), »La flexibilidad del trabajo en América Latina«, in: ders. (Hg.), *Tratado latinoamericano de sociología del trabajo*, México.

De la O, Maria Eugenia/Guadarrama, Rocio (2006), »Género, proceso de trabajo y flexibilidad laboral en América Latina«, in: De la Garza Toledo, Enrique (Hg.), *Teorías sociales y estudios del trabajo: nuevos enfoques*, México.

Dedecca, Claudio Salvadori (2012), »Población, trabajo y desarrollo en Brasil: oportunidades y desafios«, in: *Estudios Sociológicos*, 90, XXX.

Dubar, Claude (1991), *La socialisation. Construction des identités sociales et professionnelles*, Paris.

Escobar Latapí, Agustin (1999), »Los hombres y sus historias. Reestructuración y masculinidad en México«, in: ders./Bastos, Santiago, Hombres, trabajo y hogar, *Cuadernos de Ciencias Sociales*, 112, San José.

Galín, Pedro (1991), »El empleo precario en América Latina«, in: ders. u.a., *La flexibilización laboral en Venezuela. ¿Nuevo nombre o nueva realidad?*, Caracas.

Gálvez, T: (2001), »Aspectos económicos de la equidad de género«, in: *Serie Mujer y Desarrollo*, 35, Santiago de Chile.

González de la Rocha, Mercedes (1999), »La reciprocidad amenazada: un costo más de la pobreza urbana«, in: *Revista Latinoamericana de Estudios del Trabajo*, 9.

Guadarrama Olivera, Rocio/Hualde Alfaro, Alfredo/López Estrada, Silvia (2012), »Precariedad laboral y heterogeneidad ocupacional: una propuesta teórica-metodológica«, in: *Revista Mexicana de Sociología*, 2.

Guimarães, Nadya A. (2011), »O Que Muda Quando se Expande o Assalaramiento (E Em Que o Debate da Sociologia Pode nos Ajudar a Compreendê-lo)?«, in: *DADOS-Revista de Ciências Sociais*, 54 (4).

— (2009), *Desemprego, uma construção social. São Paulo, Paris e Tóquio*, Belo Horizonte.

— u.a. (2010), »Unemployment, A Social Construction«, in: *Economic Sociology the european electronic newsletter*, 11 (3).

Iranzo, Consuelo/Leite, Marcia P. (2006), »La subcontratación laboral en América Latina«, in: De la Garza Toledo, Enrique, *Restructuración productiva, empresas y trabajadores en México*, México.

Krein, José Dari/Santos, Anselmo Luis dos (2012), »La formalización del trabajo en Brasil. El crecimiento económico y los efectos de las políticas laborales«, in: *Nueva Sociedad*, 239.

Lemus Barahona, Leslie (2011), »De la formalidad a la empleabilidad: ¿prolongada transición o modelo híbrido del mercado laboral? Las trayectorias laborales del campo profesional de la ingeniería industrial en Costa Rica«, in: *Revista Centroamericana de Ciencias Sociales*, VIII (1).

Lindenboim, Javier/Pérez, C. (2004), »The Precariousness of Argentine Labor Relations in the 1990s«, in: *Latin American Perspectives*, 31 (4).

López-Calva, Luis F./Lustig, Nora (2012), »The Decline in Inequality in Latin America: The role of Markets and the State«, in: *LASA Forum*, XLIII (3).

— (2010), »Explaining the Decline in Inequality in Latin America: Technological Change, Educational Upgrading, and Democracy«, in: dies. (Hg.), *Declining Income Inequality in Latin America: A Decade of Progress?*, Baltimore.

Lucena, Hector (2006), »Las nuevas relaciones industriales«, in: De la Garza Toledo, Enrique (Hg.).*Teorías sociales y estudios del trabajo: nuevos enfoques*, México.

Mezzera, Jaime (1985), »Apuntes sobre la heterogeneidad en los mercados de trabajo de América Latina«, in: Carbonetto, Daniel u.a., *El sector informal urbano en los países andinos*, Quito.

Mora Salas, Minor/Oliveira, Orlandina de (2012), »Las vicisitudes de la inclusión laboral en los albores del siglo XXI: trayectorias ocupacionales y desigualdades sociales entre jóvenes profesionistas mexicanos«, in: *Estudios Sociológicos*, XXX, 88.

Mora Salas, Minor (2010), *Ajuste y empleo: la precarización del trabajo asalariado en la era de la globalización*, México.

Murillo, Maria Victoria (2001), »La encrucijada del sindicalismo latinoamericano«, in: *Política y Gobierno*, VIII, 2.

Neffa, Julio César (2009), »El Plan de Jefes y Jefas de Hogar Desocupados (PJyJHD). Análisis de sus características y objetivos. Fortalezas y debilidades«, in: ders./De la Garza Toledo, Enrique/Muñiz Terra, Leticia (Hg.), *Trabajo, empleo, calificaciones profesionales, relaciones de trabajo e identidades laborales*, Bd. 2, Buenos Aires.

OIT (2009), *Panorama laboral. América Latina y el Caribe 2009*, Lima.

— (2000), *Panorama laboral. América Latina y el Caribe 2000*, Lima.

Oliveira, Orlandina de/Roberts, Bryan (1997), »El crecimiento urbano y la estructura social urbana en América Latina, 1930-1990«, in Bethell, Leslie (Hg.), *Historia de América Latina. Economía y sociedad desde 1930*, Bd. 11, Barcelona.

Pacheco, Edith/De la Garza Toledo, Enrique/Reygadas, Luis (2012) (Hg.), *Trabajos atípicos y precarización del empleo*, México.

Pérez Sáinz, Juan Pablo (2012a), *Mercados y bárbaros. La persistencia de las desigualdades de excedente en América Latina*, (manuscrito para publicación).

— (2012b), »Exclusión social. Una propuesta crítica para abordar las carencias materiales en América Latina«, in: ders. (Hg.), *Sociedades fracturadas. La exclusión social en Centroamérica*, San José.

— (1999), *From the Finca to the Maquila. Labor and Capitalist Development in Central America*, Boulder.

— (1998), »¿Es necesario aún el concepto de informalidad?«, in: *Perfiles Latinoamericanos*, 13.

— /Mora Salas, Minor (2006), »Exclusión social, desigualdades y exedente laboral. Reflexiones analiticas sobre América Latina«, in: *Revista Mexicana de Sociología*, 3.

Polanyi, Karl (1992), *La gran transformación. Los orígenes políticos y económicos de nuestro tiempo*, México.

PREALC (1991), *Empleo y equidad: el desafío de los 90*, Santiago de Chile.

Reygadas, Luis (2004), »Más allá de la clase, la etnia y el género: acciones frente a diversas formas de desigualdad en América Latina«, in: *Alteridades*, XIV, 28.

Roberts, Kenneth M. (2012), »The Politics of Inequality and Redistribution in Latin America's Post-Adjustment Era«, *WIDER Working Paper*, 8, Helsinki.

Stallings, Barbara/Peres, Wilson (2000), *Growth, Employment and Equity: The Impact of Economic Reforms in Latin America and the Caribbean*, Washington/Santiago.

Tello, Griselda (1989), »La segregación por género en el mercado laboral. Lima 1974–1987«, in: Paredes, Peri/Tello, Griselda, *Los trabajos de las mujeres. Lima, 1980–1987*, Lima.

Tilly, Charles (1999), *Durable Inequality*, Berkeley.

Tokman, Victor E. (1998), »Empleo y seguridad: demandas de fin de siglo«, in: *Anuario Social y Político de América Latina y El Caribe*, 2, Caracas.

Vega Ruíz, Maria Luz (2001), *La reforma laboral en América Latina. Un análisis comparado*, Lima.

Dimensionen der Informalität: Der Wandel der Arbeitsbeziehungen in Südafrikas Platingürtel

Asanda Benya/Edward Webster

Seit den ersten freien Wahlen in Südafrika im Jahr 1994 wurden die Gesetze aus der Zeit der Apartheid abgeschafft und eine neue Gesetzgebung implementiert, die auf eine erhöhte Chancengleichheit abzielt. Diese politischen Reformen fanden im Kontext des Übergangs der globalen Ökonomie vom Fordismus zum Postfordismus statt (Joffe u.a. 1995) und brachten ein neues Regime von Arbeitsbeziehungen hervor, welches auf sechs zentralen Statuten basierte.[1] Dieser gesetzliche Rahmen wurde Teil einer Wettbewerbsstrategie, die auf qualifizierte Arbeit setzt und dafür Ausbildungsmöglichkeiten, hohe Löhne, effiziente Tarifverhandlungssysteme, Prämien und Anreizsysteme bereitstellt.

In diesem Artikel analysieren wir die Beziehung zwischen Lohnarbeit, Geschlecht und Einwanderungsstatus aus der Perspektive der Informalität am Fallbeispiel des Platinbergbaus. Wir zeigen, welche Veränderungen der Arbeitsbeziehungen und -bedingungen sich vollzogen haben und wie diese sich auf die Verwundbarkeit der Arbeiter auswirken. Im Zentrum dieser Beobachtung stehen die Dimensionen der Informalität sowie Fragen zu den neuen Rahmenbedingungen ihrer Regulierung. Denn auch, um den Missständen zu begegnen, die 2012 zum Massaker von Marikana führten, scheinen neue Formen der Arbeiterorganisation und -repräsentation erforderlich.[2] Wir stellen in unserer Analyse hierbei die Ergebnisse einer vor

---

1 Diese Statuten umfassen den *National Economic Development and Labor Council* (NEDLAC) *Act* von 1994, den *Labor Relations Act* von 1995, den *Basic Conditions of Empoyment Act* von 1997 (BCEA), den *Skills Development Act* von 1998, den *Employment Equity Act* von 1998 und den *Social Plan Act* von 1998.

2 So offenbarte sich in den letzten Jahren eine unzureichende Vertretung der Arbeiter durch die führende Bergbaugewerkschaft, der Nationalen Gewerkschaft der Minenarbeiter (*National Union of Mineworkers* (NUM). Gleichzeitig erstarkte die rivalisierende Gewerkschaft *Association of Mineworkers and Construction Union* (AMCU), wodurch die NUM weiter an Einfluss einbüßte. Diese Verschiebungen führten zu anhaltenden Unruhen in den Minen von Marikana, deren trauriger Höhepunkt die Auseinandersetzungen

kurzem abgeschlossenen Forschung vor, die über den Zeitraum von fünf Jahren in drei Phasen durchgeführt wurde, primär auf ethnographische Datenerhebung und narrative Interviews rekurrierte[3] und klären wollte, was Informalität für die Arbeiter materiell und subjektiv bedeutet. Da die Beschäftigung von Frauen als Arbeiterinnen unter Tage in Südafrikas Bergbauindustrie ein neues Phänomen ist, erforderte diese Forschungsarbeit einen Ansatz, der neue soziale Praktiken im Detail erkundet und beschreibt. Deshalb wurden mit Hilfe teilnehmender Beobachtungen und narrativer Interviews vorwiegend qualitative Daten erhoben.

Der Artikel gliedert sich in drei Abschnitte: im ersten Teil werden kurz der Gegenstand der Forschung und der konzeptionelle Rahmen für die Untersuchung der Informalität vorgestellt. Der zweite Abschnitt konzentriert sich auf die Leiharbeiter. Dabei werden Lohnniveau, gewerkschaftliche Organisierung, Gesundheits- und Sicherheitsstandards am Arbeitsplatz, Arbeitszeiten und Sozialleistungen untersucht. Im dritten Teil wird die Analyse über die Einbeziehung der Dimensionen Geschlecht und Einwanderungsstatus vertieft. Dabei wird gezeigt, dass jenseits der Fragmentierung der Arbeiter durch die Auslagerung von Arbeitsverhältnissen in Subunternehmen weitergehende Spaltungen entlang von Geschlecht und Einwanderungsstatus existieren. Diese gesellschaftlichen Machthierarchien verstärken die Verwundbarkeit der Arbeiter, selbst wenn diese reguläre Arbeitsverträge besitzen.

Gegenstand und konzeptioneller Rahmen

Der Bergbau war seit dem späten 19. Jahrhundert Hauptmotor der südafrikanischen Wirtschaft und trug wesentlich zum nationalen Bruttoinlandsprodukt bei. Er war dabei stets durch ein System von Arbeitsmigration, niedrigen Löhnen und unfairen Arbeitsbedingungen geprägt, das durch ein despotisches Arbeitsregime aufrechterhalten wurde. Der politische Wandel

vom 16. August 2012 waren, bei denen 34 streikende Arbeiter von der südafrikanischen Polizei erschossen wurden.

3 In den Jahre 2008, 2011 und 2012 verbrachte Asanda Benya insgesamt 14 Monate in einer Mine. Unter Tage arbeitete sie als ungelernte Arbeiterin, Windenführerin oder war *Pikinini*, eine Assistentin des Schichtvorarbeiters. Während dieser Zeit führte sie ein Forschungstagebuch, informelle und offizielle Interviews sowie Fokusgruppendiskussionen.

von 1994 führte dann zu großen Veränderungen in Südafrikas Wirtschaft, die auch den Bergbau betrafen. Die Märkte öffneten sich, Südafrika wurde in die globale Wirtschaft re-integriert und die Gesetzgebung musste an internationale Standards angepasst werden. In der Folge wurden 1996 und 2002 neue Gesetze zur Förderung des Gesundheitsschutzes und der Arbeitssicherheit der Minenangestellten und der Bergbaugemeinden sowie zur Beendigung rassistischer und geschlechtsspezifischer Diskriminierung verabschiedet.

Historisch beschäftigten die Gold-, Diamanten- und Kohleminen meistens Arbeiter aus den Nachbarländern und aus den früheren südafrikanischen *homelands*.[4] Der Bergbau schuf nicht nur Arbeitsplätze, sondern bot auch dem Staat eine wichtige Einkommensquelle und spielte eine entscheidende Rolle in der Industrialisierung und Modernisierung des Landes (Hamann/Bezuidenhout 2007). Während der 1990er Jahre nahm die Bedeutung des Bergbaus für die südafrikanische Wirtschaft infolge des Rückgangs der Förderung bestimmter Rohstoffe jedoch ab (Tabelle 1).

Tabelle 1: Beitrag zum BIP nach Sektor

Bergbausubsektor	*1980*	*1985*	*1990*	*1993*	*1998*
Kohle	1.5	2.7	2.0	1.5	1.9
Gold und Uran	8.4	7.1	5.7	7.3	4.1
Diamanten			0.4	0.5	0.6
Platin und andere	3.3	3.2	3.2	2.5	2.5
Bergbau gesamt	13.3	13.0	11.3	11.8	9.9

Quelle: Malherbe 2000: 9.

Durch den Niedergang der Goldproduktion wurden viele Schächte geschlossen und Tausende Arbeiter entlassen. Allein in den Goldminen ging die Zahl der Beschäftigten zwischen 1990 und 1998 von 474.000 auf 220.000 zurück (Malherbe 2000). Zeitgleich stieg jedoch die Produktion

4 Als *homelands* wurden in Südafrika Gebiete mit einem traditionell hohen schwarzafrikanischen Bevölkerungsanteil bezeichnet, die räumlich-administrativ vom restlichen Staatsgebiet abgekoppelt wurden. Damit verloren die in diesen Gebieten Lebenden z.B. auch die südafrikanische Staatsbürgerschaft. Die Politik der Homeland-Bildung war ein Element der Segregation und Isolierung der schwarzen Bevölkerung Südafrikas während der Apartheid. 1994 wurden die *homelands* wieder in die Republik Südafrika eingegliedert (Anm. der Übersetzerin).

und Nachfrage nach Platin, so dass sich in diesem Sektor neue Beschäftigungsmöglichkeiten eröffneten (Tabelle 2).

Tabelle 2: Anzahl der Beschäftigten im Gold- und Platinabbau

Produkt	*1999*	*2004*	*2009*	*2011*
Gold	222 389	179 964	159 925	145 561
Platin	90 000	150 630	184 163	194 979
Gold und Platin	312 389	330 594	344 088	340 540
Bergbau gesamt	437 028	448 909	419 794	513 211

Quelle: Facts and Figures 2008; Facts and Figures 2011.

Das Zentrum des Platinabbaus liegt in der Nordwest-Provinz Südafrikas und konzentriert sich auf das Gebiet um die Stadt Rustenburg, einer florierenden Region mit Chromerz- und Platinminen. Die Umgebung von Rustenburg und Brits beherbergt die weltweit größten zusammenhängenden Platinvorkommen.[5] Mit einer Beschäftigungsrate von 74 Prozent hat Rustenburg zudem eine der höchsten Erwerbsquoten in der gesamten Nordwest-Provinz. Waren die meisten Arbeiter früher direkt bei den Minen angestellt, änderte sich dies seit der wirtschaftlichen Liberalisierung der 1990er Jahre. Heute werden die Arbeiter der Platinminen zunehmend durch Leiharbeitsfirmen[6] vermittelt. Schätzungen aus dem Jahr 2010 gehen davon aus, dass dies auf mindestens ein Drittel der Arbeiter zutrifft (Bezuidenhout/Buhlungu 2011). Gleichzeitig entstanden rund um Rustenburg zahlreiche informelle Siedlungen aus Blechhütten und ohne Zugang zu fließendem Wasser und Elektrizität für Minenarbeiter. Angesichts dieser aus dem Boden sprießenden informellen Siedlungen stellt sich die Frage, was für Arbeitsverhältnisse im Platinabbau geschaffen werden und ob diese Tätigkeiten geeignet sind, stabile Gemeinwesen zu entwickeln.

Konzeptionell fand eine wissenschaftliche Beschäftigung mit dem informellen Sektor zum ersten Mal in den 1970er Jahren in Forschungen über Entwicklungsländer statt, die sich zunächst mit den Arbeitsformen der Armutsbevölkerung in den ausufernden Städten Afrikas beschäftigte (Hart 1973; ILO 1972). Im Jahr 2003 erweiterte die *International Conference of Statisticians* die Definition der informellen Tätigkeiten auch auf Unterneh-

5 http://www.southafrica.se/mainmap/northwest.htm, 25.6.2013.

6 Der Begriff »subcontracted labor« wird im Folgenden – trotz der Probleme der Übertragung des Begriffs – als Leiharbeit übersetzt.

men, die außerhalb des gesetzlichen Rahmens agieren und mit irregulären und rechtlich ungeschützten Beschäftigungsverhältnissen operieren. ›Informelle Beschäftigung‹ wird seitdem als Arbeit ohne formalen Vertrag, Lohnzusatzleistungen und/oder Sozialversicherung verstanden. Dies beinhaltet:

- Selbstständige in informellen Unternehmen: Arbeiter in kleinen, nicht registrierten oder nicht eingetragenen Unternehmen, inklusive der Arbeitgeber selbst, auf eigene Rechnung arbeitende Betreiber und unbezahlte Familienmitglieder;
- Lohnarbeit in informellen Arbeitsverhältnissen: Arbeiter ohne formale Verträge, Zusatzleistungen oder Sozialversicherung in regulären oder informellen Unternehmen, in privaten Haushalten oder ohne festen Arbeitgeber, inklusive Beschäftigte informeller Unternehmen sowie andere Typen informell Beschäftigter, wie Gelegenheits- oder Tagelöhner, Hausarbeiterinnen, nicht registrierte oder nicht angemeldete Arbeiter, Zeit- und Leiharbeiter oder Außenarbeiter in der industriellen Fertigung (auch Heimarbeiter genannt) (Chen 2005: 7f.; vgl. auch ihren Beitrag in diesem Band).

Die systematische Betrachtung regulärer Bergbau-Betriebe mit informalisierten Arbeitsverhältnissen ermöglicht eine Beschreibung und ein Verständnis der verschiedenen Stufen der sozialen Unsicherheit innerhalb dieser Betriebe. In der folgenden Tabelle 3 steht das Feld 1 für Angestellte in Normalarbeitsverhältnissen (*Standard Employment Relationships*, SERs), also diejenigen Arbeiter, die Vollzeit und unbefristet beschäftigt sind. Zwischen Arbeitgeber und Arbeitnehmer besteht eine direkte Beziehung und der Beschäftigte arbeitet an dem vom Arbeitgeber bereit gestellten Arbeitsplatz. In Zelle 2 befinden sich ausgelagerte Arbeiter in Subunternehmen. Ihre Arbeitsverhältnisse umfassen unterschiedliche Grade der Informalität. Sie arbeiten für reguläre Betriebe, in denen die Beschäftigungsverhältnisse entweder flexibilisiert oder an Dritte, beispielsweise Unterhändler oder Zeitarbeitsfirmen (*Temporary Employment Service,* TES) ausgelagert wurden.[7] Zelle 3 setzt sich aus regulär Beschäftigten zusammen, die in informellen Betrieben angestellt sind, beispielsweise Pflegekräfte in Privathaushalten. Zelle 4 repräsentiert schließlich den Bereich, der traditionell als informeller Sektor bezeichnet wurde: unregistrierte Klein- und Kleinstunternehmen wie kleine Kioske (*spaza shops*), illegale Kneipen (*shebeens*), »Sweatshops«

7 »Externalisation is when employment takes place via an intermediary or contractor who has a commercial contract with the employer« (Theron 2005).

und Straßenhändler genauso wie halb-legale Subunternehmen und illegale Arbeiter, die in diesen Betrieben arbeiten.

Tabelle 3: Dimensionen der Informalität

Produktionseinheit	*Beschäftigungsform*	
	Formal	Informell
Reguläre Betriebe	1	2
Informelle Betriebe	3	4

Quelle: Devey/Skinner/Valodia 2003: 312.

In den Platinminen finden sich reguläre und informalisierte Arbeitsverhältnisse innerhalb regulärer Betriebe (Zelle 1 und 2). Es ist in den Minen üblich, Beschäftigungsverhältnisse des Kern- und Randbereichs in Subunternehmen auszulagern, um Arbeitskosten zu senken und die Arbeitsbeziehungen zu flexibilisieren. Hieraus folgt eine Abkehr vom Normalarbeitsverhältnis (ILO 1997) und eine Hinwendung zu ausgelagerten Arbeitsverhältnissen, in denen Arbeiter über verschiedene Mittelsleute angestellt sind und an Orten arbeiten, die nicht im Besitz ihrer unmittelbaren Arbeitgeber sind (Theron 2005).

Traditionell beauftragen Firmen Subunternehmen mit der Umsetzung spezifischer aber begrenzter Funktionen, die zuvor firmenintern organisiert waren, und re-integrieren deren Arbeit im Anschluss in die allgemeine Betriebsführung (Friedman 2005). Die Gründe für die Externalisierung von Arbeitsbereichen sind vielfältig und es gibt viele verschiedene Typen der Externalisierung (Sikakane 2003). Crush u.a. (2001) unterscheiden zwischen *labour-only subcontracting* und *job subcontracting*. Ersteres liegt vor, wenn ein Zwischenhändler für die Vermittlung von Arbeitern und deren geleisteter Arbeit gemessen in Zeit bezahlt wird. *Job subcontracting* basiert hingegen auf der Auslagerung bestimmter Arbeitsbereiche oder Arbeitsaufträge. Diese Form der Auslagerung ist durch gewerbliche Verträge geregelt, das heißt die Arbeitskraft wird indirekt angeworben und beschäftigt (Kenny/Bezuidenhout 1999). Eine spezialisierte Form des Subunternehmertums besteht, wenn ein Unternehmen beauftragt wird, eine besondere Qualifikation bereitzustellen, wie etwa im Schachtbau. Informelle und selbstorganisierte Formen der Arbeitsvermittlung wie das *Gang Subcontracting* waren im 19. Jahrhundert weit verbreitet und werden heute im Bergbau wieder geläufig. Eine Gruppe von Arbeitern wird dabei von einem früheren Vorarbeiter oder langjährigem im Kerngeschäft der Mine beschäftigten Arbeiter angestellt. Die Variationen in den Formen des Subunternehmertums, der Auftragsvergabe an Dritte sowie der Externalisierung von Arbeitsverhältnissen und Arbeitsvermittlung sind in Tabelle 4 dargestellt.

Tabelle 4: Variationen der Arbeitsauslagerung und -vermittlung

Typ	*Funktion*	*Beispiel*
Spezialisiertes Subunternehmertum (*Specialised Subcontracting*)	Vermittelt den Arbeitgebern eine besondere Qualifikation	Schachtbau
Arbeitskraft-Subunternehmertum (*Labour Subcontracting*)	Allgemeine Arbeitsvermittlung: • Leih- und Zeitarbeit (Temporary Employ ment Services, TES) • zeit-basiert	JIC Labour Brokers
Auslagerung von Aufträgen/Arbeitsbereichen (*Job Subcontracting*)	Vertragsarbeit	Baufirmen wie Murray & Roberts
Informelle Formen des Subunternehmertums und der Arbeitsvermittlung (*Gang Subcontracting*)	Arbeitsteam organisiert von einem Vorarbeiter oder einem langjährig beschäftigten Minenarbeiter	Frühe Handwerksgewerkschaften in der südafrikanischen Bergbauindustrie; Formen informellen Subunternehmertums werden aktuell wieder zunehmend relevant

Quelle: Webster u.a. 2008.

Wir konzentrieren uns hier auf die Form des *job subcontracting*, die Arbeiter über gewerbliche Verträge beim Kernunternehmen beschäftigt. Im Unterschied zu den fest angestellten SER-Arbeitern sind deren Arbeitsverhältnisse weniger geregelt und sicher,[8] die Einkommen sind in der Regel niedriger und unregelmäßiger und sie erhalten nur selten Zusatzleistungen und Arbeitsverträge. Zudem werden Arbeitsrecht und Arbeitsstandards für diese Gruppe kaum durchgesetzt und die Arbeiter sind vom beitragsfinanzier-

8 Eine Ausnahme stellen hochqualifizierte Arbeiter dar, die in die Kategorie der spezialisierten Arbeitsvermittlung fallen (Typ 1).

ten Sozialversicherungssystem, das auf Normalarbeitsverhältnissen basiert, ausgeschlossen (Theron 2005).

Im Bergbau lässt sich seit langem ein Trend zur Auslagerung zentraler Arbeitsbereiche beobachten. Das Verlagern von Arbeit in Subunternehmen ist an sich kein neues Phänomen; neu in der neoliberalen Ära ist aber, dass Unternehmen jetzt auch Kernbereiche externalisieren. Die Arbeiter bewegten sich kontinuierlich vom Zentrum, in dem Normalarbeitsverhältnisse vorherrschen, hin zu den Außenbereichen, wo die Beschäftigungsverhältnisse prekär oder nicht-existent sind (Abbildung 1).

Abbildung 1: Arbeitsmarkt im Bergbau 2003 und 2005

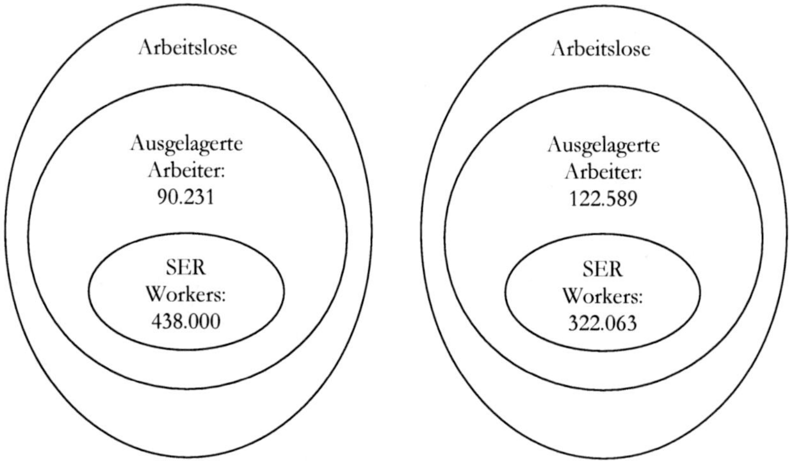

Quelle: Department of Minerals and Energy Data 2005 und Bezuidenhout 2006. Daten über die Höhe der Arbeitslosigkeit sind nicht vorhanden.

Nach offiziellen Daten sind 28 Prozent der Beschäftigungsverhältnisse im Bergbau durch Subunternehmen vermittelt, wobei der höchste Anteil von Leiharbeitern mit 36 Prozent im Platinbergbau zu finden ist (Bezuidenhout 2006). Tabelle 5 verdeutlicht das Ausmaß der Externalisierung von Arbeitsverhältnissen in unterschiedlichen Sektoren des Bergbaus.

Tabelle 5: Externalisierung von Arbeitsverhältnissen im südafrikanischen Bergbau nach Sektor, 2005

Bergbausektor	*Gesamtzahl der Beschäftigten*	*Beschäftigte in Normalarbeitsverhältnissen (SER)*	*Bei Subunternehmen beschäftigte Arbeitskräfte*	*Externalisierte Beschäftigte in Prozent der Gesamtbeschäftigtenzahl*
Gold	160.620	137.234	23.386	14.6
Platin	155.769	100.136	55.633	36.0
Diamanten	21.968	15.808	6.160	28.0
Eisen	7.528	4.903	2.625	35.0
Kupfer	3.746	2.004	1.742	47.0
Kohle	56.859	35.843	21.016	37.0

Quelle: Department of Minerals and Energy. Die Zahlen beschreiben Durchschnittswerte für das Jahr 2005.

Theron u.a. (2005) argumentieren, dass die Kosten regulärer Beschäftigungsverhältnisse in Südafrika seit Verabschiedung des *Labor Relations Act* von 1995 signifikant gestiegen sind. Arbeitgeber setzten deshalb vermehrt auf Subunternehmen, anstatt Arbeiter direkt einzustellen. Die Zahl der Arbeitsvermittlungen nahm infolgedessen rapide zu. Redford (1999) erklärt dieses Wachstum damit, dass die Verlagerung von Beschäftigungsverhältnissen in Subunternehmen für die Unternehmen vorteilhaft ist, da es das Arbeitnehmerrisiko in das Subunternehmen hinein verlagert und das Risiko arbeitsrechtlicher Konflikte minimiert. Für Arbeitnehmer hat dies schwerwiegende Konsequenzen.

Die externalisierten Arbeiter

Im Folgenden werden die Arbeitsverhältnisse dieser Leiharbeiter anhand der Kategorien Organisierung der Arbeiter, Kündigungsschutz, Tarifverhandlungen sowie Gesundheits- und Sicherheitsmaßnahmen mit den Arbeitsbedingungen von Arbeitern in Normalarbeitsverhältnissen (SER) verglichen.

Organisierung der Arbeiter

Durch die Auslagerung von Arbeit in Subunternehmen werden grundlegende Arbeitnehmerrechte ausgehöhlt. Einige der Arbeitsvermittlungsfirmen verkleiden sich als Gewerkschaften, zwingen ihre Angestellten zur Mitgliedschaft und schwächen somit das Organisationsrecht, das Streikrecht und das Recht einer unabhängigen Gewerkschaft beizutreten (Crush u.a. 2001). Während die meisten SER-Arbeiter gewerkschaftlich organisiert sind,[9] ist in den Subunternehmen eine Unternehmensgewerkschaft aktiv, die den Arbeitern keine vom Management unabhängige Vertretung erlaubt. Hier ist nur die Führungsebene aktiv. Die meisten Mitglieder wurden unter Androhung des Jobverlusts zum Beitritt gezwungen und bleiben passiv.[10] Die großen Minen erschweren die Organisierung der Arbeiter zusätzlich durch die Beauftragung verschiedener Arbeitsvermittlungsfirmen. Dies zwingt die legitime Gewerkschaft dazu, mit einer Vielzahl verschiedener Arbeitgeber zu verhandeln. Zusätzlich wird die Organisierung der Bergarbeiter dadurch erschwert, dass kein zentralisiertes Tarifverhandlungssystem existiert, sondern kollektive Verhandlungen auf der Ebene des Betriebs erfolgen. Dementsprechend bleiben viele Leiharbeiter ohne gewerkschaftliche Vertretung und sind somit noch leichter auszubeuten.

Dies führt in der Konsequenz zu einer strukturell fragmentierten und unorganisierten Arbeiterklasse, in der viele der Leiharbeiter nicht gewerkschaftlich organisiert sind. Die Möglichkeit des Arbeitskampfes wird dadurch deutlich erschwert oder ganz verhindert. Das Resultat sind Arbeiter, die in unsicheren und instabilen Arbeitsverhältnissen verbleiben, deren Arbeitsverträge jederzeit gekündigt werden können, ohne dass irgendjemand den Arbeitgebern eine Kampfansage erteilen könnte (Bezuidenhout 2006). Dass Leiharbeitsfirmen die Repräsentation der Arbeiter durch die Einführung von Unternehmensgewerkschaften kontrollieren wollen zeigt zusätzlich, dass die gewerkschaftliche Organisierung den Arbeitern eine Form von Macht ermöglichen könnte, die verhindert werden soll.

9 Bezuidenhout (2006) fand in seiner Untersuchung der Minen heraus, dass SER-Arbeiter aufgrund ihrer Gewerkschaftsmitgliedschaft Zugang zu sichererem Einkommen und Sozialleistungen haben.

10 Wenn Arbeiter Bewerbungsformulare ausfüllen, ist der Mitgliedsantrag zur Unternehmensgewerkschaft mit angehängt und Bewerber *müssen* den Antrag mit ausfüllen oder sie erhalten keine Anstellung.

Kündigungsschutz

Anders als die Leiharbeiter verfügen die gewerkschaftlich organisierten Beschäftigten über Repräsentanten im Betrieb, die Beschwerden äußern und sicherstellen, dass die Arbeitgeber die Arbeitsverträge erfüllen. Die Gewerkschaften rekurrieren dabei auf schriftlich festgelegte Vereinbarungen über die Details der Beschäftigungsverhältnisse. Die Informalisierung der Leiharbeiter hat jedoch zur Folge, dass diese häufig ohne einen mündlich oder schriftlich vereinbarten Vertrag beschäftigt sind. Da sie zudem meist keine gewerkschaftliche Interessensvertretung haben, sind sie willkürlichen Entlassungen schutzlos ausgeliefert. Selbst die wenigen Leiharbeiter mit schriftlichen Verträgen berichten, dass diese von den Arbeitgebern nicht eingehalten würden. Insgesamt zeigen unsere Erhebungen, dass es deutlich einfacher ist, externalisierte Arbeiter ohne schriftlichen Vertrag und gewerkschaftliche Vertretung zu entlassen als Arbeiter in regulären Arbeitsverhältnissen. Indem sie Bedingungen, Entlohnung und Dauer der Beschäftigung klar vereinbaren, bieten die Arbeitsverträge einen gewissen Schutz und Sicherheit. Diejenigen, die solche Verträge besitzen, sind überwiegend SER-Arbeiter; entsprechend fühlten sich diese Arbeiter stärker vor willkürlichen Entlassungen geschützt.

Hingegen ist die Gefahr ungerechtfertigter Kündigungen für Leiharbeiter sehr hoch. Ein Arbeiter gab an, dass sein Vertrag nicht verlängert worden sei, da er nicht mehr hören könne: »They have fired me because I'm sick, I'm of no use to them now, and they are done with me«. Solche Kündigungen der Leiharbeiter beschränken sich nicht nur auf Fälle von Verletzungen und Krankheiten. Ein weiterer Arbeiter befürchtete z.B., dass ein Interview zur Kündigung führen könnte. Ein anderer merkte an: »By just opening your mouth to your supervisor you can get fired here«.

Die Unsicherheit der Arbeiter in ihren Arbeitsverhältnissen resultiert auch aus der Gefahr, für zukünftige Beschäftigungen auf eine Schwarze Liste gesetzt zu werden. Während einer Diskussion mit Arbeitern erklärten diese »being fired is bearable, but our employers go further than that and blacklists you at TEBA[11]«. »What happens is that JIC goes to TEBA and instructs the clerks to list you as an unworthy former employee, so every time when you go to look for a job, TEBA clerks tell you that you never get a job because you have been blacklisted by your former employer«.

11 Das Arbeitsvermittlungsunternehmen, das den Minen Arbeiter vermittelt.

Besonders überraschend an den Ergebnissen unserer Erhebung ist, dass alle Arbeiter von ihrer Kündigung erst direkt vor Ort erfuhren. Sie wissen nie, wann ihre Arbeitskraft gebraucht werden wird und wann nicht. Dieser Trend zu kurzfristigen und willkürlichen Kündigungen wurde uns nur von den Leiharbeitern berichtet, deren Beschäftigungsverhältnisse unsicherer sind als die ihrer Kollegen in Normalarbeitsverhältnissen. Letztere sehen ihre Jobsicherheit allerdings von drohenden Entlassungen durch den zunehmenden Stellenabbau und die voranschreitende Auslagerung von Arbeit in Subunternehmen gefährdet. Wo die Unternehmer einst fest angestellte Arbeiter als Investition in die Zukunft ausbildeten, wird mit dem Trend zur Auslagerung auch von Kernbereichen und den aktuell massiven Einsparungen langjährig beschäftigtes, gut ausgebildetes und fest angestelltes Personal abgebaut und durch Zeit- und Leiharbeiter ersetzt. Aufgrund dieser Bevorzugung von Leiharbeitern fühlen sich viele der fest angestellten Arbeiter unsicher (Kenny/Webster 1999). Obgleich die Situation nicht ideal ist, können sie jedoch im Gegensatz zu Leiharbeitern Abfindungen und Ausgleichsmaßnahmen seitens der Arbeitgeber erwarten.

Tarifverhandlungen und Entlohnung

Die prekären Arbeitsbedingungen der Leiharbeiter im Platinabbau verfestigen sich durch das Fehlen eines zentralen Tarifvertrags. Anders als im Gold- und Kohleabbau, in denen zentrale Abkommen mit der Minenkammer existieren, bestehen im Platinabbau keine kollektiven Vereinbarungen mit den Unternehmen. Die Platinminen setzen stattdessen auf dezentralisierte Tarifverhandlungen auf Unternehmensebene.

Unabhängig von der Existenz eines Branchentarifvertrags sind Leiharbeiter meist von den Tarifverträgen ausgeschlossen, da sie keine Gewerkschaftsmitglieder sind. Infolgedessen bleiben sie ohne jegliche Lohnvereinbarungen. Vertritt eine Scheingewerkschaft die Interessen der Leiharbeiter, finden oft keine Lohnverhandlungen statt oder es werden nur geringe Lohnerhöhungen vereinbart. Diese Lohnerhöhungen sollen eine gewisse Konsistenz zwischen den Arbeitern, die im Unternehmen die gleiche Arbeit leisten, gewährleisten. Weiterhin bekommen SER-Arbeiter ein garantiertes monatliches Einkommen und jährliche Gehaltssteigerungen, während die Leiharbeiter unregelmäßig bezahlt werden und keine Sozialleistungen erhalten. Nach Angaben der befragten Leiharbeiter schwankt das Grundeinkommen sowohl monatlich als auch zwischen den Leiharbeitern. Sechzig Prozent der Befragten gaben an ein Grundeinkommen zu erhalten; wenngleich »it changes every month«. Die Lohnunsicherheit betrifft also in erster Linie die Leiharbeiter.

Die Arbeitsvermittlungsagenturen rechtfertigen die Lohnschwankungen damit, dass die Löhne je nach Aufgabe in der Mine sowie deren erfolgreicher Beendigung variieren. Da das Subunternehmen nicht mit der Vermittlung von Arbeitskräften an sich sondern für die Erfüllung einer bestimmten Aufgabe beauftragt wird, erhalten ihre Arbeiter, falls Zielvorgaben nicht oder nicht fristgerecht erfüllt werden, nur einen Teil des versprochenen Lohns. Vor allem für Arbeitsteams, die zwar ihre Zielvorgaben erfüllt haben, ihren vollen Lohn aber nicht erhalten, weil andere Teams des Subunternehmens ihre Zielvorgaben nicht erreicht haben, kann dies eine ernüchternde Erfahrung sein. Den Subunternehmen zufolge ist »the basic wage […] based on the assumption that a target will be met«. Die Leiharbeiter werden abhängig von einer pro Tag oder Stunde zu erfüllenden Zielvorgabe bezahlt. Wie die Löhne ermittelt werden, wenn diese Zielvorgaben verfehlt werden, war den interviewten Leiharbeitern jedoch unklar. Die enge Verbindung der Gewerkschaften mit den Arbeitgebern hat wiederum zur Folge, dass sie für die Leiharbeiter bei Lohnstreitigkeiten keine Ansprechpartner sind.

Im Jahr 2007 schwankten die Angaben zu den Arbeitslöhnen zwischen 350 R (Rand) und 1050 R pro Woche. Bis 2012 waren diese für die gleiche Berufsgruppe der Bohrführer leicht auf 500 bis 1200 R pro Woche gestiegen. Die höhere Summe bezieht sich dabei in der Regel auf SER-Arbeiter, während Leiharbeitern meist Löhne am unteren Ende dieser Spanne gezahlt wurden. Von den Niedriglöhnen sind nicht nur Leiharbeiter im Platinabbau, sondern auch SER-Arbeiter und Beschäftigte anderer Bergbausektoren betroffen. Bezuidenhout (2006) weist darauf hin, dass Minenbetreiber im Goldabbau gezielt Leiharbeiter einsetzen, um die mit der Minenkammer vereinbarten Löhne zu drücken.[12]

In extremen Fällen weisen die Gehaltsabrechnungen der Leiharbeiter Monatslöhne auf, die nach exorbitanten Abzügen gerade einmal bei 10,80 R liegen. Im diesem Fall wurden dem Arbeiter von den 1286 R Monatsverdienst 894 R für die Unterkunftskosten und weitere 381,65 R ohne

12 Ebenso Crush u.a. 2001.

weitere Angaben vom Monatsgehalt abgezogen.[13] Diese maßlosen Abzüge werden durch unregulierte Kleinstkreditgeber angeheizt. Nach Ansicht des Industrie- und Handelsministers Davies sind die Kreditvereinbarungen, die die Minenarbeiter und Bewohner von Marikana eingehen, keine »normal credit agreements«, da diese den gegenwärtigen Konsum abdeckten und damit die Gehälter der Menschen verschlängen. »[I]f someone gets 9.000 R they are probably taking home 2.000 R or 3.000 R […] because the rest is going on debt servicing«. Die irregulären Einkommen verursachen auch familiäre Probleme: »Some people here have been divorced by their wives back home because they have not sent them money in over six months and their wives think they have found themselves town mistresses«. So wirkt sich die Lohnunsicherheit auch auf die unmittelbare und erweiterte Familie aus, die die Minenarbeiter mit ihrem Einkommen versorgen.

Die einfache Kündbarkeit von Verträgen zwischen den Subunternehmen und den Minen führt außerdem dazu, dass Arbeiter schnell mittellos und dadurch weiter finanziell verwundbar werden. Insgesamt zeigt unsere Studie eine wesentlich stärkere Anfälligkeit für Lohnschwankungen der Leiharbeiter im Vergleich zu ihren Kollegen in Normalarbeitsverhältnissen.

Gesundheits- und Sicherheitsstandards

Auch bezüglich der in Bergwerken zentralen Gesundheits- und Sicherheitsstandards werden Arbeiter je nach Vertragsart und Beschäftigungsform unterschiedlich behandelt. Der *Mine Health and Safety Act* von 1996 legt genau fest, wie die Minen mit Gesundheits- und Sicherheitsrisiken umzugehen haben. Es liegt in der Verantwortung der Minen – nicht der Subunternehmen – Gesundheit und Sicherheit zu garantieren. Obgleich die Minen durch den Einsatz von Sicherheitsbeauftragten und Sicherheitsrepräsentanten in ausreichendem Maß für die Sicherheit unter Tage sorgen, existieren in verschiedenen Arbeitsteams unterschiedliche Arbeitskulturen. Diese unter Tage florierenden »Kulturen« stehen in unmittelbarem Zusammen-

13 Teilweise wird die Lohnzahlung vollkommen umgangen, wie ein lokaler Regierungsvertreter berichtet: »Labour brokers are now hiring illegal foreigners. At the end of the month the broker meets the workers on a street corner and ›pays‹ them. Before meeting the workers, he calls the police and they arrive shortly after he has started paying them. Because the workers are not legal, when they see a police vehicle approaching, they run away. So the labour broker gets away with hiring illegal migrants, with exploiting them and not paying them« (zitiert nach Benya 2009).

hang mit den jeweiligen Arbeitsverträgen der Arbeiter. Da Leiharbeiter kommerzielle Verträge haben und für einen bestimmten Arbeitsauftrag bezahlt werden, werden Gesundheits- und Sicherheitsauflagen häufiger missachtet.

Besonders ersichtlich wird die Verwundbarkeit der Leiharbeiter angesichts des unterschiedlichen Zugangs zu Schutzkleidung. Die meisten SER-Arbeiter berichteten, dass ihnen die Schutzkleidung kostenlos von der Mine zur Verfügung gestellt wurde. Hingegen mussten die meisten Leiharbeiter die Kosten für ihre Schutzausrüstung mindestens anteilig selbst aufbringen. »I have never been given gloves and I work with chemicals every day; if I get burned or injured it's my responsibility. They told me that if I want gloves I must bring them from home«.

Die Leiharbeiter haben zwei Möglichkeiten, sich die Schutzausrüstung zu beschaffen: Erstens, indem sie einen Teil ihres Lohnes dafür ausgeben. In diesem Fall wird das Geld gewöhnlich in kleinen Raten von ihrem Gehalt abgezogen bis die Schulden beglichen sind. Zweitens, indem sie sich eine alte Ausrüstung von Freunden, Verwandten oder fest angestellten Minenarbeitern besorgen. Die fest angestellten Minenarbeiter erhalten die Schutzkleidung kostenlos von der Mine und können diese auf Kosten der Arbeitgeber alle sechs Monate erneuern. Falls sie allerdings eine Ausrüstung für einen anderen Arbeitsbereich, als den in dem sie arbeiten, nutzen möchten oder nach weniger als sechs Monaten neue Schutzkleidung erhalten wollen, müssen auch sie für diese bezahlen. Selbst wenn es um die Bereitstellung einer Schutzausrüstung geht, werden Arbeiter also ungleich behandelt.

Darüber hinaus können sich die Leiharbeiter nicht aussuchen, in welchem Bereich der Mine sie arbeiten – und das obgleich der *Mine Health and Safety Act* von 1996 das Recht unter gefährlichen Bedingungen die Arbeit zu verweigern, erweitert hatte. Die Forschungsergebnisse bestätigen den Eindruck, dass die Minen Leiharbeiter gezielt einsetzen, um in gefährlichen und instabilen Abbaukammern zu arbeiten und um Tätigkeiten zu verrichten, die SER-Bergarbeiter oder deren Gewerkschaften verweigern. In manchen Schachtebenen sind aufgrund der schlechten Gesteinsbedingungen ausschließlich Leiharbeiter tätig. SER-Minenarbeiter wurden dagegen teilweise von Abbaukammern abgezogen, wenn diese zu unsicher erschienen; Leiharbeiter sichern dann die instabilen Abschnitte oder setzen den Abbau unter unsicheren Bedingungen fort. In einem Interview wurde sogar berichtet, dass erwartet wurde, Sprengungen vorzunehmen während sie selbst noch unter Tage waren. Während einer teilnehmenden Beobachtung bestätigte sich, dass einige Arbeitsteams von Hand Sprengungen durchführten, während sich noch andere Arbeiter in der Mine befanden. Sprengungen aus der Hand sind gefährlich, garantieren aber als einzige, dass die ausgebeuteten Abbaukammern tatsächlich gesprengt werden.

Die meisten Minen haben Probleme mit Kabeldieben oder unautorisierten Bergarbeitern in den Schächten. Auch wenn die Zahl unautorisierter Minenarbeiter in den Platinminen geringer ist als in den Goldminen, ist der Diebstahl von Kupferkabeln ein ständiges Problem. Diebe, die es auf die Kupferkabel abgesehen haben, nutzen stillgelegte Schächte, um in die noch aktiven Teile der Mine zu gelangen. Besonders von Kabeldiebstahl betroffene Ebenen werden meistens zum Abbau durch Subunternehmen vergeben.

All diese Bedingungen erhöhen das Gesundheits- und Sicherheitsrisiko der Leiharbeiter. Hinzu kommt, dass sie keine Entschädigungen für arbeitsbedingte Krankheiten oder Verletzungen erhalten. Die Arbeitgeber übernehmen dafür keine Verantwortung. Während der ersten Forschungsphase berichteten fast alle Leiharbeiter, dass sie bei Arbeitsunfällen in die Notaufnahme des öffentlichen Krankenhauses in Rustenburg gebracht werden. Das Unternehmen vermeidet die Kosten für die medizinische Behandlung, indem es ihre Angestellten der staatlich garantieren Notversorgung überantwortet. Falls ein Arbeiter Schmerzensgeld verlange, drohe ihm das Unternehmen mit dem Rauswurf: »You dare not ask for injury compensation unless you want to go home and rest; they will fire you on the spot if you ask for compensation«. Ein anderer Arbeiter berichtete, »I'm not even sure if we are entitled to compensation; we are contract workers and most of us are foreigners«.

Die Segmentierung der Arbeiter zwischen SER-Angestellten und externalisierten Arbeitskräften spaltet die Arbeiterschaft also in eine Arbeiteraristokratie und eine Gruppe von benachteiligten und ausgeschlossenen Arbeitern (Sikakane 2003). Die Auslagerung von Beschäftigungsverhältnissen in Subunternehmen unterminiert nicht nur die Möglichkeit des Einzelnen, sich beruflich zu entwickeln, sondern unterwandert auch die Anwendung des Arbeitsrechts. Es ist offensichtlich, dass Informalität in regulären Unternehmen floriert; einige Arbeiter sind damit Formen von Verwundbarkeit und Ausbeutung ausgeliefert, vor denen sie weder die Gesetzgebung noch die Gewerkschaften schützen können.

Geschlecht und Staatsangehörigkeit

Als nächstes wollen wir darstellen, wie Geschlecht und Staatsangehörigkeit mit der Informalität am Arbeitsplatz interagieren und die Verwundbarkeit der Arbeiter verstärken. Der Fokus liegt dabei auf den Arbeitsverhältnissen fest angestellter Frauen im Bergbau, wobei wir davon ausgehen, dass die besondere Verwundbarkeit der Bergarbeiterinnen nicht aus der Form des Arbeitsvertrags resultiert, sondern Folge ungleicher Geschlechterverhältnisse ist. Denn unsere ethnographischen Beobachtungen der Alltagserfahrungen von Frauen in den Minen zeigen, dass der Fokus auf die Vertrags- und Beschäftigungsform nicht ausreicht, um die geschlechtsspezifische Verwundbarkeit zu verstehen. Aufgrund der maskulinen Arbeitskultur in den südafrikanischen Minen und der Darstellung des Bergbaus als machistisch, hochriskant und nur für Männer geeignete Arbeit, unterscheiden sich die Arbeitserfahrungen der Frauen von denen der Männer deutlich. Frauen gelten im Bergbau als Außenseiterinnen und werden häufig als temporäre, passive, minderwertige und im Vergleich zu ihren männlichen Kollegen weniger engagierte Arbeitskräfte erachtet (Beechey 1987; Sperling/Owen, 2000). Diese Stellung der Frauen in der Mine verdeutlicht die Spaltungen zwischen Arbeitern mit denselben Arbeitsverträgen: selbst in formal gleichwertigen Arbeitsverhältnissen wird den Frauen ein nachrangiger Status zugewiesen. Dieser Status der Frauen im Bergbau verdeutlicht, wie die Geschlechterverhältnisse im Zentrum kapitalistischer Produktionsverhältnisse wirken und die Art und Weise, wie die Arbeiter und Arbeiterinnen ihre Lohnarbeit erleben und beeinflussen.

Frauen arbeiten in der Regel in Jobs am unteren Ende der Arbeitshierarchie. Meist sind sie Ausrüstungshelferinnen, Aufseherinnen, Assistentinnen oder Lagerverwalterinnen; es handelt sich hier vor allem um unterstützende Rollen für die »Kernarbeiter«. Andere Frauen arbeiten informell als *pikinini*.[14] Zwar ist die Gruppe der *pikinini* in keiner der südafrikanischen Minen offiziell anerkannt, in der informellen Arbeitsorganisation werden darunter jedoch Arbeiter verstanden, die nicht unter Tage arbeiten, und denen deshalb das notwendige Wissen für die dortige Arbeit fehlt. Weil die machistische Kultur in den Minen Frauen als schwach und nur für

14 Ein *fanakalo*-Wort (ein Dialekt, in dem die Arbeiter unter Tage kommunizieren), das verwendet wird, um einen Assistenten zu bezeichnen; unter Tage ist es die Hauptaufgabe des Assistenten, die Tasche des Vorarbeiters zu tragen und für ihn Messungen vorzunehmen.

die Hausarbeit geeignet betrachtet, werden Frauen vor allem in Bereichen mit geringer körperlicher Belastung beschäftigt. Dies verstärkt wiederum die sexistische Ideologie weiblicher Häuslichkeit und das Bild der Frau als unterstützende Kraft im Hintergrund. Zusammenfassend kann festgestellt werden, dass Frauen im südafrikanischen Bergbau in Beschäftigungen am unteren Ende der Hierarchie über- und in Arbeitsbereichen am oberen Ende der Hierarchie unterrepräsentiert sind. Sie üben in den Minen die am wenigsten anerkannten Tätigkeiten aus, verdienen tendenziell weniger und ihre Arbeit ist selten mit zentralen Arbeitsbereichen der Mine verbunden. Infolgedessen werden sie auch seltener befördert als ihre Kollegen, die in den Abbaukammern arbeiten.

Weiterhin erhalten sie für ihre Arbeiten zum Beispiel als Ausrüstungshelferin weniger Extrazahlungen als Arbeiter, die direkt in den Strossen das Gestein sprengen. Solche Extrazahlungen sind direkt an die Produktion gekoppelt, so dass die Zulagen derjenigen, die nicht Teil der Produktionsteams sind, geringer ausfallen und von den Umsätzen der Produktionsteams abhängig sind. Obwohl das System der Extrazahlungen eingeführt wurde, um die Produktivität zu steigern, wird es faktisch auch verwendet, um Frauen als Minenarbeiterinnen zu diskriminieren. Die Arbeiterinnen gaben an, dass sie nicht in Arbeitsteams aufgenommen wurden, da die Männer befürchteten, sie könnten das Team verlangsamen und den Bonus der Arbeitsgruppe gefährden. Einige Frauen berichteten sogar, dass sie von ihren männlichen Kollegen, die fürchteten, die Zielvorgaben für die Bonuszahlung nicht zu erfüllen, aus den Abbaukammern verjagt wurden.

Um ihr Monatsgehalt zu steigern und befördert zu werden, berichteten uns diese Frauen, dass sie sexuelle Beziehungen mit Männern im Management eingehen. Solche als »carpet promotion« bezeichneten Arrangements sind weit verbreitet. Nach Auskunft einer der von uns interviewten Frauen, »without the stoping experience one stands a better chance of promotion when you have a relationship with a manager«, der deinen Aufstieg beeinflussen kann.

Weiterhin ist die Macht der männlichen Arbeiter unter Tage nicht zu unterschätzen. Wenn Arbeitsteams die Arbeit aufgrund von Streitigkeiten mit einzelnen Gruppenmitgliedern oder Vorarbeitern niederlegen, gibt das Minenmanagement diesen Forderungen gewöhnlich nach. Solche Proteste von männlichen Bergarbeitern führten zur Bildung rein weiblicher Arbeitsteams, die auf einigen Abbauebenen der Mine eingesetzt werden. Ein weiterer Grund, wieso diese Teams gebildet wurden, liegt darin, dass einige traditionelle Männer glauben, Frauen unter Tage brächten Unglück. Dieser Aberglaube verfestigt die Ausgrenzung von Frauen in den Minen und deren Distanz zu den Arbeitsteams in den Abbaukammern.

Auch der Umgang der Gruben mit Schwangerschaften und der *Mine Health and Safety Act* von 1996 erweisen sich als Faktoren, durch die Frauen finanziell besonders verwundbar sind. Die Bergbaurichtlinien verbieten schwangeren Frauen unter Tage zu arbeiten. Ihnen muss eine alternative Beschäftigung außerhalb der Stollen angeboten werden, die sie bis zur Entbindung ausüben können. Ist ein solcher Wechsel des Arbeitsbereichs nicht möglich, werden die Arbeiterinnen häufig gezwungen, vorzeitig und zum Teil unentlohnt in den Mutterschutz zu gehen. Der vorgeschriebene Mutterschutz kann so zwischen acht Monaten (wenn die Frau ihr Kind nicht stillt) und einem Jahr (wenn Frauen ihre Kinder stillen) dauern.[15] Wenn eine Frau gezwungen ist, früh in den verpflichtenden Mutterschutz zu gehen, bleibt ihr als einzige Einkommensquelle nur der Arbeitslosenfonds (*Unemployment Insurance Fund*, UIF). Dieser Fonds ist allerdings mit Einschränkungen und Auflagen verbunden. So ist der Bezug von Mutterschaftsgeld im *Unemployment Fund Act* Nr. 63 von 2001 auf bis zu knapp fünf Monate begrenzt. Außerdem zahlt der Fonds abhängig von der Dauer der Beschäftigung und der Summe der eingezahlten monatlichen Beiträge nur ein Gehalt in Höhe von 38 bis 60 Prozent des vorherigen Lohns aus. Dadurch bleibt den Frauen und ihren neugeborenen Kindern nur sehr wenig, um ihren Lebensunterhalt zu bestreiten. Wenn sie keine alternative Möglichkeit finden, Einkommen zu erwirtschaften, ist ihre finanzielle Situation deshalb sehr prekär.

Obgleich alle fest angestellten Arbeiter eine persönliche Schutzausrüstung erhalten, haben Arbeiterinnen oft das Problem, dass diese nicht »fraufreundlich« ist. Die gegenwärtigen Arbeitsanzüge in den meisten Minen sind Einteiler, was für viele Arbeiterinnen bei der Benutzung der Sanitäranlagen Probleme bereitet. Aufgrund des Designs der Arbeitsanzüge müssen Frauen, um die Toiletten zu benutzen, sich ganz entkleiden und dabei auch Stirnlampe und Helm, die sie gegen herabfallende Steine und Dunkelheit schützen, ablegen.

15 Die Entscheidung zu stillen oder nicht ist bedeutsam, da alle Arbeitskräfte, die länger als vierzehn Tage in Folge nicht unter Tage waren, sich einer Hitzeverträglichkeitsprüfung unterziehen müssen. Frauen entscheiden sich häufig gegen das Stillen, um die Erlaubnis zu erhalten, sich dieser Hitzeverträglichkeitsprüfung zu unterziehen.

Während gewöhnlich davon ausgegangen wird, dass Gewerkschaften alle ihre Mitglieder gleichermaßen vertreten (Flanders 1972), bevorzugen die Gewerkschaften im südafrikanischen Bergbau die Interessen der männlichen Arbeiter. Abgesehen von den Lohnverhandlungen fühlen sich die meisten Frauen von ihren Gewerkschaften nicht gleichermaßen vertreten. Dies gilt insbesondere mit Blick auf Forderungen nach adäquater Schutzkleidung und der schärferen Ahndung sexueller Belästigung, die bisher nur als individuelle Beschwerden gehandhabt werden. Als Folge des Desinteresses und der Passivität der Gewerkschaften gegenüber den Interessen und Anliegen der Arbeiterinnen, wussten viele Frauen noch nicht einmal, wer ihre Gewerkschaftsvertreter waren. Aus Angst vor einer weiteren Viktimisierung durch Gewerkschaftssekretäre oder das Personalmanagement melden viele Arbeiterinnen Belästigungen oder unfaires Verhalten nicht. »Union officials are friends with Human Resource officials and they sometimes gang up against us and disregard our complaints, labelling us lazy«. Eine andere Bergarbeiterin bestätigte exemplarisch für viele Interviews, dass die »union does not push much for women's struggles; they just think we are here to look pretty. They do not take our complaints seriously«.

Arbeitsmigranten aus den Nachbarländern stellen eine weitere prekäre Gruppe von Arbeitern in Normalarbeitsverhältnissen dar. Erneut ist die Verwundbarkeit nicht auf die Form ihres Arbeitsvertrages zurückzuführen. Sie resultiert in diesem Fall aus den Abkommen zwischen der südafrikanischen Apartheidsregierung und der ehemaligen portugiesischen Kolonialverwaltung des heutigen Mozambique. Auf der Grundlage dieses Abkommens, das 1928 unterzeichnet und 1964 erweitert wurde, erhalten die Arbeitsmigranten nur 40 Prozent ihres Lohnes ausbezahlt. Die restlichen 60 Prozent werden zurückbehalten und erst bei Rückkehr nach Mozambique ausbezahlt. Aufgrund dieser erzwungenen Rückführung der Löhne ins Herkunftsland bleiben selbst fest angestellten Minenarbeitern nur zwischen 1.200 und 3.000 R zum Überleben.[16] Die Arbeiter am unteren Ende dieser Spanne können häufig ihren Grundbedarf nicht decken. Die meisten mosambikanischen Arbeitsmigranten sehen sich deshalb gezwungen, zur Deckung des Grundbedarfs Überstunden zu machen.

---

16 Die meisten vermieteten Zimmer in Rustenburg und Umgebung kosten zwischen 700 und 1.000 R (wenn sie Strom haben), je nach Entfernung zu den Minen. Zusätzlich zur Miete müssen die Arbeiter Essen kaufen und zum Teil Geld für Verkehrsmittel zur Arbeit aufbringen.

Zwar sind die mosambikanischen Arbeiter in der Regel Gewerkschaftsmitglieder; sie dürfen aber aufgrund von Anweisungen des Arbeitsministeriums keine aktive Rolle in Tarifverhandlungen oder Gewerkschaftspolitik einnehmen (Chinguno 2012). Arbeitsmigranten sind ausdrücklich aufgefordert, sich nicht politisch in Gewerkschaften zu engagieren oder auf anderem Wege den status quo in Südafrika zu destabilisieren. Das heißt, die meisten Migranten aus Mozambique zahlen zwar ihre Gewerkschaftsbeiträge, nehmen aber nicht an den politischen Aktivitäten der Gewerkschaft teil.

Die Herausforderung neuer rechtlicher Rahmenbedingungen

In diesem Artikel wurden die Dimensionen der Verlagerung von Arbeitsverhältnissen in Subunternehmen im südafrikanischen Platingürtel untersucht. Dabei wurde gezeigt, dass eine genauere Untersuchung der Arbeitsbeziehungen notwendig ist, um die Logik der Informalität innerhalb regulärer Unternehmen zu verstehen. Die Heterogenität der Arbeitssituationen verstärkt und verfestigt sich durch die spezifischen Charakteristika der Arbeitskräfte: Frauen, ethnische Gruppen, Wanderarbeiter und Immigranten werden zusätzlich benachteiligt. Frauen verdienen weniger als ihre männlichen Kollegen, können nach dem Mutterschutz erst wieder arbeiten, wenn sie ihr Kind nicht mehr stillen und müssen sexuelle Dienstleistungen erbringen, um befördert zu werden. Viele Arbeiter ohne südafrikanische Staatsbürgerschaft erhalten, aufgrund von Vereinbarungen mit den Sendeländern aus der Zeit der Apartheid, nach wie vor nicht ihre vollen Löhne. Diese Benachteiligungen bestehen auch innerhalb formal regulärer Beschäftigungsverhältnisse und verstärken sich in irregulären Arbeitsverhältnissen, wie im Fall der Leiharbeiter.

Diese Forschungsergebnisse verdeutlichen die Notwendigkeit, die rechtlichen Rahmenbedingungen zu verändern, um die durch die Informalisierung entstandenen Spaltungen zwischen den Bergarbeitern zu überwinden. Hierfür schlug das Arbeitsministerium eine Gesetzesvorlage zur Regulierung der Zeit- und Vertragsarbeit vor. Der Entwurf sieht ein faktisches Verbot von Subunternehmen vor, die als formaler Arbeitgeber ausgelagerter Arbeiter dienen. Ausgenommen wären lediglich Subunternehmen, die hoch spezialisierte Arbeiten am oberen Ende der Arbeitsmarkthierarchie anbieten, beispielsweise im Schachtbau (Benjamin 2011). Das Arbeitsministerium schlägt zudem die Einrichtung von Arbeitsmarktintermediären[17] vor, die, jenseits der Leiharbeit, gezielt vor allem junge Arbeitslose rekrutieren, ausbilden und an Arbeitgeber vermitteln sollen. Damit verbunden wäre die Schaffung von Arbeitsmarktinstitutionen, die in ihren Beziehungen gegenüber Arbeitgebern und Arbeitnehmern aktiver und offensiver vorgehen. In einer Untersuchung ähnlicher Programme in den USA berichtet Chris Benner (2002: 88):

»These ›customized‹ programmes recruit employers to their service, design efforts – recruitment, training and placement – to be responsive to the needs of those employers and also reach out and recruit a labour force to match these job requirements […] they also bargain with firms or deploy power in order to alter firms' behaviour. These intermediaries see themselves as not only providing a service but also changing the terms of trade in the labour market«.

Tabelle 6: Relationale Struktur der am Arbeitsmarkt tätigen Vermittler

Beziehung mit den Arbeitnehmern	*Beziehung mit dem Arbeitgeber*	
	schwach	*stark*
schwach	Internetstellenbörsen	Zeitarbeitsfirmen
stark	Berufsorganisationen und Mitgliedsorganisationen	Gewerkschaftliche Arbeitsvermittlungen

Quelle: Benner 2002: 89.

Tabelle 6 verdeutlicht, wie eine solche Alternative konzipiert sein könnte. Die Matrix zeigt das Verhältnis des jeweiligen Arbeitsmarktintermediärs zu Arbeitnehmern und Arbeitgebern. Benner (2002: 90) argumentiert wie folgt:

»The relationship can be considered either strong or weak. On the worker side, a weak relationship might consist of a visit to an employment centre or job-board website, or taking a one-time course on résumé writing. By contrast, a strong relationship would involve a more intensive and longer-term interaction, such as for skills development or access to health benefits and professional networks. The same logic could be used on the employer side. A weak relationship would consist

17 Im Englischen *Labor Market Intermediaries* (LMIs); Anm. der Übersetzerin.

of simply listing a firm's job openings with a placement agency. A strong relationship would entail repeated use of an agency or a commitment to hire workers from the intermediary«.

Zusätzlich verweisen die Forschungsergebnisse darauf, dass die einst in den Minen vorherrschende Gewerkschaft die Arbeiter nicht mehr adäquat vertritt. Die Informalität unterminiert die regulären Arbeitsverhältnisse und schwächt dadurch die Gewerkschaft. Darüber hinaus verfehlen es die traditionell männlich dominierten gewerkschaftlichen Organisierungsstrategien, die Anliegen der neuen Minenarbeiterinnen aufzugreifen. Die Gewerkschaften sollten sich insbesondere mit den Herausforderungen der Frauen unter Tage beschäftigen und diese zu ihrem Thema machen. Darüber hinaus offenbaren die Forschungsergebnisse angesichts des prekären Status und der Bedingungen nicht-südafrikanischer Arbeiter die Notwendigkeit, dass sich die Gewerkschaften auf transnationaler Ebene in die Beziehungen mit den Sendeländern einmischen.

Heutige Arbeitsverhältnisse zeichnen sich mehr und mehr durch ein hohes Maß an Diversität aus. Gewerkschaften können folglich nicht mehr von einer Arbeiterschaft ausgehen, deren gemeinsame Interessen aus Homogenität erwachsen. Im Zeitalter der Informalität wird es darauf ankommen, Differenz anzuerkennen und darauf basierend, andere Formen der Solidarität am Arbeitsplatz zu entwickeln.

Literatur

Benjamin, Paul (2011), *Draft for presentation to Regulating for a Fair Recovery, to Regulate or Ban? Controversies over Temporary Employment Agencies in South Africa and Namibia*, Geneva.

Beechey, Veronica (1987), *Unequal Work: Questions for Feminism*, London.

Benner, Chris (2002), *Work in the New Economy: Flexible Labor Markets in Silicon Valley*, Oxford.

Benya, Asanda (2009), *Women in Mining: A Challenge to Occupational Culture in Mines*, Johannesburg, http://wiredspace.wits.ac.za/bitstream/handle/10539/7191/MA%20Research%20Report.pdf;jsessionid=EACB5D1A06C2FFAAF17BB768DE82B946?sequence=1, 12.07.2013.

Bezuidenhout, Andries, (2006), *Mining Externalization in South Africa After Apartheid*, SWOP, Wits, Draft Paper, Johannesburg.

— /Buhlungu, Sakhela (2011), »From Compounded to Fragmented Labour: Mineworkers and the Demise of compounds in South Africa«, in: *Antipode*, 43 (2), S. 237–263.

Bhowmik, Sharit (2010), *Street Vendors in the Global Urban Economy*, New Delhi.

Chen, Martha Alter (2005), *Rethinking the Informal Economy: Linkages with the Formal Economy and the Regulatory Environment*, WIDER Research Paper, 10, New York.

Chinguno, Chrispen (2012), *Mineworker's Fragmentation and Violence* (Forthcoming), Johannesburg.

Crush, Jonathan/Ulicki, Theresa/Tseane, Tke/van Veuren, Elizabeth (2001), *Undermining Labour: Migrancy and Subcontracting in the South African Gold Mining Industry*, Southern Africa Migration Project, Migration Policy Series, 15.

Department of Minerals and Energy (2005), *Average Employment in the Mining Sector.*

Devey, Richard/Skinner, Caroline/Valodia, Imraan (2003), *Informal Economy Employment Data in South Africa: A critical analysis*, Cape Town.

Facts & Figures 2011, Chamber of Mines of South Africa, Johannesburg, http://www.bullion.org.za/content/?pid=71&pagename=Facts+and+Figures.

Facts & Figures 2008, Chamber of Mines of South Africa, Johannesburg, http://www.bullion.org.za/content/?pid=71&pagename=Facts+and+Figures.

Flanders, Allan (1972), »What are trade unions for?«, in: McCarthy, W.E. (Hg.), *Trade Unions*, Harmondsworth.

Friedman, Thomas L. (2005), *The World is Flat: A Brief History of The 21st Century*, New York.

Gouldner, Alvin Ward (1954), *Patterns of Industrial Bureaucracy*, New York.

Hamann, Ralph/Bezuidenhout, Andries (2007), »The Mining Industry«, in: Fig, David (Hg.), *Staking their Claims*, Pietermaritzburg, S. 95–140.

Hart, Keith (1973), »Informal Income Opportunities and Urban Employment in Ghana«, in: *The Journal of Modern African Studies*, 11 (1), S. 61–89.

ILO (1997), *International Labour Conference 85th Session, Report VI, Contract Labour, 6th item on the Agenda*, Geneva.

— (1972), *Employment, incomes and equality: A strategy for increasing productive employment in Kenya*, Geneva.

Joffe, Avril/Kaplan, David/Kaplinsky, Raphael/Lewis, David (1995), *Improving manufacturing performance in South Africa*, Cape Town.

Kenny, Bridget/Bezuidenhout, Andries (1999), »Fighting Subcontracting: Legal Provisions and Negotiating Strategies«, in: *South African Labour Bulletin*, 23 (3).

Kenny, Bridget/Webster, Edward (1998), »Eroding the core: Flexibility and the resegmentation of the South African labor market«, in: *Critical Sociology*, 24 (3), S. 216–243.

Malherbe, Stephan (2000), *A Perspective on the South African Mining Industry in the 21st Century*, Report prepared by the Graduate School of Business of the University of Cape Town in Association with Genetics Analytics, Cape Town.

National Economic Development and Labour Council (NEDLAC) (1997), *Report of Phase One of the Workplace Challenge: A Project of the National Economic Development and Labour Council*, Johannesburg.

Peck, Jamie (1996), *Work-place: The Social Regulation of Labour Markets*, New York.

Redford, Guilford M.(1999), *Leaner and Smarter Outsourcing in the Mining Industry*, The South African Institute of Mining and Metallurgy, 24–25 February 1999.

Sikakane, Lungelo Elwyn (2003), *Subcontracting in Gold Mining: Western Deep Level Mine, Carletonville*, Johannesburg.

South African Government News Agency, *Marikana Micro-Lenders: Davies Issues Warning, 12 October 2012*, http://www.sanews.gov.za/south-africa/marikana-mi c ro-lenders-davies-issues-warning-0, 04.04.2013.

Sperling, Liz/Owen, Mairead (2000) (Hg.), *Women and Work: The Age of Post-Feminism?*, Burlington.

Theobald, Stuart (2013), »Widespread Abuse of Garnishee System Threatens Social Stability«, in: *Business Day Live*, 25.03.2013, http://www.bdlive.co.za/opinion/columnists/2013/03/25/widespread-abuse-of-garnishee-system-threatens-social-stability, 04.04.2013.

Theron, Jan (2005) »Employment is Not What it Used To Be: The Nature and Impact of Work Restructuring in South Africa«, in Webster, Edward/Von Holdt, Karl (Hg.), *Beyond the Apartheid workplace: Studies in Transition*, Scottsville.

— /Godfrey, Shane/Lewis, Peter, (2005), *The Rise of Labour Broking and Its Policy Implications*. Development and Labour Law Monographs 1, Cape Town.

Webster, Edward/Benya, Asanda/Dilata, Xoliswa/Joynt, Katherine/Ngoepe, Kholofelo/Tsoeu, Mariane (2008), *Making Visible The Invisible: Confronting South Africa's Decent Work Deficit*, Department of Labour, SWOP, Wits, Johannesburg.

Gesetze

The Mine Health and Safety Act, Act 26 1996.

National Economic Development and Labor Council (NEDLAC) *Act*, 1994.

The Labor Relations Act, 1995 (LRA).

The Basic Conditions of Employment Act, 1997 (BCEA).

The Skills Development Act, 1998.

The Employment Equity Act, 1998.

The Social Plan Act, 1998.

The Mine Health and Safety Act, 1996.

The Mineral and Petroleum Resources Development Act, 2002.

Republic of South Africa, Treaty Series No. 11/1964, *Agreement between the Government of the Republic of South Africa and the Government of the Republic of Portugal regulating the employment of Portuguese workers from the Province of Mozambique on certain*

mines in the Republic of South Africa, Lisbon, 1964 adopted 1st January, 1965, Ammended by exchange of Notes: 24th February, 1971 and 11th May, 1971.
Mineral and Petroleum Resources Development Act, Act 28 of 2002, The Government Printers, Pretoria.

Sklavenarbeit: Marginal oder modern?

Eine kritische Analyse der Diskurse zu Zwangsarbeit und Menschenhandel in Brasilien[1]

Lisa Carstensen

In einer 2005 veröffentlichten Studie schätzten Analyst_innen der Internationalen Arbeitsorganisation (ILO) die Zahl der von *Zwangsarbeit*[2] betroffenen Menschen auf weltweit 12,3 Millionen (ILO 2005). Im Rahmen einer erneuten Schätzung wurde die Zahl 2005 auf 20,9 Millionen korrigiert (ILO/SAP-FL 2012). Beide Berichte erfüllen unterschiedliche methodische Voraussetzungen; sie sind daher nicht vergleichbar. Der beachtliche Unterschied in absoluten Zahlen ist aber dennoch diskussionswürdig, da ihm einerseits Veränderungen in den Dynamiken von Arbeits- und Migrationsprozessen zugrunde liegen, er andererseits aber auch auf eine veränderte diskursive Auseinandersetzung mit dem Thema hindeutet. Erst die Anerkennung, Diskussion und Umsetzung entsprechender normativer Setzungen (z.B. Konventionen) ermöglicht es schließlich, Zwangsarbeitsbeziehungen auf lokaler und nationalstaatlicher Ebene zu identifizieren und zu erfassen. Gerade weil die ILO-Schätzungen auf einem doppelten Sampling von in Berichten, Statistiken und Medienberichten erfassten Fällen basieren (ebd.: 21 f.), weist jede Aussage über Zwangsarbeit in erster Linie auf die Frage hin, welche Fälle von unterschiedlichen Akteure als solche begriffen und behandelt werden. Obwohl eine Veränderung in der empirischen Relevanz von Zwangsarbeitsverhältnissen nicht bestritten wird, liegt der Fokus dieses Artikels auf einer kritischen Diskursanalyse der Begriffe *Zwangsarbeit*, *moderne Sklavenarbeit* und *Menschenhandel*, welche Aufschluss

---

1 Für die Kommentierung einer frühen Version dieses Textes sowie für spannende Diskussionen danke ich Johanna Neuhauser und den Herausgebern dieses Bandes. Mögliche Fehler wiederum sind natürlich meine eigene Verantwortung.

2 Eine kritische Begriffsanalyse muss zwangsläufig mit den behandelten Begriffen arbeiten und sie dabei wiederholen. Im Folgenden werden die Begriffe *Sklaverei*, *Zwangsarbeit*, *unfreie Arbeit*, *moderne Sklavenarbeit* und *Menschenhandel* entsprechend des Verständnisses der zitierten Autoren übernommen. Bei dem Begriff *moderne Sklavenarbeit* handelt es sich um die Übersetzung des brasilianischen Konzepts *Trabalho Escravo Contemporâneo*, weswegen er ausschließlich unter Bezug auf den brasilianischen Kontext verwendet wird.

über die theoretischen Implikationen normativer Abgrenzungen von Zwangsarbeitsverhältnissen sowie ihre arbeitspolitische Verortung geben soll.

Theorie, Gegenstand und Methode

Als Diskurs wird hier in Anlehnung an Hajer (2006) ein »ensemble of ideas, concepts, and categories through which meaning is given to social and physical phenomena« verstanden (ebd.: 67). Jäger (2001) geht in seinem Foucault'schen Diskursbegriff davon aus, dass Diskurse als »Fluss von Wissen« Handeln ermöglichen und strukturieren. Sie liegen im Zentrum gesellschaftlicher Machtverhältnisse, da die Produktion von Wissen und Wahrheit als »Grundlage für individuelles und kollektives Handeln und die Gestaltung von Wirklichkeit« dient (ebd.: 87). Daraus folgt, dass kritische Diskursanalyse Politik nicht auf ihre Wirksamkeit befragt, sondern die hinter dieser liegenden Konzepte und Begriffe in den Mittelpunkt stellt. Das Ziel einer solchen problemimmanenten Untersuchung ist es, Bezüge, Argumentationen und Widersprüche herauszuarbeiten, indem die epistemologischen Bedingungen der Wissensproduktion hinterfragt werden. Für diesen Beitrag wurde neben einer kritischen Aufarbeitung des Forschungsstands zu Sklavenarbeit eine systematische Durchsicht der Berichtssysteme einschlägiger Institutionen ab dem Jahr 2001 und Expert_inneninterviews in internationalen wie brasilianischen Organisationen durchgeführt.

Die Definition des Begriffs *unfreie Arbeit* wird kontrovers diskutiert. Wenn es auch ganz verschiedene Typologien gibt, so unterscheiden die meisten zwischen *Zwangsarbeit*, welche auf Entführung und Verschleppung der Opfer basiert (*Chattel Slavery*), und unterschiedlichen Formen der *Schuld knechtschaft*, wovon einige von einer im Migrationsprozess akkumulierten Schuld und andere in traditionellen Kreditsystemen verankert sind (ILO 2001, 2005). Eine weitere wichtige Unterscheidung ist die zwischen *staatlicher* und *privat* induzierter *Zwangsarbeit* und im Rahmen Letzterer zwischen *sexueller* und *ökonomischer Ausbeutung* (ILO 2005: 12).[3] In Brasilien hat

3 Gemeinsam ist allen Definitionen, dass sie – entgegen einem Alltagsverstand von Sklavenarbeit – die Frage, ob es sich bei unfreier Arbeit um bezahlte oder unbezahlte Arbeit handelt, weitgehend ausklammern. Nichtsdestotrotz besteht aber ein Konsens darüber,

das Thema besondere Relevanz[4] und wird in Politik und Wissenschaft rege diskutiert. Zwangsarbeit wird dabei als *Trabalho Escravo Contempoâneo* (*Moderne Sklavenarbeit*) bezeichnet (CPT 2012; ILO Brasilien 2011). Dieser Begriff wurde zur Benennung der während der 1970er Jahre im Rahmen eines Modernisierungsprojektes in der Amazonasregion massiv aufgekommenen Arbeits- und Menschenrechtsverletzungen entwickelt. Es handelt sich einerseits um eine explizite politische Anklage und andererseits um die Beschreibung spezifischer, auf einer zeitgenössischen Form der Schuldknechtschaft sowie systematischer Gewalt basierender Arbeitsverhältnisse (Rezende Figueira 2004; Esterci 1994).

Gegenstand der vorliegenden Diskursanalyse ist die proklamierte *Globale Allianz gegen Zwangsarbeit* (ILO 2005), in deren Rahmen das Thema aufgegriffen und bearbeitet worden ist. Das institutionelle Geflecht zur Bekämpfung moderner Sklavenarbeit in Brasilien manifestiert sich in einer Allianz von Regierungs- und Nichtregierungsorganisationen, Gewerkschaften, Kirchen und Expert_innen, welche in der *Nationalen Kommission zur Abschaffung moderner Sklavenarbeit* vertreten sind (Rezende Figueira 2012: 115ff.). Der Diskurs ist daher zwischen einer politikorientierten und akademischen Debatte angesiedelt, wobei es auffällig viele Überschneidungen zwischen beiden Sphären gibt. Der ausgewählte Zeitraum der Analyse fällt mit der zunehmenden Prominenz der infolge des *Palermo-Protokolls* entstandenen Diskussion um die Definition von *Menschenhandel* zusammen. Deren Auswirkungen auf die Definition und Analyse von Zwangsarbeit soll untersucht werden, da davon ausgegangen wird, dass eine wichtige Begründung für den Wandel des Begriffs von Zwangsarbeit in einer veränderten diskursiven Bearbeitung von Migrationsprozessen liegt.

Es werden in einem ersten Schritt unterschiedliche in Wissenschaft und Politik verwendete Definitionen diskutiert, um zu einem Verständnis darüber zu gelangen, welche Vorannahmen in den Begriffen von *unfreier Arbeit*

---

dass unfreie Arbeit billiger ist als andere Formen der Arbeitsverhältnisse (vgl. z.B. ILO 2005).

4 Laut Angaben des brasilianischen Arbeitsministeriums wurden im Zeitraum von 2003 bis 2011 insgesamt 33.392 Personen durch Arbeitsinspekteure aus Situationen moderner Sklavenarbeit befreit (MTE 2011). Moderne Sklavenarbeit wird vor allem in den folgenden Sektoren beobachtet: Viehwirtschaft, Waldwirtschaft, landwirtschaftliche Produktion (Soja, Baumwolle, Mais, Reis, Bohnen und Kaffee) (Maranhão Costa 2009: 71ff.), Ethanolproduktion (McGrath 2012a), urbane Bekleidungsindustrie (Illes u.a. 2008; McGrath 2012b) sowie Inspektionsberichten zufolge in der Baubranche (MTE 2013).

impliziert sind. In einem zweiten Schritt werden diskursive Arenen,[5] in welchen die jeweiligen Aussagen verortet sind, beschrieben. Hierbei können vier Arenen, namentlich die *Menschenrechtspolitik*, *Entwicklungspolitik*, *Migrationspolitik* und *Arbeitspolitik*, identifiziert werden. Die Ebene der *Geschlechterverhältnisse* liegt quer zu diesen vier Arenen und wird daher gesondert analysiert. Die zentrale These dieses Textes lautet, dass sich die Definitionen immer in einem Spannungsfeld zwischen der Abgrenzung und Isolierung extremer Fälle und der Bearbeitung genereller arbeitspolitischer Fragestellungen bewegen.

Begriffliche Kontroversen und empirische Befunde

Der juristische Begriffsapparat hat eine zentrale Bedeutung für die Analyse, da er die normativen und handlungsleitenden Definitionen festlegt, durch deren Existenz der Gegenstand erst als Objekt regulierender Politiken konstituiert wird. Im Mittelpunkt der Diskussion stehen die für diese Definitionen zentralen Begriffe von *Zwang* versus *Freiheit* sowie *Ausbeutung*. Die dahinter liegenden theoretischen Kontroversen werden im Folgenden herausgearbeitet.

Konventionen und Gesetze

Der Völkerbund verabschiedete 1926 die *Erklärung über die Sklaverei*, welche diese anhand der Eigentumsrechte an einer Person definierte. In den 1950er Jahren wurde diese Definition durch die Vereinten Nationen überarbeitet und um Begriffe von Schuldknechtschaft, Leibeigenschaft und unterschiedliche Formen der Zwangsheirat und Kinderarbeit ergänzt. Das zentrale Definitionskriterium ist in diesem Zusammenhang die Macht einer Person über eine andere, welche entweder über Eigentumsrechte oder unterschiedliche Formen der Gewalt durchgesetzt wird. Diese Definition entstand im historischen Kontext der Dekolonialisierung und eines universalisierenden Modernisierungs- und Menschenrechtsdiskurses (ILO 2001: 10f.). Die ILO verwendet hingegen den Begriff Zwangsarbeit und defi-

5 Als diskursive Arena soll das Feld diskursiver Bezüge, welches den Kontext für die Kontroversen und Debatten innerhalb eines Diskurses darstellt, bezeichnet werden.

nierte diese 1930 in der Konvention Nr. 29 als »jede Art von Arbeit oder Dienstleistung, die von einer Person unter Androhung irgendeiner Strafe verlangt wird und für die sie sich nicht freiwillig zur Verfügung gestellt hat«. Eine weitere Konvention aus dem Jahr 1957 (Nr. 105) bestimmt, dass Zwangsarbeit nicht für Zwecke der wirtschaftlichen Entwicklung oder als Mittel politischer Erziehung, Maßnahme der Diskriminierung, Arbeitsdisziplinierung oder als Strafe für die Teilnahme an Streiks eingesetzt werden darf. Auch hier waren der historische Kontext der Dekolonialisierung sowie die Eindrücke der Zwangsarbeit der indigenen Bevölkerung, im Dritten Reich und in der Sowjetunion ausschlaggebend. Ein weiteres relevantes Dokument ist das im Jahr 2000 durch die UN in Palermo verabschiedete *Zusatzprotokoll zur Verhütung, Bekämpfung und Bestrafung des Menschenhandels*. Die hier festgelegte Definition von *Menschenhandel* umfasst mehrere Elemente: Zunächst wird eine Aktion, charakterisiert als »Anwerbung, Beförderung, Verbringung, Beherbergung oder Aufnahme von Personen« mit bestimmten Mitteln (»Androhung oder Anwendung von Gewalt oder anderen Formen der Nötigung«) zum Zweck der Ausbeutung beschrieben. Ausbeutung ist wiederum definiert als »mindestens die Ausnutzung der Prostitution anderer oder andere Formen sexueller Ausbeutung, Zwangsarbeit oder Zwangsdienstbarkeit, Sklaverei oder sklavereiähnliche Praktiken, Leibeigenschaft oder die Entnahme von Organen« (UNODC 2005: Art. 3a).

Diese verschiedenen Definitionen sind in unterschiedlichen historischen Kontexten entstanden, nehmen aufeinander Bezug und ergänzen sich gegenseitig. Die verschiedenen institutionellen, historischen und diskursiven Hintergründe lassen aber auch jeweils unterschiedliche interpretative Rahmen, Priorisierungen und Bearbeitungsmechanismen zu. Definitionen und Gesetze unterliegen darüber hinaus einer permanenten Überprüfung und potentiellem Wandel. In diesem Kontext ist hervorzuheben, dass die Diskussion um das *Palermo-Protokoll* zu wesentlichen Verschiebungen im Diskurs um Sklaverei und Zwangsarbeit führt.[6] Erstens verschiebt sich die Definition von Zwang dadurch, dass in Abschnitt b des Protokolls präzisiert wird, dass die Einwilligung eines Opfers zur beschriebenen Situation irrelevant ist, wenn eines der beschriebenen Mittel ange-

6 Deutlich wird dies anhand des Umstands, dass seit März 2013 in der ILO ein Diskussionsprozess um die Entwicklung ergänzender Instrumente zu den bestehenden Konventionen stattfindet, bei denen es darum geht, »Menschenhandel zum Zweck der Arbeitsausbeutung« zu adressieren (ILO 2013).

wendet wird (ebd.: Art. 3b). Im Unterschied zur Debatte um Zwangsarbeit werden zweitens in erster Linie nicht-staatliche und kriminelle Formen der Ausbeutung beschrieben. Drittens wurde das Element von Bewegung und Migration zu einem konzeptuellen Bestandteil der Definition erhoben. Ein vierter Punkt betrifft die Einführung des Begriffs *Ausbeutung*. Dieser wird im *Palermo-Protokoll* nicht analytisch definiert. Es wird zwar eine Reihe von potenziell ausbeuterischen Verhältnissen aufgezählt, nicht aber präzisiert, wodurch diese sich im Einzelnen von anderen Verhältnissen abgrenzen.

Diese Verschiebung im Gegenstand des Diskurses von *staatlich verordneter Zwangsarbeit zu privatwirtschaftlich auferlegter Zwangsarbeit* lässt sich auch am Fokus der Berichterstattung nachvollziehen (ILO 2001: 10f). Die Autoren der aktuellen ILO-Schätzung gehen davon aus, dass 90 Prozent der beobachteten Fälle von Zwangsarbeit in der Privatwirtschaft angesiedelt sind. Weiter beobachten sie, dass 22 Prozent der Fälle sexuelle Ausbeutung und 68 Prozent wirtschaftliche Ausbeutung betreffen (ILO/SAP-FL 2012: 13f.). Bezüglich des Zusammenhangs zwischen Menschenhandel und Zwangsarbeit schweigt der aktuelle ILO-Bericht; in der Schätzung von 2005 wurde aber davon ausgegangen, dass 20 Prozent der Opfer von Zwangsarbeit auch von Menschenhandel betroffen sind (ILO 2005: 15). Insbesondere wenn bedacht wird, welche Aufmerksamkeit dem Phänomen in der Forschungsliteratur gewidmet wird, ist auffällig, dass die Datenlage zum Menschenhandel sehr dürftig ist. Im aktuellen thematischen Bericht der Vereinten Nationen werden weltweit etwa 43.000 den Behörden zwischen 2007 und 2010 bekannte Fälle als Ausgangslage der Diskussion genommen (UNODC 2013: 26). Auch hier geben die Fallzahlen wenig Aufschluss über die empirische Relevanz des Phänomens, sondern können in erster Linie als Indikator für die Bedeutung, die dem Thema durch die lokalen und internationalen Akteure beigemessen wird, gesehen werden.

Im brasilianischen Strafrecht wird über die ILO-Konvention Nr. 29 teilweise hinausgegangen. Artikel 149 des Strafgesetzbuches definiert »Bedingungen analog zur Sklavenarbeit« anhand unterschiedlicher Mechanismen der Freiheitsberaubung (Schulden, Waffengewalt) und schließt seit einer Gesetzesänderung im Jahr 2003 auch unwürdige Arbeitsbedingungen und erschöpfende Dienstzeiten ein (Código Penal 2003). Hingegen bleibt die brasilianische Rechtsprechung – trotz Ratifizierung des *Palermo-Protokolls* – de facto hinter dessen Bestimmungen zurück, da in erster Linie sexuelle Ausbeutung und Zuhälterei gemäß des Artikels 231 als Menschenhandel behandelt werden. Die aus dieser Unklarheit resultierende

Auseinandersetzung um unterschiedliche Formen des Menschenhandels ist Gegenstand aktueller feministischer Kritik.[7]

Begriffsanalyse

Zwang versus Freiheit

Die Frage nach der Freiwilligkeit von Erwerbsarbeit in kapitalistischen Verhältnissen wurde im Rahmen der akademischen Debatte um *freie* und *unfreie Arbeit* ausführlich bearbeitet (für einen Überblick: Brass 2011). Unfreie Arbeitsverhältnisse sind diesem Verständnis nach in erster Linie durch »extra-ökonomischen Zwang« ausgezeichnet. Sie können entweder als Strategie gezielter »Deproletarisierung« und somit Schwächung von Segmenten der Arbeiterklasse (ebd.) oder als »Disguised Wage-Labour« (Banaji 2003) verstanden werden. Im Rahmen einer Neuauflage der *Free and Unfree Labour Debate* durch eine britische Arbeitsgruppe wurde diese Frage vor dem Hintergrund des sich verändernden Verständnisses von Zwangsarbeit und Menschenhandel erneut aufgegriffen. In diesem Zusammenhang argumentiert O'Neill (2011), dass sich unfreie Arbeitsbeziehungen aus einer Reihe von Unfreiheiten zusammensetzen, die in der sozio-ökonomischen Ausgangslage der Arbeitenden sowie in der Regulierung von Arbeits- und Migrationsregimen liegen. Es stellt sich dann die Frage, welche Formen und Momente der Unfreiheit für die Definition geltend gemacht werden sollten. Vielfach wurde daher in der akademischen Debatte des letzten Jahrzehntes darauf hingewiesen, dass eine analytische Trennung zwischen freien und unfreien Arbeitsbeziehungen auch eine Isolierung der beschriebenen unfreien Arbeitsverhältnisse von ihren politischen und sozio-ökonomischen Rahmenbedingungen bedeutet. Der Appell vieler Autor_innen, die vielfältigen Ausprägungen im Verhältnis zwischen Freiheit und Unfreiheit in der Arbeitsbeziehung als ein Kontinuum (Banaji 2003; O'Connell Davidson 2010; Rogaly 2008) zu begreifen, hat sich inzwischen weitgehend durchgesetzt. Cyrus u.a. (2010) führen dagegen das Bild einer Pyramide ein, an deren Basis »einvernehmlich eingegangene ungünstige Beschäftigungsverhältnisse« und an deren Spitze die »zahlenmäßig wahrscheinlich gerin-

7 Hierbei wird die noch unvollständige gesetzliche Umsetzung des *Palermo-Protokolls* hervorgehoben. Darüber hinaus wird der Begriff der »sexuellen Ausbeutung« als unscharf kritisiert, da er die entsprechenden (Sex-)Arbeitsverhältnisse verschleiert (Piscitelli 2008: 41f.; Vasconcelos/Bolzon 2008: 85).

gen Fälle« von Arbeitsverhältnissen nach der Definition von »Menschenhandel zum Zweck der Arbeitsausbeutung« stehen (ebd.: 91).

Die definitorische Abgrenzung freier und unfreier Arbeit kann also in erster Linie als eine moralische und normative Abgrenzung beschrieben werden (Morgan/Olsen 2009: 11). Deutlich wird auch, dass die Analyse unfreier Arbeit weitgehende Auswirkungen darauf hat, wie der Begriff Freiheit in liberalen Arbeitsmärkten verstanden wird. Banaji (2003) wendet sich gegen eine unkritische Übernahme der Kategorien freier und unfreier Arbeit, denn über diese werde die liberale Fiktion freier Arbeitsverträge renaturalisiert (ebd.: 91).

Analytisch kann diese Debatte von Kontroversen zum Begriff informeller Arbeit profitieren. In Bezug auf die Abgrenzung eines lateinamerikanischen informellen Sektors hatte Pries (1996) die »grundlegend dualhierarchische Denkfigur« (ebd.: 8) kritisiert, da mit der dualen Konzeption von informellen und formellen Arbeitsverhältnissen eine Hierarchisierung der objektiven Arbeits- und Beschäftigungsbedingungen einherginge. Daraus resultiere auch eine subjektive Hierarchie der »handelnden Erwerbspersonen« (ebd.: 14f.). Formell und informell können aber nur in Beziehung zueinander verstanden werden; nur wenn es formelle Arbeitsverhältnisse gibt, können die informellen beschrieben werden (ebd.: 20). Ein solch relationaler Begriff ermöglicht es auch Mayer-Ahuja (2012) nachzuzeichnen, wie Informalität diskursiv als das »Andere« oder »Un-Normale« definiert wird: »Die Abgrenzung ist jedoch alles andere als stabil« (ebd.: 291).

So verstanden treffen die normativen Definitionen der (inter-)nationalen Arbeitsstandards eine permanente Abgrenzung zwischen tolerablen und nicht-tolerablen Formen der Unfreiheit. Diese Grenzsetzung kann als konstruiert und willkürlich interpretiert werden (O'Connell Davidson 2010). Sie ist aber in jedem Fall Ausdruck diskursiver Rahmung, Begründung und Legitimierung, welche das Fundament für Arbeitsmarktpolitiken darstellen, und muss als solche Gegenstand der Kritik sein: Obwohl jede Aussage über unfreie Arbeit zugleich eine Aussage über das Maß »normalen« Zwangs in zeitgenössischen kapitalistischen Arbeitsverhältnissen impliziert, wird unfreie Arbeit als Extremfall außerhalb des Alltagsgeschäftes gestellt; als zu bekämpfende und zu ächtende Menschenrechtsverletzung muss sie permanent von anderen (unter Umständen ähnlichen) Arbeitssituationen isoliert werden und somit kapitalistischen Arbeitsmärkten zunächst äußerlich erscheinen.

Ausbeutung vs. Nicht-Ausbeutung

Durch die Berücksichtigung der Definition von *Menschenhandel* bedarf es einer Analyse des dort prominent platzierten Begriffs der *Ausbeutung* im Verhältnis zur Gesamtheit möglicher Arbeitsbeziehungen. Während das Protokoll nicht darauf abzielt, Ausbeutung als solche, sondern die Prozesse, die zu einer Ausbeutungssituation führen, strafrechtlich zu behandeln, ist es auf diskursanalytischer Ebene durchaus relevant, wie dieser Begriff mit Inhalt gefüllt wird. Denn um der Vielfalt an denkbaren Ausbeutungssituationen gerecht zu werden, müsste auch eine Kontinuumslinie zwischen *Ausbeutung* und *Nicht-Ausbeutung* eingeführt werden.

Eine Inspirationsquelle könnte in diesem Zusammenhang die Diskussion um Prostitution als Sexarbeit sein. Empirische Forschungen hinterfragen den *a priori* für ein Verständnis sexueller Ausbeutung angenommenen Zusammenhang zwischen Zwang, Ausbeutung und Sexarbeit und lenken den Blick auf die Frage der Regulierung der entsprechenden Arbeitsverhältnisse (Vasconcelos/Bolzon 2008: 85). Dabei wird deutlich, dass im Rahmen einer solchen Definition von Ausbeutung die Gefahr besteht, dass der Arbeitsbegriff dahinter verschwindet. Ausbeutung findet aber gerade im Rahmen einer wie auch immer gearteten Arbeitsbeziehung statt, die folglich im Mittelpunkt stehen müsste. Wieder bezogen auf den Begriff der *unfreien Arbeit* plädiert Lerche (2007) zudem dafür, den Blick auf die die Arbeitsverhältnisse konstituierenden Bedingungen zu lenken: »[P]resent day unfree labour relations are best understood in conjunction with labour relations in general, neo-liberal globalization and country-specific conditions« (ebd.: 426). Stattdessen wäre in der Diskussion um den Ausbeutungsbegriff im *Palermo-Protokoll* aufgrund der Fokussierung auf die Rahmenbedingungen ein marxistischer Begriff von Ausbeutung – welcher davon ausginge, dass jede Form der Arbeitsbeziehung aufgrund des produzierten Mehrwertes eine ausbeuterische Konnotation hat (Banaji 2003: 82) – nicht denkbar, beziehungsweise führt den Versuch einer analytischen Abgrenzung normaler von anormaler Ausbeutung in kapitalistischen Arbeitsverhältnissen ad absurdum. Es wäre an dieser Stelle möglich zu argumentieren, dass im Rahmen einer normativen Abgrenzung Mindeststandards bezüglich der Bedingungen, unter denen eine Arbeitssituation als Ausbeutung gelte, eingezogen werden könnten. Wie in der vorherigen Diskussion träfe eine solche normative Definition zugleich eine Aussage über das Maß normaler und tolerabler Ausbeutung in kapitalistischen Arbeitsverhältnissen und liefe Gefahr einer Normalisierung der nicht in diese Definition fallenden Ausbeutungserfahrungen.

Die Diskussion der Abgrenzungskriterien der in den Konventionen genannten Begriffe stellt folglich kein rein technisches Operationalisierungsproblem dar, sondern betrifft die generelle Frage nach der Konzeptionalisierung von Lohnarbeit im Kapitalismus. Die Idee von Freiheit und Würde der Arbeit kann nur als negative Idee (Morgan/Olsen 2009), also Abwesenheit von Zwang und Ausbeutung, verstanden werden. Zwang und Ausbeutung werden somit zu einem dysfunktionalen, kapitalistischen Arbeitsmärkten externen Phänomen und Zwangsarbeit und Menschenhandel isoliert als kriminelles Verhalten bearbeitet. Trotz Einbeziehung der Kontextfaktoren von Erwerbsarbeit bleibt die Definition *unfreier Arbeit* ein Extremfall am Rande zweier Kontinuen, dem zwischen *Freiheit* und *Unfreiheit* sowie dem zwischen *Ausbeutung* und *Nicht-Ausbeutung*.

Würde als Abgrenzungskriterium?

Eine alternative Argumentation findet sich im brasilianischen Diskurs. Durch den im Gesetzestext verankerten Begriff *unwürdige Arbeitsbedingungen* findet im Rahmen der Auseinandersetzung um *moderne Sklavenarbeit* auch eine Debatte über Kriterien für die Bestimmung *würdiger Arbeit* statt. Mannigfaltig sind die Analogien, mit denen die Arbeitenden ihrer Menschlichkeit beraubt und Tieren gleichgestellt werden (Vasconcelos 2011). Ein kritischer Gegendiskurs, getragen durch NGOs, Presse und Regierungsinstitutionen, greift diese Bilder auf und skandalisiert das dahinter liegende Menschenbild. Auf der anderen Seite ist diese Diskursintervention auch umstritten und wird beispielsweise von Unternehmerseite scharf kritisiert.[8] Deutlich wird die analytische und diskursive Schwierigkeit, die für die rechtliche Definition geltenden Bedingungen unwürdiger Arbeit (Arbeitsbedingungen, Unterkunft, Verpflegung, Transport) abzugrenzen. Inspektion und Rechtsprechung hängen aber von beobachtbaren Bestimmungs-

8 Der Bundesabgeordnete Luis Carlos Heinze aus der rechtskonservativen Oppositionspartei *Partido Progressista* beispielsweise hatte sich im Rahmen einer Gesetzesdebatte über diese Definition lustig gemacht indem er behauptete, dass er als Abgeordneter auch Opfer moderner Sklavenarbeit sei, da es im Parlamentsgebäude nur 3 bis 4 Toiletten gäbe und er einem erschöpfenden Arbeitstag ausgesetzt sei (vgl. Rede Brasil Actual, Artikel vom 09.05.2012, http://www.redebrasilatual.com.br/blog/blog-na-rede/ruralista-vedeputa dos-submetidos-a-jornada-de-trabalho-degradante).

kriterien ab. Da *Würde* am Arbeitsplatz[9] nicht messbar ist, dienen vor allem Gegenstände, Abläufe und Verträge als Kriterien. Die Entscheidungen basieren letztlich auf der Interpretation durch die Arbeitsinspekteure und Strafrichter (Interview SINAIT, 30.10.2012 in Brasília). Um einen Rahmen für diese Abgrenzungen zu stellen, schlägt McGrath (2012b) vor, multiple Dimensionen, welche in ihrem Zusammenspiel entwürdigende Bedingungen ausmachen, einzuführen. Sie zählt Sicherheits- und hygienische Aspekte des Arbeitsplatzes, Arbeitsrhythmus, Unter- oder Nichtbezahlung, Unterkunft und Verpflegung zu diesen Dimensionen und schlussfolgert: »Alongside indications of unfreedom, these conditions factor into judgments about what constitutes slave labour in the minds of labour inspectors, the media, advocates, elected officials and others« (ebd.: 16). Mit dieser Debatte um den Begriff der Würde am Arbeitsplatz wird in Brasilien ein wichtiger Richtungswechsel in der Bestimmung und Bekämpfung moderner Sklavenarbeit geleistet. Doch auch in dieser Frage handelt es sich keinesfalls um eine *ex ante* und klar abgrenzbare Definition, viel eher ist auch hier ein Kontinuum zwischen eher würdevollen und entwürdigenden Arbeitsbedingungen auszumachen. Die Kontroverse um die Abgrenzungskriterien verweist auch hier auf die weiter reichende Frage normativer Verfasstheit von Arbeitsverhältnissen im zeitgenössischen Kapitalismus.

Unterschiedliche Diskursarenen als Schauplätze der Debatte

Wenn auch analytisch klar abgegrenzt, findet die Auseinandersetzung um Zwangsarbeit, moderne Sklavenarbeit und Menschenhandel nicht losgelöst von anderen (arbeits-)politischen Fragestellungen statt. Im Folgenden wird ein Überblick über aufgeworfene empirische Befunde und Problemstellungen gegeben, und somit ein Einblick in die Verankerung des Diskurses in unterschiedliche diskursive Arenen ermöglicht. Arena wird hier im ursprünglichen Bedeutungssinne als Veranstaltungsort oder Kampfplatz ver-

9 Dieser Begriff von Würde ist angelehnt an die durch die ILO auf internationaler Ebene verfolgte »Agenda für menschenwürdige Arbeit«. Dennoch handelt es sich um einen breiteren und offeneren Begriff als den der ILO, welche im Rahmen der *decent work Agenda* in erster Linie eine Universalisierung von Kernarbeitsnormen und sozialem Dialog im Rahmen einer Beschäftigungsstrategie anstrebt.

standen. Gemeint ist also der Raum, in dem diskursive Auseinandersetzungen stattfinden, Probleme bearbeitet werden und auf den sich Diskursakteure beziehen. Natürlich finden die meisten Debatten in mehreren Arenen zugleich statt beziehungsweise wechseln die Akteure die Schauplätze. Dies soll anhand einer idealtypischen Differenzierung veranschaulicht werden.

(A) An erster Stelle lässt sich die *menschenrechtliche Arena* identifizieren. Aufgrund der ihnen inhärenten schwerwiegenden Menschenrechtsverletzung werden die beschriebenen Arbeitsverhältnisse hier verhandelt. Zentrale Themen in dieser Diskursarena sind Strafverfolgung, Opferschutz und Präventionspolitik. Eine daraus resultierende politische Debatte bezieht sich auf das Spannungsfeld zwischen dem moralisch gebotenen Zwang zur Intervention, der Rettung der Betroffenen durch Außenstehende wie Regierungen oder *Advocacy Organisationen* und einer Kritik an der dadurch erfolgenden Stereotypisierung und Viktimisierung der Betroffenen. Gerade migrantische und feministische Organisationen kritisieren die menschenrechtspolitische Terminologie, da sie den von Menschenrechtsverletzung Betroffenen eine eigene politische Handlungsfähigkeit abspricht (vgl. z.B. Rogaly 2008; O'Connell Davidson 2010).

Die brasilianische Debatte um zeitgenössische Formen der Sklaverei entstand aus einer Anklage der weitreichenden Gewaltsituation im Brasilien der 1970er und 1980er Jahre. In einem Klima politischer Gewalt argumentierten Gewerkschaften, Geistliche, Organisationen und Aktivist_innen, das Thema müsse von der Ebene der Arbeitsregulierung auf eine menschenrechtliche und somit auch strafrechtlich relevante Ebene verlagert werden (vgl. z.B. Esterci 1994; Rezende Figueira 2004, 2012). Die Anerkennung der Existenz moderner Sklavenarbeit durch die Regierung sowie die Entwicklung eines institutionellen und juristischen Rahmens für die Bearbeitung des Problems stellten daher wichtige Wendepunkte der brasilianischen Menschenrechtspolitik dar und können als Errungenschaft langjähriger (internationaler) Kampagnenarbeit gesehen werden (Rezende Figueira 2012: 112). Als zentrale Probleme werden derzeit die weitgehende Straflosigkeit der Täter_innen und die mangelnde Reintegration befreiter Arbeiter_innen diskutiert (ebd.: 116).

(B) An zweiter Stelle steht die *entwicklungspolitische Arena*. Entwicklungszusammenarbeit wird als Präventionsarbeit gegen Menschenhandel und Zwangsarbeit verstanden (SPTW 2005). Dieser Zusammenhang wird plausibel, wenn die in der mangelnden Verwirklichung sozialer Rechte begründete Vulnerabilität der Betroffenen in den Blick genommen wird. Der Mangel an Subsistenzmöglichkeiten, (guter) Arbeit, Bildung oder unzureichender Zugang zu Kredit werden als Entwicklungsprobleme identifiziert, welche Menschen keine Alternative zur Akzeptanz von Zwangs- und Ausbeutungssituationen lassen (ILO 2005: 32f.; O'Neill 2011). Darüber werden arbeitende Subjekte als Objekte von Entwicklungspolitik konstruiert. Dies ist nicht unproblematisch; so beschreibt Doezema (1999) in Bezug auf die Repräsentationen von Sexarbeiterinnen im *Anti-Trafficking-Diskurs*, wie nicht-westliche Frauen als hilflose und kindliche Subjekte beschrieben werden (ebd.: 37). Die Darstellung eines nicht-weißen kolonialen Anderen als »diskursiver Mythos« verschleiert dann die sozialen Beziehungen und Erfahrungen, die hinter den jeweiligen Arbeits- und Migrationssituationen liegen.

Im brasilianischen Diskurs lässt sich die Konstruktion vulnerabler Bevölkerungsgruppen besonders deutlich anhand der Beschreibung von landlosen Wanderarbeitern (*peões de trecho*) (ILO Brasilien 2011: 72ff.), sowie der Gruppe »illegalisierter Bolivianer_innen« (Illes u.a. 2008) beobachten. Über die (ethnisierende) Beschreibung vulnerabler Bevölkerungsgruppen werden soziale Beziehungen und politische Situationen auf die Ebene der Individuen verlagert. Die so beschriebenen Individuen werden wiederum zu scheinbar homogenen Gruppen zusammengefasst. Diese Identifikation führt zu einer Verlagerung der Charakteristika in die Subjekte: Sie, und nicht die Strukturen der Arbeitsmärkte, werden zum Objekt entwicklungspolitischen Wandels. Die Aufmerksamkeit wird auf die Rahmenbedingungen und nicht auf die Arbeitsverhältnisse gelegt.

Darüber hinaus lässt sich in Brasilien auch in diesem Zusammenhang eine relevante Diskursverschiebung beobachten. Wurde moderne Sklavenarbeit lange Zeit besonders auf der menschenrechtlichen Ebene verhandelt, verknüpft die prominente Gesetzesinitiative *PEC 438/2001* (*PEC do Trabalho Escravo*) das Thema der Strafverfolgung mit einer für die entwicklungspolitische Arena gleichfalls zentralen Problemstellung: der Landreform. Land, dessen Besitzer_innen entsprechend gültigen Strafrechts verurteilt werden, soll durch den Staat enteignet und für die Landreform bereitgestellt werden. Es geht bei dieser Argumentation darum, einerseits die Kosten für die Arbeitsrechtsverletzungen zu erhöhen und zugleich einen der als zentral geltenden Gründe für die Vulnerabilität der Arbeitenden, die extrem ungleiche Landverteilung, in Verbindung mit den Arbeitsverhältnissen zu setzen. Fortschritte bei der Landreform sollen die Position der (landlosen) Arbeitenden stärken. Die durch die Landlosigkeit bedingte Vulnerabilität wird dadurch von einer individuellen Problemlage in die breitere Forderung nach strukturellem Wandel eingebettet. Da es sich bei der Landfrage in Brasilien um eine zentrale politische Debatte handelt, wurde diese Gesetzesinitiative seit vielen Jahren kontrovers diskutiert, seitens der Landbesitzerlobby scharf kritisiert und seit vielen Jahren im Parlament blockiert (Rezende Figueira 2012: 118; Sakamoto 2011: 32f.).[10]

(C) In Bezug auf *Arbeitsmarktpolitik als Diskursarena* sind mehrere Punkte zentral: die generelle Auseinandersetzung mit der Rolle des Staates in der De- und Reregulierung von Arbeitsmärkten, die Verortung unfreier Arbeit in globalen Produktionsnetzwerken sowie die Identifizierung konkreter Mechanismen, die Einfallstore für gravierende Arbeitsrechtsverletzungen darstellen. Im Rahmen dieser Debatte ist es nicht möglich, unfreie Arbeit als nicht-kapitalistische Arbeit zu sehen, da sie mitten in globalen Produktionsnetzwerken situiert wird. Die ambivalente Rolle des Staates als zentrale Instanz der (De-)Regulierung von Arbeitsverhältnissen wird hier prominent diskutiert (Rogaly 2008; McGrath 2012a; Lerche 2007). Als politische Strategie folgt daraus einerseits die Forderung nach (Re-)Regulierung von Arbeitsmärkten. Andererseits gewinnen zivilgesellschaftliche und privatwirtschaftliche Organisationen und insbesondere Konsumentenkampagnen an Gewicht. Eine solche Strategie zielt häufig auf die Isolierung »Schwarzer Schafe« in globalen Produktionsnetzwerken ab. *Monitoring*, Zertifizierungssysteme und konsumentenorientierte *Shame-and-Blame-Kampagnen* treiben die politischen und ökonomischen Kosten für Arbeitsrechtsverletzungen in die Höhe. Insgesamt ist daher in der Arbeitspolitikarena ein analytisches Spannungsfeld zu identifizieren, welches einerseits die gesonderte arbeitspolitische Regulierung unfreier Arbeit und andererseits deren Einbettung in generelle Strategien der Deregulierung und Flexibilisierung von Arbeitsverhältnissen beschreibt.

Eine aktuelle politische Bearbeitungsstrategie in Brasilien ist der *Nationale Pakt zur Abschaffung der Sklaverei*, ein zivilgesellschaftliches Instrument, welches darauf abzielt, Unternehmen und Landbesitzer, die bereits für die Nutzung unfreier Arbeit verurteilt worden sind, ökonomisch zu sanktionieren (Reporter Brasil 2003). Dieses Instrument basiert auf einer durch das Arbeitsministerium geführten und öffentlich zugänglichen[11] –

10 Dieses Gesetz wurde am 27.06.2013 einstimmig durch den Senat angenommen.

11 Für eine deutsche Version der »Schmutzigen Liste« siehe: http://www.reporterbrasil.org.br/pacto/listasuja/info/de, 13.04.2013.

»Schmutzigen Liste« (*Lista Suja*), auf welcher die Namen dieser Unternehmen und *fazendas* aufgeführt sind. Die den Pakt unterzeichnenden Unternehmen und Banken verpflichten sich dazu, keine Geschäfte mit bereits aufgelisteten Betrieben zu tätigen. Darüber hinaus erklären sie die Absicht, ihre eigenen Zuliefererketten zu kontrollieren. Unabhängige Forschungen zwecks Überwachung der Produktionsnetzwerke und öffentlichkeitswirksame Medienberichterstattung begleiten das Projekt. Die in diesem Umfeld stattfindende Debatte ist paradigmatisch für die diskursive Arena Arbeitspolitik. Die Einbindung der Arbeitsverhältnisse in globale Produktionsnetzwerke ist Ausgangspunkt für die gesellschaftliche Bearbeitung moderner Sklavenarbeit und die Sanktionierung von Verstößen erfolgt über freiwillige Marktmechanismen (Maranhão Costa 2009: 152f.; Rezende Figueira 2012: 116; Carstensen/McGrath 2012).

(D) Eine besondere Form der Vulnerabilität wird im Rahmen der vierten Diskursarena, dem *Migrationsregime* diskutiert. Arbeitsmigration und Grenzregime werden besonders in Europa auch als Prozesse der »differentiellen Inklusion« (Mezzadra 2012: 131) diskutiert. Migration restringierende Politiken sollen mit der (oftmals prekären) Arbeitsmarktintegration von Migrant_innen, aber auch mit den daraus möglicherweise entstehenden Handlungsspielräumen analytisch in Verbindung gebracht werden. Laut Angaben der ILO sind 44 Prozent der weltweit von Zwangsarbeit betroffenen Menschen Migrant_innen (ILO/SAP-FL 2012: 16). Zudem wird Migration und die Frage nach dem Opferschutz auf dem Feld des Menschenhandels auch in der Policy-Literatur diskutiert und eine besondere Vulnerabilität von Migrant_innen festgestellt (ILO 2005: 55; Andrees 2009: 99f.).

Die Gleichzeitigkeit restriktiver Migrationspolitik, differentieller Inklusion und dem politischen Imperativ zur Bekämpfung von Zwangsarbeit und Menschenhandel läuft Gefahr, dass die analytische Trennung zwischen irregulären Migrant_innen und »schützenswerten Opfern« (*deserving victims*) (O'Connell Davidson 2010) zu einer politischen Spaltung führt und Migrant_innen im Rahmen der »Vexierlogik des Menschenhandelskonzepts« (Cyrus u.a. 2010: 91) im Kontakt mit staatlichen Instanzen nicht unbedingt wissen, ob sie als Menschenhandelsopfer oder als illegalisierte Einwanderer_innen behandelt werden. Unter Umständen bedeutet dies, dass es für die Arbeitenden nicht immer ersichtlich ist, ob eine polizeiliche Intervention ihnen Abschiebung oder Rettung bringt. Auf der diskursiven Ebene ist es daher relevant, dass die politische Frage nach Opferschutz und Prävention oftmals auch mit Forderungen nach der Verbesserung von Migrationskontrollen und staatlichen (temporären) Arbeitsmigrationsprogrammen einhergeht (z.B. ILO 2005: 72f.). Weiterhin wird kritisiert, dass gerade staatliche Restriktionen und Kontrollen, welche die Gefahren und Kosten der Migration in die Höhe treiben, die besondere Vulnerabilität von Migrant_innen produzieren (ebd.).

Auch in Brasilien ist der Zusammenhang zwischen moderner Sklavenarbeit und Migration offenbar. Während bis vor kurzem in erster Linie interne Migration innerhalb oder zwischen Bundesstaaten thematisiert wurde (ILO Brasilien 2011: 68f.), stellen sich mit der Präsenz von Arbeitsmigrant_innen aus anderen lateinamerikanischen Ländern eine Reihe politischer Fragen zur transnationalen Migration (Illes u.a. 2008; McGrath 2012b). Dieser empirische Zusammenhang spiegelt sich auch auf der diskursiven Ebene wider: eine Verschiebung von der Terminologie *moderner Sklavenarbeit* hin zu der des *Menschenhandels* ist zu beobachten. Während der Begriff des Menschenhandels in Brasilien bisher in erster Linie zur Beschreibung von Anwerbung und Transport von Migrant_innen zum Zweck der Prostitution genutzt und diskutiert wurde, beginnen die in der *Nationalen Kommission zur Abschaffung moderner Sklavenarbeit* vertretenen Institutionen und Organisationen derzeit, auch die im Rahmen moderner Sklavenarbeitsverhältnisse beobachtbaren Migrationsprozesse als Menschenhandel zu definieren und somit auch interne Migration darunter zu fassen.[12] Mit Blick auf die Frage nach dem Opferschutz ist hervorstechend, dass bolivianische Arbeitsmigrant_innen in São Paulo in einigen Fällen noch bis 2011 nach ihrer Befreiung aus moderner Sklavenarbeit direkt in ihr Herkunftsland abgeschoben wurden (Interview CONATRAE, 30.10.2012, Brasília). Generell wird die Rolle der Polizei in den Befreiungsaktionen durch migrantische Organisationen kritisiert (Interview CAMI, 17.10.2012 und CEDIC, 15.10.2012, beide in São Paulo).

(E) Quer zu allen beschriebenen Arenen liegt die *Dimension der Geschlechterverhältnisse.* Insbesondere in der Menschenhandelsliteratur, aber auch mit Blick auf Zwangsarbeit erfährt diese eine besondere Beachtung. Argumentiert wird, dass Frauen aufgrund ungleicher Ausgangslagen an ihren Heimatorten in einer strukturell vulnerableren Position seien als Männer und

12 Ein eindrückliches Beispiel dafür ist, dass der brasilianische Regierungsexperte Roberto Bignami in seiner Rolle als Regierungsvertreter auf dem tripartistischen Expert_innentreffen der ILO erklärte, er habe in seiner Praxis als Arbeitsinspekteur noch keinen Fall moderner Sklavenarbeit erlebt, der nicht der im *Palermo-Protokoll* festgelegten Definition von Menschenhandel entsprochen hätte (ILO 2013: 13).

aus diesem Grund leichter und häufiger Opfer von Menschenhandel und Arbeitsausbeutung würden. Infolgedessen ist es eine häufige Forderung, speziell an Frauen gerichtete Entwicklungsprogramme in den Vordergrund zu stellen (SPTW 2005). Geschlecht wird in dieser Debatte also auf den Aspekt der strukturell bedingten Vulnerabilität reduziert. Mit Bezug auf die Verteilung unfreier Arbeit zwischen Männern und Frauen wird davon ausgegangen, dass Frauen mit 55 Prozent der Fälle insgesamt leicht überproportional betroffen sind, während sexuell kommerzielle Ausbeutung (98 Prozent) fast ausschließlich Frauen betrifft (ILO/SAP-FL 2012: 14). Das Beschreiben von Frauen als verletzliche schwache Wesen durch die Hervorhebung körperlicher Vulnerabilität, birgt die Gefahr einer Stereotypisierung. Dies betrifft nicht nur Sexarbeiterinnen, sondern ist für die Beschreibung aller Arbeits- und Migrationssituationen relevant. Doezema (1999) kritisiert den expliziten Bezug auf Merkmale wie Jugend, Unschuld und Naivität in Repräsentationen von Menschenhandel betroffener Frauen und argumentiert, dass ihnen dadurch Handlungs- und Entscheidungsfähigkeit abgesprochen wird (ebd.: 34f.). Während einzelne Formen unfreier Arbeit auf ihre jeweilige vergeschlechtlichte Dimension untersucht werden müssen, besteht gleichzeitig die Gefahr der Vermischung unterschiedlicher Erfahrungen und Betroffenheiten durch Zusammenlegung so verschiedener Phänomene wie *Prostitution*, *Organhandel*, *Zwangsehe* und *Sklavenarbeit*.

Da in Brasilien moderne Sklavenarbeit lange Zeit in erster Linie in landwirtschaftlichen Sektoren, in denen vor allem Männer arbeiten, beobachtet wurde, fand die Geschlechterdimension nur in Bezug auf Sexarbeit Beachtung.[13] Hier wird vor allem ein diskursiver Zusammenhang zwischen Geschlecht, transnationaler Migration und Prostitution festgestellt, welcher (ohne jede statistische Grundlage) dazu führt, dass Frauen in erster Linie von Menschenhandel und Männer in erster Linie von moderner Sklavenarbeit betroffen scheinen. Durch die Ausweitung des Diskurses um moderne Sklavenarbeit auf urbane Sektoren und Berufe stellt die besondere Betroffenheit von Frauen in diesen Feldern ein offensichtliches, aber noch wenig bearbeitetes Thema dar.

Die Analyse der in den unterschiedlichen diskursiven Arenen stattfindenden Debatten lässt die These zu, dass unfreie Arbeit nicht als Randerscheinung kapitalistischer Arbeitsmärkte oder alternativer Produktionswei-

13 Empirisch beschrieben wurde allerdings der Zusammenhang zwischen Arbeitsausbeutung in der Amazonasregion und den im Umfeld der *Fazendas* und Großbaustellen entstehenden Bordelle (vgl. Esterci 1994: 117f.).

sen zu verstehen ist, sondern direkt im Zentrum kapitalistischer Produktionsprozesse verortet werden muss. Wie aber zuvor gezeigt, basiert jede Entwicklung von Politiken auf diesem Feld auf einer permanenten Grenzziehung zwischen Freiheit und Unfreiheit beziehungsweise Ausbeutung und Nicht-Ausbeutung und der damit einhergehenden Isolierung der Arbeitsbeziehungen aus ihrem Kontext. Die Gleichzeitigkeit beider Tendenzen führt zu einer konstitutiven Situierung unfreier Arbeit sowohl am Rande wie auch im Zentrum zeitgenössischer Arbeitsmarktdynamiken. Das gleichzeitige Drinnen und Draußen unfreier Arbeit ist somit definitorischer Bestandteil des Konzeptes.

Ausblick

Wie die bisherigen Ausführungen verdeutlichten, werden die Definitionen von Sklaverei, Zwangsarbeit und Menschenhandel erst in ihrem Zusammenspiel verständlich. Es kann festgehalten werden, dass die diskursive Verknüpfung von Zwangsarbeit und Menschenhandel mit einer Veränderung und Ausweitung der Definition von Zwangsarbeit einhergeht. Die Frage nach der quantitativen Veränderung im globalen Aufkommen von Zwangsarbeit ist daher nicht abschließend zu beantworten, sie steht aber klar im Kontext einer beobachteten Veränderung von Zwangsmechanismen in zeitgenössischen Arbeitsverhältnissen. Wie eingangs erwähnt, verweisen die quantitativen Schätzungen der ILO auf die empirische Relevanz entsprechender Zwangs- und Ausbeutungsverhältnisse. Diese können hier nicht abschließend bewertet werden. Der Fokus auf die Ebene des Diskurses hat sich aber bewährt, um einige der zentralen Widersprüche in der Debatte um Zwangsarbeit und Menschenhandel zu identifizieren.

In Bezug auf die definitorischen Bestimmungen ist deutlich geworden, dass die Grenzziehung zwischen einem vermeintlich normalen und extremen Grad an Arbeitsausbeutung und Zwang nur normativ möglich ist. Durch die mit einer solchen Grenzziehung einhergehende Isolierung spezifischer Fälle erscheint unfreie Arbeit als Randphänomen und Ausnahmezustand. Die empiriegeleitete Diskussion über die Mechanismen und konkreten Bearbeitungsstrategien zur Bekämpfung von Zwangs- und Sklavenarbeit weisen dagegen nicht auf die Ränder, sondern auf die Zentren der Menschenrechts-, Entwicklungs-, Migrations- und Arbeitsmarktarenen hin. Die Gründe für die Arbeitsausbeutung lassen sich daher nicht auf eine Rückschrittlichkeit der Akteure zurückführen, sondern sind gerade in den Dynamiken zeitgenössischer Arbeits- und Migrationsregime begründet. Die Vorstellung einiger isolierter Fälle im Rahmen eines abgrenzbaren Arbeitsmarktsegments lässt sich dann nicht aufrechterhalten. Durch diese ambivalente Beschreibung sind Sklaverei, Zwangsarbeit und Menschenhandel zugleich am Rande wie auch im Zentrum kapitalistischer Arbeitsmärkte situiert. Dies ist keine analytische Fehlwahrnehmung, sondern zentrales Charakteristikum der Diskussion und entsprechender Arbeitspolitiken. Denn einerseits erlaubt eine solche auf Abgrenzung basierende Definition eine Politik, welche vulnerable Bevölkerungsgruppen und Schlüsselmechanismen unfreier Arbeitsverhältnisse thematisieren und adressieren kann. Andererseits besteht jedoch die Gefahr, dass die Begriffe Sklaverei, Menschenhandel, Zwangsarbeit oder moderne Sklavenarbeit zu beliebigen residualen Kategorien werden, welche ein heterogenes Feld von Beziehungen und Situationen, die als anormal in zeitgenössischen Arbeitsmärkten gelten, umfassen und isolieren.

Literatur

Andrees, Beate (2009), »Trafficking for Forced Labour in Europe«, in: Andrees, Beate/Belser, Patrick (Hg.), *Forced Labor: Coercion and Exploitation in the Private Economy*, Boulder, S. 89–109.

Banaji, Jairus (2003), »The Fictions of Free Labour: Contract, Coercion and So-Called Unfree Labour«, in: *Historical Materialism*, 11 (3), S. 69–95.

Brass, Tom (2011), *Labour Regime Change in the Twenty-First Century: Unfreedom, Capitalism and Primitive Accumulation*, Leiden/Boston.

Carstensen, Lisa/McGrath, Siobhan (2012), »The National Pact to Eradicate Slave Labour in Brazil: A useful tool for unions?«, in: *Global Labour Column*, 117, http://column.global-labour-university.org/2012/12/the-national-pact-to-eradicate-slave.html, 15.04.2013.

CCJ do Senado (2013), PEC – PROPOSTA DE EMENDA À CONSTITUIÇÃO No 57-A/1999, Gesetz angenommen am 27.06.2013, http://www.senado.gov.br/atividade/materia/detalhes.asp?p_cod_mate=105791, 02.07.2013.

Código Penal (2003 [1940]), Art. 149, *Reducão a condicão análoga à de escravo*, Brasília.

CPT (2012), *Trabalho Escravo 2011*, in: CPT Nacional, http://www.cptnacional.org.br/index.php/component/jdownloads/finish/14-trabalho-escravo/287-trabalho-escravo-2011?Itemid=23, 15.04.2013.

Cyrus, Norbert u.a. (2010), *Menschenhandel zum Zweck der Arbeitsausbeutung – Eine explorative Untersuchung zu Erscheinungsformen, Ursachen und Umfang in ausgewählten Branchen in Berlin und Brandenburg*, Berlin.

Doezema, Jo (1999), »Loose Women or Lost Women? The Re-emergence of the Myth of White Slavery in Contemporary Discourses of Trafficking in Women«, in: *Gender Issues*, 18 (1), S. 23–50.

Esterci, Neide (1994), *Escravos da desigualdade: estudo sobre el uso represivo da força de trabalho hoje*, Rio de Janeiro.

Hajer, Maarten A (2006), »Doing discourse analysis: coalitions, practices, meaning«, in: Van den Brink, Margo/Metze, Tamara (Hg.), *Words matter in policy and planning: Discourse Theory and method in the social sciences*, Utrecht, S. 65–74.

Illes, Paulo u.a. (2008), »Tráfico de Pessoas para fins de exploração do trabalho na cidade de São Paulo«, in: *cadernos pagu*, 31, S. 199–217.

ILO (2013), *Final Report – Tripartite Meeting of Experts on Forced Labour and Trafficking for Labour Exploitation*, http://www.ilo.org/wcmsp5/groups/public/---ed_norm/---normes/documents/meetingdocument/wcms_207312.pdf, 09.04.2013.

— (2005), *Eine Globale Allianz gegen Zwangsarbeit. Gesamtbericht im Rahmen der Folgemaßnahmen zur Erklärung der IAO über grundlegende Prinzipien und Rechte bei der Arbeit*, Genf.

— (2001), *Schluss mit der Zwangsarbeit: Gesamtbericht im Rahmen der Folgemaßnahmen zur Erklärung der IAO über grundlegende Prinzipien und Rechte bei der Arbeit*, Genf.

ILO Brasilien (2011), *Perfil dos principais atores envolvidos no trabalho escravo rural no Brasil*, Brasília.

ILO/SAP-FL (2012), *ILO global estimate of forced labour results and methodology*, Genf.

Jäger, Sigfried (2001), »Diskurs und Wissen: Theoretische und methodische Aspekte einer kritischen Diskurs- und Dispositivanalyse«, in: Keller, Reiner u.a. (Hg.), *Handbuch sozialwissenschaftliche Diskursanalyse*, Opladen, S. 81–113.

Lerche, Jens (2007), »A Global Alliance against Forced Labour? Unfree Labour, Neo-Liberal Globalization and the International Labour Organization«, in: *Journal of Agrarian Change*, 7 (4), S. 425–452.

Maranhão Costa, Patrica (2009), *Fighting Forced Labour: The Example of Brazil*, Genf.

Mayer-Ahuja, Nicole (2012), »Arbeit, Unsicherheit, Informalität«, in: Dörre, Klaus u.a. (Hg.), *Kapitalismustheorie und Arbeit: neue Ansätze soziologischer Kritik*, Frankfurt am Main, S. 289–302.

McGrath, Siobhan (2012a), »Fuelling Global Production Networks with Slave Labour? Migrant sugar cane workers in the Brazilian ethanol GPN«, in: *Geoforum*, 44, S. 32–43, http://dx.doi.org/10.1016/j.geoforum.2x012.06.011.

— (2012b), »Many Chains to Break: The Multi-dimensional Concept of Slave Labour in Brazil«, in: *Antipode*.

Mezzadra, Sandro (2012), »The gaze of autonomy – Capitalism, migration and social struggles«, in: Squire, Vicki (Hg.), *The contested politics of mobility: borderzones and irregularity*, London/New York, S. 122–138.

Morgan, Jamie/Olsen, Wendy (2009), »Unfreedom as the Shadow of Freedom: An initial contribution to the meaning of unfree labour«, in: *Manchester Papers in Political Economy, Working paper 2*, http://www.socialsciences.manchester.ac.uk/PEI/publications/wp/documents/morganandolsen2009.pdf, 16.04.2013.

MTE (2013), *SIT/MTE registra um aumento de 10,39% no número de trabalhadores em situação análoga à de escravo em 2012*, Brasilia, Mitteilung des Arbeitsministeriums, http://reporterbrasil.org.br/wp-content/uploads/2013/05/DETRAE-RESULTADOS-2012.pdf, 02.07.2013.

— (2011), »Quadro Comparativo da Fiscalização do Trabalho 2003 a 2011«, in: *Ministério de Trabalho e Emprego*, http://www.mte.gov.br/fisca_trab/resultados_fiscalizacao_2003_2011.pdf, 14.04.2013.

O'Connell Davidson, Julia (2010), »New Slavery, old binaries: human trafficking and the borders of ›freedom‹«, in: *Global Networks*, 10 (2), S. 244–261.

O'Neill, John (2011), »Varieties of Unfreedom«, in: *Manchester Papers in Political Economy, Working paper 4*, http://www.socialsciences.manchester.ac.uk/PEI/publications/wp/documents/ONeillunfreepaper.pdf, 23.07.2012.

Phillips, Nicola/Sakamoto, Leonardo (2012), »Global Production Networks, Chronic Poverty and ›Slave Labour‹ in Brazil«, in: *Stud Comp Int Dev.*, online 24 April 2012, DOI 10.1007/s12116-012-9101-z.

Piscitelli, Adriana (2008), »Entre as ›mafias‹ e a ›ajuda‹: a construção de conhecimento sobre tráfico de pessoas«, in: *cadernos pagu*, 31, S. 29–63.

Pries, Lutger (1996), »Kurze Geschichte eines angekündigten – und nie eingetretenen – Todes: Der Informelle Urbane Sektor in Lateinamerika«, in: *Peripherie*, 62, S. 7–29.

Reporter Brasil (2003), *Pacto contra o Trabalho Escravo*, http://www.reporterbrasil.org.br/pacto/, 12.04.2013.

Rezende Figueira, Ricardo (2012), »A persistência da Escravidão ilegal no Brasil«, in: *Lugar Comum*, 33/34, S. 105–121.

— (2004), *Pisando fora da própria sombra: a escravidão por dívida no Brasil contempora□neo*, Rio de Janeiro.

Rogaly, Ben (2008), »Migrant Workers in the ILO's Global Alliance against Forced Labour Report: a critical appraisal«, in: *Third World Quarterly*, 29 (7), S. 1431–1447.

Sakamoto, Leonardo (2011), »A representação política do trabalho escravo no Brasil contemporâneo«, in: Figueira, Ricardo Rezende u.a. (Hg.), *Trabalho escravo contempora□neo: um debate transdisciplinar*, Rio de Janeiro, S. 31–43.

Sector Project against Trafficking in Women (SPTW) (2005) (Hg.), *Challenging Trafficking in Persons: Theoretical Debate & Practical Approaches*, Eschborn.

UNODC (2013) *Global Report on Trafficking in Persons 2012*, New York.

— (2005), *Zusatzprotokoll zur Verhütung, Bekämpfung und Bestrafung des Menschenhandels, insbesondere des Frauen- und Kinderhandels, zum Übereinkommen der Vereinten Nationen gegen die grenzüberschreitende organisierte Kriminalität*, deutsche Übersetzung,

BGBl. III, 220, http://www.un.org/Depts/german/uebereinkommen/ar55025anlage2-oebgbl.pdf, 15.04.2013.

Vasconcelos, Beatriz A. (2011), »O escravo como coisa e o escravo como animal: da Roma antiga ao Brasil contemporâneo«, in: Figueira, Ricardo Rezende u.a. (Hg.), *Trabalho escravo contempora□neo: um debate transdisciplinar*, Rio de Janeiro, S. 179–195.

Vasconcelos, Marcia/Bolzon, Andréa (2008), »Trabalho forcado, tráfico de pessoas e gênero: algumas reflexes«, in: *cadernos pagu*, 31, S. 65–87.

Autorinnen und Autoren

Ahuja, Ravi, Professor für Moderne Indische Geschichte am »Centre for Modern Indian Studies« der Georg-August-Universität Göttingen.

Benya, Asanda, Doktorandin am Fachbereich Soziologie und Mitarbeiterin des »Society Work and Development Institute« (SWOP) der University of the Witwatersrand in Südafrika, Mitglied des »International Center for Development and Decent Work«.

Burchardt, Hans-Jürgen, Professor für Internationale und intergesellschaftliche Beziehungen an der Universität Kassel, Direktor des »International Center for Development and Decent Work«, Sprecher des Promotionskollegs »Global Social Policies and Governance«.

Carstensen, Lisa, Doktorandin am Promotionskolleg »Global Social Policies and Governance« der Universität Kassel.

Chen, Martha Alter, Dozentin in Public Policy an der Harvard Kennedy School (Harvard University), Koordinatorin des Netzwerks »Women in Informal Employment: Globalizing and Organizing« (WIEGO).

Dörre, Klaus, Professor für Arbeits-, Industrie- und Wirtschaftssoziologie an der Friedrich-Schiller-Universität in Jena, Sprecher der DFG Kollegforscher_innengruppe »Landnahme, Beschleunigung, Aktivierung. Dynamik und (De-)Stabilisierung moderner Wachstumsgesellschaften«.

Eckert, Andreas, Professor für die Geschichte Afrikas an der Humboldt Universität zu Berlin, Direktor des Internationalen Geisteswissenschaftlichen Kollegs »Arbeit und Lebenslauf in globalhistorischer Perspektive«.

Mayer-Ahuja, Nicole, Professorin für Soziologie (besonders Arbeit, Organisation, Innovation) am Fachbereich Sozialökonomie der Universität Hamburg.

Pérez Sáinz, Juan Pablo, Professor der Soziologie an der »Facultad Latinoamericana de Ciencias Sociales« (FLACSO) in San José (Costa Rica).

Peters, Stefan, Wissenschaftlicher Mitarbeiter am Fachgebiet »Internationale und intergesellschaftliche Beziehungen« der Universität Kassel.

Webster, Edward, Professor für Soziologie am »Society Work and Development Institute« (SWOP) der University of the Witwatersrand in Südafrika und Mitglied des »International Center for Development and Decent Work«.

Weinmann, Nico, Wissenschaftlicher Mitarbeiter und Doktorand am Fachgebiet »Internationale und intergesellschaftliche Beziehungen« der Universität Kassel.